Embajadoras cosmopolitas:

Exposiciones internacionales, diplomacia cultural y el museo policentral

Lee Davidson

Victoria University of Wellington, Nueva Zelanda

Leticia Pérez Castellanos

Instituto Nacional de Antropología e Historia, México

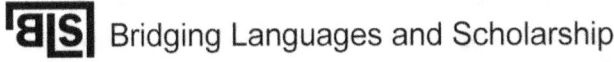 Bridging Languages and Scholarship

Comisariando e Interpretando la Cultura

VERNON PRESS

www.vernonpress.com

En América:
Vernon Press
1000 N West Street,
Suite 1200, Wilmington,
Delaware 19801
United States

En el resto del mundo:
Vernon Press
C/Sancti Espiritu 17,
Malaga, 29006
Spain

 Bridging Languages and Scholarship

Comisariando e Interpretando la Cultura

Biblioteca del Congreso de Estados Unidos: 2020930076

ISBN: 978-1-62273-906-6

También disponible en España: 978-84-17332-04-4 [Tapa blanda]

Versión en inglés: *Cosmopolitan Ambassadors: International exhibitions, cultural diplomacy and the polycentral museum* (Vernon Press, 2019). 978-1-62273-174-9 [Hardback]; 978-1-62273-686-7 [Paperback]; 978-1-62273-556-3 [PDF, E-Book].

Diseño de portada de Vernon Press. Imagen de cubierta de Paul Rodríguez.

Traducción: Verónica Bustos Suárez y Paul Rodríguez García

Corrección de estilo de la edición en español: Ana Carolina Abad López

Nota de los traductores: Para evitar confusiones y mantener la identidad institucional de los museos, de los programas y de las exposiciones en el extranjero, los nombres se mantuvieron en su idioma original. Las entrevistas, que originalmente se realizaron en inglés, fueron traducidas al español, al igual que las citas textuales tomadas de distintos autores; para las entrevistas en español y otras citas en este idioma, los textos se mantuvieron según los originales.

Tabla de contenido

Lista de figuras

Lista de tablas

Prólogo:
Viajes a través del tiempo,
el espacio y la vida

Mi abuela nació en una pequeña ciudad del sur de España, nunca viajó fuera de su país, pero en el año 1929 cuando tenía 29 años visitó la Exposición Iberoamericana organizada en Sevilla[1], coincidente con la famosa Exposición Internacional de Barcelona. Esa experiencia le cambió la vida o al menos eso era lo que decían sus hijos y comprobábamos sus nietos porque durante toda su existencia, el año 1929 y esa exposición, fueron su punto de referencia histórico. Aún recuerdo cómo nos contaba los prodigios e ingenios que había presenciado, los países que había visitado en la exposición y a los que nunca viajaría, los descubrimientos científicos y tecnológicos que había visto allí, por primera vez en su vida y que, con el paso del tiempo, se harían cotidianos entre nosotros. Ella hablaba una y otra vez de esa exposición a unos nietos que prácticamente habíamos nacido frente a la televisión y para los que el mundo, que se asomaba detrás de esa pantalla, era un lugar mucho más pequeño y abarcable de lo que ella imaginaba.

Al leer las páginas de este libro no he podido remediar acordarme de ella y de cómo una exposición internacional marcó su vida y se reflejó en las de sus descendientes. Porque, como afirman Lee Davidson y Leticia Pérez Castellanos, la suya fue una experiencia trasformadora que evolucionó en el tiempo a través de sus relatos. Una experiencia que abrió su mente y que demuestra el potencial que tienen las exposiciones para involucrar a las personas y, como afirman muchas de las voces de visitantes que contiene este libro, ayudarles a dotar de significados su propia existencia y la de los que les rodean.

Este no es un libro de viajes, a la manera tradicional, pero nos habla de viajes, de viajes de objetos que cruzan océanos, de personas que los protegen y los acompañan, viajes a través del tiempo a culturas que ya no existen, viajes imaginarios evocados por la experiencia sensorial de tocar una gran piedra de jade o, incluso, viajes interiores apoyados en relaciones y experiencias compartidas que generan vínculos profesionales y afectivos.

---

[1] La Exposición Iberoamericana de Sevilla, fue inaugurada el 9 de mayo de 1929 por el rey Alfonso XIII y coincidió en el tiempo con la Exposición Internacional de Barcelona. Las dos se consideraron la Exposición General Española. En el recinto de la exposición se construyeron 117 edificios, de los cuales 25 aún se conservan, cambiando de forma drástica el urbanismo de esta ciudad.

Porque, en cualquier caso, este libro es la crónica de un viaje de casi 6 años de duración durante los cuales más de setenta personas (fundamentalmente profesionales de instituciones prestatarias y receptores) pero también patrocinadores, comunidades, diplomáticos, etcétera, de tres países distintos se embarcan en la aventura de crear dos exposiciones internacionales: *Aztecs* y *E Tū Ake*, que fueron visitadas por miles de personas y que, sin lugar a dudas, en mayor o menor medida, trasformó la vida de todos los participantes.

En la mejor tradición etnológica, las autoras miran, observar y describen a la manera de una viajera exploradora, Margaret Mead, desde la suficiente distancia para poder tener una visión de conjunto objetiva de la que obtener conclusiones útiles, pero con la necesaria cercanía para resaltar la importancia de los pequeños detalles que, a la postre, configuran un universo de opiniones, sensaciones, emociones, actitudes que dotan de verdadera significación personal el trabajo realizado. Como Margaret defendía, la forma de realizar un trabajo de campo es sumergirse en él, sin tomar aire, hasta que todo termine. Lee Davidson y Leticia Pérez Castellanos se hallaron inmersas en el propio proceso de investigación intercultural que describen, pero la conciencia de la posible influencia de esta situación es lúcida y reflexiva, lo que les permite observar y contar, desde dentro del proceso, lo que jamás se mostraría hacia afuera. Por ello, uno de los aspectos que más atrae de este texto es que no se trata de una descripción fría y precisa de un proceso, sino que parece más un relato sobre valores humanos, donde la empatía tiene una presencia importante. Las numerosas opiniones de los profesionales que se recogen así lo demuestran, porque, como dice uno de los técnicos entrevistados "estos proyectos son un intercambio y se retroalimentan mutuamente… te dejan una huella a nivel personal y profesional".

El montaje de exposiciones internacionales es, como se puede corroborar al leer este libro, un proceso extremadamente complejo y estresante. Las barreras culturales e idiomáticas transcienden lo puramente formal para convertirse en verdaderos obstáculos para la comprensión, la aceptación y el trabajo en equipo. Sin embargo, las analogías culturales pueden ayudar a buscar significados compartidos. Enmarcar culturalmente este tipo de fenómenos es un acierto de sus autoras cuando afirman que los conceptos de *manaakitanga* (en lengua *māori*) y *tequitl* (en lengua náhuatl) cuyo significado común se relaciona con la hospitalidad, el respeto, la reciprocidad y la generosidad, se mostraron fundamentales para las relaciones personales de los profesionales del montaje mexicanos y neozelandeses, facilitando la comprensión intercultural por encima del lenguaje al uso.

Me acuerdo de una frase de otro viajero, más bien un nómada, Paul Bowles, que en su novela "El Cielo Protector"[2] decía que el viajero nunca regresa al hogar porque es consciente de que después de viajar nunca puede volver a ser el mismo. El excitante relato de este libro no puede hacernos olvidar que se trata de la descripción y el análisis de un proceso transformador. Los manuales de evaluación nos dicen, siempre, que este tipo de evaluaciones son una de las más útiles para la gestión operativa ya que permiten, en el futuro, una mejor asignación de presupuestos, delimitar las acciones más eficaces y efectivas a realizar y facilita rendir cuentas a la sociedad. Sin embargo, pocas veces se nos revela la dificultad de tratar de analizar algo que está en continua evolución, que crece y se desarrolla de forma orgánica y en el que el tiempo es una de las variables clave a controlar. Porque no se trata sólo de determinar si la ejecución contribuye a los objetivos propuestos sino de comprobar qué factores facilitan o dificultan los logros a conseguir para, a medida que el proyecto va creciendo y desarrollándose se pueda ir ajustando a las necesidades que van surgiendo. Aquí la cualidad prima sobre la cantidad, la metodología cualitativa es imprescindible, a pesar de lo cual, como es el caso, la rigurosidad en la toma de datos sobre el terreno y la objetividad no se vean comprometidas en absoluto.

Las autoras expresan este devenir continuo del objeto de su estudio con la bella analogía del caleidoscopio, que sugiere la transformación perpetua: "un caleidoscopio policentral que utiliza tres o cuatro reflectores y una pequeña cantidad de objetos para producir hermosas imágenes dispuestas alrededor de múltiples centros... Con cada giro el patrón cambia con un número infinito de figuras potenciales". No se puede explicar mejor.

Las exposiciones internacionales son, además, en su organización, procesos participativos y colaborativos de una gran complejidad. Nina Simon[3] una de las mayores expertas en proceso participativos en museos y exposiciones, da una serie de consejos a tener en cuenta a la hora de evaluarlos, como es poner tanta atención en el proceso como en el resultado final, medir y describir lo que hacen los participantes y los resultados de su participación a través de indicadores observables y considerar la opinión tanto de los visitantes como de los participantes. Todos ellos se cumplen en este estudio donde se adoptan los propios procesos participativos como marco de la metodología de recogida de datos, ayudando así a comprender este tipo de experiencias, fundamentales para el desarrollo de sistemas colaborativos en el diseño de exposiciones.

---

[2] Bowles, Paul. 1949. *El Cielo Protector.* Seix Barral 2010.
[3] Simon, Nina. 2010. *The Participatory Museum.* Santa Cruz, Calif: Museum 2.0.

A menudo me he preguntado porque admitimos que algo que conlleva tanto esfuerzo humano y económico como las exposiciones, especialmente las internacionales, desaparezcan de pronto y dejen un rastro tan leve. Las exposiciones suelen ser presentaciones efímeras. La mayoría de las veces no existen registros administrativos de su desarrollo que permita una sistematización del trabajo realizado y una toma de decisiones fundamentada para próximas ediciones. Y, por supuesto, son muy pocos los estudios y evaluaciones realizadas, algo fundamental para aprender de los errores y diseñar sistemas de planificación basados en la experiencia. Generalmente, se tratan, cuando las hay, de evaluaciones sumativas y, aun en contra de lo que sería razonable, el resultado obtenido se despacha con las cifras de visitantes o, en el mejor de los casos, con los ingresos económicos por venta de entradas y *merchandising*. Es sorprendente cómo proyectos tan complejos puedan ser valorados de forma tan somera en términos de mercado o intangibles. La falta de presupuesto para este fin obstaculiza, además, investigar lo que sería esperable después de, como dirían las autoras, "enviar los objetos de un museo como embajadores a recorrer el mundo", que no es otra cosa que conocer, al menos, de forma efectiva la acogida por parte del público del trabajo realizado. Esta forma de actuar lleva inexorablemente a repetir una y otra vez errores de forma y contenido y a reducir el impacto expositivo a un asunto meramente económico y productivo.

La evaluación basada en medidas cuantitativas más tradicionales junto a indicadores cualitativos que abarquen objetivos diplomáticos, institucionales, económicos, sociales y experienciales es fundamental para demostrar el valor de las exposiciones internacionales. La relevancia de este trabajo, en ese sentido, es notoria, ya que marca un camino a seguir en el futuro y establece un modelo de actuación que considera a todos los actores implicados: cultura, instituciones, profesionales, visitantes y partes interesadas (financiadores, diplomáticos, etcétera), examinados desde múltiples enfoques: la museología, la diplomacia cultural, la antropología, los estudios interculturales, entre otros, a lo largo de las distintas etapas que conforman el proceso de diseño y planificación de exposiciones.

Pero, aunque el camino sea largo, lleno de aventuras y experiencias, llegar a Ítaca es el destino[4]. Y el destino aquí son los visitantes de las exposiciones. Las entrevistas cualitativas efectuadas por Lee Davidson y Leticia Pérez Castellanos son, además de un trabajo ingente, una verdadera fuente de datos sobre la experiencia de la visita, nunca realizado antes en el ámbito de las exposiciones internacionales, de gran interés, igualmente, para los que trabajamos en el tema. Y, aunque no pueda establecerse, como se afirma en el texto, una generalización representativa sobre el conjunto de todos los visitantes de las exposiciones

---

[4] Tomado del poema *Ítaca* de Constantino Kavafis.

analizadas, los datos recogidos son lo suficientemente importante en términos cuantitativos y cualitativos para configurar un mapa muy detallado y válido de experiencias y percepciones. De especial interés es el estudio realizado con los visitantes en las tres sedes donde se expuso *Aztecs* y particularmente, las entrevistas de seguimiento, recogidas algún tiempo después de la visita, que son capaces de ofrecer información sobre el impacto de la exposición en la vida de los visitantes y su integración en sus narrativas personales.

La descripción que realizan los visitantes de las experiencias sensoriales y emocionales suscitadas por la exposición es verdaderamente convincente y ejemplifica cómo se establecen las relaciones entre los objetos expositivos y las personas. Tocar la Piedra de jade de *Mauri*, estar cara a cara con grandes figuras talladas, reconocer cuencos, herramientas y utensilios cotidianos y, sobre todo, relacionar algunos objetos con las emociones de quienes estuvieron en contacto con ellos hace cientos de años, como los que se vinculan con prácticas de sacrificio en la exposición de *Aztecs*, son momentos descritos por los visitantes como memorables. Las agrupaciones de objetos reales junto a las réplicas y modelos elaborados al efecto, algunos paisajes sonoros y los efectos de iluminación jugaron un papel importante en crear una experiencia de inmersión que transportaba al visitante a otro lugar, a realizar un viaje en el tiempo aceptando el juego de despojarse de su identidad y tomar un disfraz, imaginándose en otro lugar y otra época. Parece, pues, que no sólo las exposiciones y los técnicos que las elaboran viajan, sino que los visitantes también lo hacen a través de los objetos y las narraciones establecidas a través de ellos.

Algunos estudios recientes sobre las motivaciones que llevan a las personas a viajar muestran que, por encima de evadirse de la realidad, descansar o vivir nuevas experiencias, se halla la búsqueda del autoconocimiento, el crecimiento personal y el interés por experimentar la diversidad cultural[5]. Viajar es, para muchas personas, encontrarse con uno mismo, autoconocerse, pero también crecer y evolucionar personalmente por medio de la comprensión de otras culturas y países a través de un mayor conocimiento artístico e histórico. El interés por comprender la diversidad cultural se identifica por el deseo de ver, conocer y descubrir más sobre otras culturas y habitantes de otros lugares ¿No es probable que estas motivaciones para viajar se colmen también con la visita a algunas exposiciones?

---

[5] Gisele Araújo, G. y de Sevilha, M. 2017. "Los viajeros y sus motivaciones: Un estudio exploratorio sobre quienes aman viajar." *Estudios y Perspectivas en Turismo* 26: 62–85.

Como afirman las autoras, al analizar las respuestas de los visitantes entrevistados, se llega a la conclusión de que, en ocasiones, las exposiciones pueden embarcarnos en un viaje intercultural que nos anima a establecer conexiones, comparaciones y reflexionar sobre lo compartido generando actitudes de empatía, como ocurre con algunos visitantes mexicanos y *māori* en este estudio, cuyas identidades cada vez más globalizadas, les permiten ver la exposición desde los distintos ángulos que forman sus identidades múltiples o como se señala en este libro, desde una perspectiva policentral. Pero, muy a menudo también ocurre que cuando los visitantes ven amenazada su perspectiva cultural se producen sentimientos de incomodidad que los llevan a la desconexión emocional y a la reafirmación de sus propias narrativas e identidad cultural. Esto también se observa en algunos visitantes de la exposición *Aztecs* con respecto a la percepción negativa de la representación del sacrificio humano como práctica cultural de los mexicas, que resultó, para muchos, primitivo y extraño. Sin embargo, las entrevistas en profundidad fueron capaces de detectar también, en otros visitantes, algún tipo de empatía más sofisticada que les dirigía a un intento de comprensión de cierta espiritualidad en la veneración de la muerte y a una reflexión sobre la violencia. Este resultado cualitativo es, sin duda, un indicador excelente del éxito de la exposición al ser capaz de proporcionar a los visitantes un contexto que favorecía lo que las autoras denominan una perspectiva cosmopolita, es decir, hacer consciente al visitante del condicionamiento que la propia cultura de referencia imprime en su mirada, de su relatividad y ambigüedad, alejándole de la superioridad cultural, un logro muy deseable en este tipo de exposiciones.

Decía Marcel Proust, un no viajero, para compensar, que "el verdadero viaje de descubrimiento no consiste en buscar nuevos paisajes, sino en mirar con nuevos ojos" y en este sentido es un acierto de este estudio el análisis de los recuerdos de la exposición a largo plazo para buscar esa huella duradera que depara el viaje cuando éste es transformador. Eludiendo la dificultad que cualquiera que haya realizado un trabajo similar comprende, las autoras realizaron 25 entrevistas con públicos días, semanas o, incluso, meses después de visitar la exposición *Aztecs*, con el objetivo de comprobar hasta qué punto lo vivido en ese momento único e irrepetible se había integrado en sus vidas convirtiéndose en algo memorable que va más allá que el simple recuerdo.

El investigador John Falk afirma que en los museos y exposiciones se producen experiencias de aprendizaje que contribuyen a la formación de nuestra identidad ya que pueden ayudarnos a comprender nuestra historia individual y colectiva a través de lo que experimentamos ante los objetos[6].

---

[6] Falk, J. 2009. *Identity and the Museum Visitor Experience*. Walnut Creek (CA): Left Coast Press.

Estas experiencias dependen, en buena parte, de las características físicas de la exposición, pero son diferentes para cada visitante en función de sus vivencias previas y del significado personal que les otorga cada persona. De esta forma, las experiencias expositivas pueden llegar a alimentar la identidad que vamos construyendo de nosotros mismos en cada momento de nuestra vida, a partir de la narración de lo que somos como individuos y como parte de la sociedad y de la cultura en la que vivimos. Bajo este punto de vista, las exposiciones internacionales, como embajadoras cosmopolitas pueden contribuir a construir significados interculturales, a desarrollar la empatía y la reflexión profunda sobre la propia cultura y a conseguir esa visión policéntrica a través de múltiples perspectivas, fomentando el respeto y la tolerancia, volviéndonos más capaces de ver a través de los demás e integrando todo ello en nuestra propia identidad, transformando así nuestra forma de ver el mundo.

A lo largo de mi vida he tenido la oportunidad de colaborar con la cooperación y la diplomacia cultural de mi país y creo firmemente que es la mejor forma de establecer, como defiende la UNESCO[7], el entendimiento entre las naciones, cuando no se cae en la propaganda, los estereotipos y la instrumentalización de la cultura. La importancia del encuentro intercultural entre personas, objetos, prácticas y significados no puede hacer que olvidemos la dimensión diplomática de las exposiciones internacionales, donde los intereses económicos, políticos y turísticos se entrelazan con los culturales. Pero en esta sociedad cambiante cada vez más sofisticada y compleja, la coartada de la accesibilidad no debe imponerse para trasmitir visiones simplistas de problemas complejos. Porque, como las autoras explican en su texto, "lejos de simplemente querer ver objetos raros y preciosos de civilizaciones perdidas, la mayoría de los visitantes con los que hablamos expresaron su deseo de comprometerse con la "realidad" cotidiana de una cultura, en lugar de una visión romántica o desinfectada. Fueron llevados a otras culturas para explorar temas relevantes para su vida diaria, para comprenderse mejor a sí mismos y al mundo que los rodea, para contemplar aspectos de la condición humana y problemas humanos duraderos, tales como convivir juntos y respetarnos unos a otros".

Para terminar este prólogo viajero, que transcurre por lugares tan lejanos para mí como Australia y Nueva Zelanda, el punto más lejano en la Tierra desde donde me encuentro,[8] o tan cercanos cultural y emocionalmente, en la inmensa distancia, México, entre el presente y el pasado, entre lo conocido y lo extraño, una última frase: "Un libro como un viaje se comienza con inquietud

---

[7] UNESCO. 1963. *Temporary and Travelling Exhibitions. Museums and Monuments*, X. Paris, France: UNESCO.

[8] Aotearoa Nueva Zelanda es la antípoda terrestre de España y Wellington, la ciudad más lejana a Madrid de la Tierra (a 20.000 kilómetros de distancia).

y se termina con melancolía"[9]. Mi inquietud se ha visto recompensada al navegar a través de las páginas de este estupendo libro; mi melancolía está producida por tener que volver de este viaje a través del tiempo, el espacio y la vida al que traslada la lectura de "Embajadoras cosmopolitas".

Doctora Eloísa Pérez Santos
Universidad Complutense de Madrid
Investigación de públicos en museos y exposiciones

---

[9] Vasconcelos, J. 1982. *Obras completas.* México: Fondo de Cultura Económica.

Prefacio

Embajadoras cosmopolitas examina exposiciones que han sido desarrolladas a través de colaboraciones internacionales y que cruzan fronteras geográficas. Se ocupa de un vacío en nuestra comprensión de una actividad museal que está adquiriendo popularidad, atrayendo mayor inversión y aumentando los niveles de profesionalización.

El libro concibe a las exposiciones internacionales como zonas móviles de contacto que operan en la frontera de las prácticas de los museos, así como dentro del ámbito de las relaciones culturales internacionales. Aunque a menudo se les asocia con éxitos de taquilla (*blockbusters*) y altos niveles de visita, nosotras exploramos el grado en el que la producción y el consumo de exposiciones internacionales se ven influenciados por una combinación de actores en terrenos diplomáticos, relacionados con la misión del museo y orientados al mercado. En particular, analizamos la propuesta de que las exposiciones internacionales son medios por los cuáles los museos pueden representar e impulsar una agenda cosmopolita en el escenario mundial.

Los intereses cosmopolitas e interculturales de este libro —fundamentados en prácticas etnográficas "móviles", de largo plazo y multi-sitio— se reflejan tanto en su contenido como en su método. Al enfocarse en un caso de estudio de dos exposiciones en intercambio entre Aotearoa[1] Nueva Zelanda y México, nuestra investigación abarca lo local y lo global, estudiando cómo las formas de encuentro y las interpretaciones asociadas a estas cambian cuando las exposiciones se trasladan a distintos contextos culturales, políticos e institucionales. Este enfoque arroja luz sobre la fluidez y contingencia de las identidades y significados culturales y la manera en que las exposiciones internacionales funcionan como espacios interculturales profundos, en términos tanto de los procesos y prácticas mediante los cuáles son producidos, como en su impacto potencial entre todos los involucrados.

E Tū Ake: Standing Strong fue una innovadora exposición indígena de vanguardia que presentó *taonga* (tesoros culturales māori) tradicionales y contemporáneos; fue desarrollada por el Museum of New Zealand Te Papa Tongarewa (Te Papa) para viajar internacionalmente. Se exhibió brevemente en Aotearoa Nueva Zelanda antes de viajar al Musée du Quai Branly, en París; al Museo Nacional de las Culturas, en México, y, finalmente, al Musée de la Civilisation, en Quebec, Canadá, entre 2011 y 2013. La presentación de *E Tū Ake*

---

[1] Aotearoa es el nombre māori de Nueva Zelanda. La combinación de nombres māori y europeos reconoce la fundamental naturaleza bilingüe y bicultural del país.

en México constituyó la fase inicial del primer intercambio de exposiciones entre el Instituto Nacional de Antropología e Historia (INAH) y Australasia.[2]

La segunda fase supuso el desarrollo de la exposición *Aztecs* por parte de Te Papa, en colaboración con el INAH y con dos museos en Australia. *Aztecs* abrió, en Te Papa, en septiembre de 2013, para después viajar al Melbourne Museum (MM) y al Australian Museum (AM), en Sídney, y regresar a México en febrero de 2015. *Aztecs* implicó un alto nivel de colaboración institucional durante la etapa de desarrollo de la exposición, que incluyó a personal ejecutivo, administrativo y operativo de varios museos de los tres países, con contextos políticos, institucionales y museológicos muy contrastantes. Esta colaboración se basó en una relación continua: la clausura de *Aztecs* y el regreso de la colección a México marcaron el fin de un ciclo de aproximadamente seis años de trabajo colaborativo entre Te Papa y el INAH, como parte del intercambio de exposiciones.

Mediante una discusión profunda sobre cómo este intercambio funcionó en la práctica, nuestro libro demuestra la importancia de comprender mejor las ventajas y desventajas que tienen las diferentes formas de organizar exposiciones internacionales y cómo esa comprensión puede enriquecer el proceso de toma decisiones, reducir conflictos potenciales y malos entendidos, ayudando a las instituciones a desarrollar y planear la asociación más apropiada y efectiva para sus necesidades.

Más allá de esto, ambas exposiciones se fundamentaron en propósitos específicos, aproximaciones museológicas y prácticas colaborativas, que conllevaron estrategias particulares de exhibición. Estas estrategias —que mediaron y tradujeron los significados culturales en modos específicos— tuvieron un impacto en cómo las exposiciones funcionaron como espacios interculturales. Las entrevistas en profundidad con los visitantes muestran cómo los públicos conectan con su otredad cultural, negocian las diferencias y crean significados cosmopolitas y contra-cosmopolitas.

Finalmente, al examinar la confluencia entre el intercambio de exposiciones y el contexto de la política interior y exterior de los dos socios, pudimos distinguir las diferentes formas mediante las cuales los museos realizan diplomacia cultural. Esto proporciona matices a la discusión sobre el valor de las exposiciones internacionales y sobre cómo su éxito o fracaso puede ser definido y evaluado.

Apoyado en las experiencias emanadas de nuestro caso de estudio en profundidad y visto a través de la óptica de la teoría y literatura existentes, este libro impulsa un argumento para que las exposiciones internacionales sean

---

[2] Zona geográfica específica en la que se ubican Nueva Zelanda y Australia.

embajadoras cosmopolitas que ofrezcan una visión caleidoscópica, que es, por naturaleza, *policentral*. También propone una visión de las prácticas museales interculturales, basadas en el concepto de policentralidad y en la noción de crear nuevos espacios entre las viejas formas de *hacer* y de *ser*, y ofrece sugerencias para guiar este trabajo en la práctica.

Agradecimientos

En conjunto,

Dedicamos este libro a los numerosos y comprometidos profesionales de museos que trabajaron en estas exposiciones y que, de buena manera, aceptaron participar en esta investigación como entrevistados, facilitadores o asesores. También, a todos los visitantes en todas las sedes, especialmente aquellos que accedieron a compartir su experiencia de museos: estamos gratamente sorprendidas con el poder de estos espacios y con la oportunidad de verlos a través de su mirada.

Agradecemos a Mark Kent: sin su visión y amabilidad, la investigación y este libro no hubieran sido posibles, ya que él presentó a las autoras y las animó a incluir a México como parte de un proyecto de investigación más amplio. También agradecemos a Priscila Medina, por ser una generosa cómplice y una gran facilitadora durante este proceso.

Gracias a nuestras siempre confiables estudiantes de maestría, Alice Meads y Rosa Elba Camacho, quienes trabajaron con alegría y diligencia en las labores de asistencia del proyecto de investigación y realizaron maravillosas tesis sobre la experiencia de los visitantes a estas exposiciones —uno de los componentes del proyecto—, una desde la perspectiva neozelandesa y otra desde la perspectiva mexicana.

Reconocemos a Simon Mark y a Patricia Goff por compartir generosamente su experiencia en diplomacia cultural y por fortalecer este aspecto de nuestro trabajo. A todos los participantes del simposio, que con gran entusiasmo se involucraron y discutieron nuestros resultados preliminares. Sus pensamientos y opiniones fueron invaluables en el desarrollo de las ideas contenidas en este libro.

Agradecemos a la Victoria University of Wellington, en particular al University Research Fund, al Joint Research Committee y a la School of Art History, Classic and Religious Studies, por su significativo financiamiento, el cual hizo que este proyecto de investigación, multisituado y de largo plazo, fuera posible. Gracias también a la Escuela Nacional de Conservación, Restauración y Museografía (ENCRyM) del Instituto Nacional de Antropología e Historia, que proporcionó financiamiento del lado mexicano. Nuestro agradecimiento también a la Comisión Nacional de Nueva Zelanda para la UNESCO, quien hizo posible el simposio, junto con Córdoba Plaza, que permitió la segunda visita de Leticia a Nueva Zelanda.

Y, finalmente, nuestro agradecimiento a Argiris Legatos y sus colegas de Vernon Press por hacer de esta publicación un proceso ligero y libre de estrés.

Leticia Pérez Castellanos,

Un especial agradecimiento a mis colegas de la Dirección de Exposiciones, particularmente a mi exjefa Miriam Kaiser; trabajar a su lado fue un placer y un continuo aprendizaje. A los colegas y amigos en Nueva Zelanda, a quienes tuve oportunidad de conocer en este proyecto: Mark, Moana, Liz, Jeff, Robert. También a Andrés Triana, quien recibió con los brazos abiertos la idea de esta investigación en la ENCRyM, así como a mis colegas en esta institución y a mis alumnos. Dedico este libro a mis padres, por su apoyo y amor incondicional y, finalmente, a mi amor, cómplice y escucha, Paul.

Lee Davidson,

Gracias Gaëlle, mi conspiradora original, por iniciar el primer estudio de *E Tū Ake* en París y Quebec que detonó todo lo que vino después. Quiero agradecer al equipo de trabajo y a los estudiantes del ENCRyM, y a las personas en la Ciudad de México que me acogieron durante mis visitas. Me hicieron sentir tan bienvenida como si estuviera en mi segundo hogar y como si ustedes fueran mi segunda familia. Siempre estaré agradecida por esta experiencia.

Gracias, como siempre, a mis maravillosos colegas de la Victoria University of Wellington, especialmente a Conal, Annie y Pippa, por ser tan solidarias y estar dispuestas a escuchar y a ofrecer consejos. Finalmente, a mi familia por su amor y locura, que me mantuvieron en la cordura durante este largo proceso.

Capítulo 1.

Pensar a través de las
exposiciones internacionales

Desde el siglo XIX, los museos han estado profundamente involucrados tanto en la creación de identidades nacionales como en la circulación global de la cultura. Durante el siglo XX, las exposiciones internacionales se constituyeron como una presencia habitual para las principales instituciones culturales del mundo. Son, probablemente, los trabajos más complejos, especializados, de mayor escala y más costosos para los museos contemporáneos. Este libro examina las exposiciones desarrolladas a través de colaboraciones internacionales, que viajan a través de fronteras físicas y son, usualmente, pero no siempre, exhibidas en más de una sede. El enfoque se centra en las exposiciones con temas culturales, pero el análisis tiene relevancia para otros tipos de muestras.

Las exposiciones internacionales son una de las formas a través de las cuales los museos trabajan internacionalmente en la actualidad. Otras actividades incluyen conferencias, talleres, intercambios profesionales, programas de prácticas, proyectos de investigación conjuntos, museos satélite (Goff 2017) y medios digitales. Bennett (2006, 48) nos alerta contra la idea de que la internacionalización de los museos es un fenómeno reciente. Los museos —nos recuerda— han formado parte durante mucho tiempo de "redes globales para organizar el flujo de objetos, personas y conocimiento [… y] están activamente involucrados en la organización de nuevas redes internacionales que promueven nuevas formas transnacionales de intercambio cultural y de percepción". Lo que es nuevo es la tecnología que facilita estas redes internacionales, los tipos de conocimiento que conectan y los "estilos de cosmopolitismo" afectados por estas conexiones (Bennett 2006, 49).

En las exposiciones internacionales no son solo los objetos los que se mueven, sino también las personas —profesionales de museos que negocian, desarrollan y acompañan a estas exposiciones, en colaboración con sus homólogos internacionales— y, al viajar con ellas, conforman, en conjunto, un bagaje cultural, profesional y personal. Al llevar a cabo estos trabajos, los profesionales de museos a menudo deben conciliar complejas diferencias políticas, institucionales y museológicas. De igual modo, los visitantes de las exposiciones, producto de estos procesos tan intensos, interactúan con ellas a través de la mirada de sus contextos particulares. Además, estas exposiciones forman parte de un trabajo transnacional de los museos, inserto en los sistemas internacionales de relaciones culturales y políticas. Su significado e intenciones se relacionan, por lo tanto, no solo con las misiones de los museos, la atracción de visitantes o el conocimiento en general, sino también con agendas diplomáticas nacionales e internacionales. Para entender propiamente las exhibiciones internacionales debemos considerar todas estas facetas.

Una de las premisas principales de este libro es que las exposiciones internacionales involucran muchos tipos de encuentros culturales y, por lo tanto, de innumerables oportunidades para malentendidos e interpretaciones erróneas; pero, al mismo tiempo, tienen el potencial para desarrollar habilidades interculturales, comprensión y la llamada imaginación o visión cosmopolita (Delanty 2006; Beck 2006) —que muchos consideran esencial para navegar el rápido proceso de globalización en el que nos encontramos en el siglo XXI. En el centro de *Embajadoras cosmopolitas* se encuentra la propuesta tentativa de que las exposiciones internacionales son medios por los cuales los museos pueden representar e impulsar una agenda cosmopolita en el escenario mundial. Para lograr dicha aspiración, necesitamos encontrar mayor claridad en el propósito, la práctica y el impacto potencial de las exposiciones internacionales.

Para este efecto, primero estableceremos el contexto histórico de las exposiciones internacionales, en términos de los debates y las problemáticas que los han rodeado. Este ejercicio no pretende ser una historia exhaustiva, sino una serie de ejemplos que ilustran los muy diversos propósitos a los que las exposiciones internacionales han servido, con las cambiantes condiciones históricas como trasfondo. Con base en lo anterior, proponemos un modelo que incluye los diferentes ejes que impulsan las exposiciones internacionales. A continuación, describiremos algunas de las principales problemáticas actuales y las necesidades de investigación a las que se enfrentan dichas exposiciones, como un medio para enmarcar los objetivos y alcances de este libro. Para lograr esto, es clave ofrecer la propuesta de un marco de trabajo analítico, dentro del cual se puede desarrollar una comprensión teórica de las exposiciones internacionales. Sobre esta base, procedemos a explorar las propuestas presentadas en el capítulo 1, a través de la investigación empírica de un intercambio de exposiciones internacionales, entre México y Aotearoa Nueva Zelanda.

Las exposiciones internacionales en el pasado y el presente: principales problemas y discusiones

En abril de 2016, *The Art Newspaper* reportó que las dos mejores exposiciones de 'antigüedades' del año anterior, medidas en visitas diarias, fueron *Cleopatra and Queens of Egypt*, en el Tokyo National Museum, y *Pompeii: Culture of the Ancient Roman City*, en el National Museum of Korea. Cada una atrajo a más de 200 000 visitantes que pagaron en total. Estas cifras palidecen, de alguna manera, junto a las más exitosas exposiciones de arte, tales como la exposición itinerante del National Palace Museum Taipei *Hidden Talent: Cheng Cheng-po*, que registró 1 607 736 visitantes (un promedio diario de 13 860 visitantes) en su sede original. Sin embargo, se hace una mención especial al cuarto lugar, *Palmyra*, que recibió más de 300 000 visitantes durante los seis meses que estuvo abierta. *Palmyra*, una exposición gratuita en el Freer and Sackler Galleries en Washington, D.C., exhibió la pieza Haliphat, un busto funerario palmireño de 1 800 años de antigüedad, y una selección de grabados del siglo XVIII y fotografías del siglo XIX de Palmira, en Siria. Como apunta *Newspaper*, esta antigua ciudad romana estuvo en el centro de la atención internacional en 2015, cuando cayó bajo el control del Estado Islámico en Irak y el Levante (EIIL), que supuestamente dañó un importante número de monumentos antiguos que "inspiraron a una legión de arquitectos occidentales" (*The Art Newspaper* 2016, XIV).

Con frecuencia las exposiciones internacionales se consideran sinónimo de exposiciones *blockbusters* (éxitos de taquilla), y este éxito, comúnmente, se equipara con altos niveles de visita. Desde los años setenta, el arte europeo, los dinosaurios, las momias egipcias y la cultura pop han sido la base de las exposiciones itinerantes, rompiendo récord de visitas en museos alrededor del mundo (Berryman 2013; Bradburne 2001). Estas exposiciones han sido objeto de intensas críticas. Son, de acuerdo con algunos, nada más que grandes generadores de ganancias debido a su atractivo (Basu y Macdonald 2007; Barker 1999; S. West 1995). Al capitalizar el atractivo de monumentales e invaluables obras de arte, las grandes exposiciones son vistas como una estrategia para inflar los números de visitantes, pues atraen a públicos menos frecuentes a los museos (Berryman 2013). Aunque es imposible hablar de las exposiciones internacionales sin mencionar el "efecto *blockbuster*", nuestro enfoque es más amplio. En realidad, argumentamos que la prominencia de las grandes exposiciones ha llevado a la percepción desafortunada de que las exposiciones internacionales son, principalmente, generadoras de utilidades, mientras que la realidad es que sus beneficios económicos son cuestionables (Boland 2010) y los factores que impulsan su producción, mucho más diversos.

El enfoque relativamente reciente en los *blockbusters* oculta la realidad de que los museos desarrollan exposiciones internacionales para cumplir una serie de metas estratégicas, incluyendo una mezcla de objetivos políticos, institucionales y comerciales, y que lo han hecho durante algún tiempo. De acuerdo con Barker (1999, 127), las exposiciones de arte de gran escala, altamente publicitadas, que atraen a varios miles de visitantes, se han llevado a cabo desde mediados del siglo XIX. Por ejemplo, la gira por el Imperio británico, en 1905–1906, de la pintura de Holman Hunt *The Light of the World* fue una mezcla curiosa de motivaciones imperialistas y las incipientes estrategias de publicidad y mercadotecnia, vistas más tarde en las exposiciones tipo *blockbuster*. Tan solo en Aotearoa Nueva Zelanda, la asombrosa cantidad de 4 millones de visitantes ávidos de cultura, de una población de 5 millones de habitantes de las colonias, se abalanzaron a contemplar la pintura de manera gratuita, atraídos por el encanto del enorme valor de la pieza exhibida (Troughton 2006). Las populares ferias mundiales del siglo XIX y principios del XX fueron explotadas para una amplia gama de fines políticos y comerciales, que incluían el imperialismo, el nacionalismo y la promoción turística (Greenhalgh 1988).

La década de 1930 ha sido identificada como una era en la que las obras maestras del arte salieron de gira para apoyar las ambiciones coloniales de los regímenes fascistas en Europa (Amsellem 2013; Lira 2002). En América, los años treinta y cuarenta vieron numerosas exposiciones de arte antiguo y latinoamericano, organizadas por grandes instituciones de los Estados Unidos como parte de una política llamada panamericanismo; entre ellas estuvieron ocho exhibiciones en el Museum of Modern Art de Nueva York (MoMA), entre 1940 y 1945 (Braun 1993). Una de ellas —*Twenty Centuries of Mexican Art* (1940)— surgió de las intervenciones diplomáticas que siguieron a la nacionalización, por parte del Estado mexicano, de las compañías petroleras en 1938. De acuerdo con Mewburn (1998), los objetivos estratégicos de los gobiernos de los Estados Unidos y de México convergieron en la puesta en escena de esta exhibición colaborativa y de su narrativa particular. Para el presidente Roosevelt fue "un intento de generar apoyo popular y confianza" a su política de solidaridad hemisférica, mientras que, para México, la exposición fue una oportunidad para "la normalización de las reestructuradas relaciones económicas con los Estados Unidos y, a la vez, la posibilidad de mantener su recientemente regenerada dignidad nacional" (Mewburn 1998, 89):

> En virtud de su espíritu festivo, las condiciones para un futuro intercambio cultural no beligerante, e incluso amigable, quedaron establecidas [...] Empaquetadas como el producto de un noble linaje indígena, México cambió su capital acumulado —petróleo, materias primas, confiabilidad como aliado de guerra y su cultura— a cambio de una recuperación financiera y una seguridad nacional [...] El Museum of Modern Art, a su vez, adquirió un pasado norteamericano arcaico con su equivalente cultural en los indios vivos. (Mewburn 1998, 129)

Después de la Segunda Guerra Mundial, la UNESCO estableció un programa para incentivar a los estados miembros a preparar exposiciones para el "intercambio" y la "circulación internacional", con la intención de "estimular el entendimiento entre las naciones" (Morley 1953, 284). La primera exposición bajo este programa fue *Australian Aboriginal Culture*, que inició una gira por los Estados Unidos en 1953. El entendimiento entre países fue una justificación común para la actividad internacional de los museos durante este período, con un enfoque en exposiciones culturales que hicieran énfasis en los elementos en común y que buscaran llevar un mensaje de "universalidad para todos los pueblos" (Tarasoff 1990, 31).

Sin embargo, conseguir estas metas resultó problemático en la práctica. La exposición fotográfica *Family of Man*, del MoMA, visitó veintiocho países entre 1955 y 1959 y fue vista por más de 9 millones de personas. Fue apoyada por la Agencia de Información de los Estados Unidos, establecida en 1953 "para llevar la historia norteamericana al mundo" (Kennedy 2003, 316). En 1994, la exposición fue instalada de manera permanente en el Castillo Clervaux, en Luxemburgo, y fue agregada al Registro de la Memoria del Mundo de la UNESCO en 2003 (Padley 2013). Aunque su intención fue promover la paz y la universalidad, la exposición fue criticada por su "internacionalismo pusilánime y por degradar intencionalmente al arte fotográfico, al usarlo estrictamente para fines políticos" (Sylvester 2009, 107). De acuerdo con Kennedy (2003, 323), "funcionaba como publicidad para los valores y libertades norteamericanos" y "el mensaje de la exposición quedó sumergido en la retórica de la Guerra Fría, lo que borró las fronteras entre el arte, la información y la propaganda".

Parte del problema para los Estados Unidos ha sido, al parecer, el estatus incierto y el apoyo vacilante a las artes y la cultura dentro de la política exterior, a lo largo de la segunda parte del siglo XX (Kennedy 2003, 323). Como anota Cummings (2013, 12), "la participación activa en —y el financiamiento de— los programas de diplomacia cultural del gobierno federal ha sido, la mayoría de las veces, estimulada por la percepción de una amenaza o crisis internacional". Otro ejemplo es la exposición fotográfica *After September 11: Images from Ground Zero*, cuya meta eran las ciudades de Oriente Medio y África del Norte. Del mismo modo que *Family of Man*, esta exposición "pretendía transmitir un mensaje universal que trascendiera las diferencias políticas" (Kennedy 2003, 323), pero fue acusada también de ser propagandística. Kennedy reflexiona acerca de la incongruencia de las imágenes de la exposición en relación a las ciudades en las que fue exhibida, donde "el horror compite con la cobertura mediática y donde un acto de recuerdo en una comunidad es visto como un acto de olvido en otra", incongruencia que "se acentuó, en vez de aliviarse, debido a las referencias al sufrimiento y a los valores humanos compartidos". Este autor predijo que los administradores diplomáticos tendrían algunas dificultades para controlar su recepción (Kennedy 2003, 325).

El crítico y curador norteamericano Brian Wallis argumenta que las exposiciones internacionales y los festivales que pretenden fortalecer el entendimiento mutuo mediante la presentación de la cultura de una nación en sedes extranjeras, frecuentemente, no son más que formas "políticamente correctas" de promover una nación, que refuerzan los estereotipos existentes. Son, como él sugiere, una "intrincada maquinaria de diplomacia cultural en varios niveles, que, desplegada correctamente, es casi imposible de diferenciar de la autopromoción", caracterizada por "una aparente ausencia de política" (Wallis 1994, 267 y 272). La paradoja central de dichas exhibiciones es que "para establecer su estatus dentro de la comunidad internacional, las naciones tienden a dramatizar las versiones convencionales de sus imágenes nacionales, ensalzando las glorias pasadas y amplificando los estereotipos" (Wallis 1994, 271). Al presentar estas "viñetas de fácil digestión de la cultura de una nación extranjera", evitan las complicaciones, conflictos y contradicciones de la sociedad multicultural contemporánea y, por lo tanto, estrechan, más que expanden, nuestro entendimiento de un país, hacia "un benigno, si bien exótico, cuento de hadas" (Wallis 1994, 279).

Existen, sin embargo, ejemplos en sentido contrario. En 1958, el Departamento de Estado norteamericano envió a la Feria Mundial de Bruselas la exposición *Unfinished Business*, que se ocupaba de los problemas contemporáneos de los Estados Unidos, tales como las diferencias raciales, los problemas de vivienda y los desastres naturales, y subrayaba, al mismo tiempo, el "progreso logrado" y las expectativas de futuro. Esta estrategia pretendía prevenir potenciales ataques propagandísticos de la Unión Soviética. Aunque la recepción inicial del público fue positiva, la exposición cerró prematuramente debido a la presión política interna (McDonald 2014). Más recientemente, la exposición de la National Gallery of Australia *Culture Warriors: Australian Indigenous Art Triennial* (2009) viajó a los Estados Unidos para fortalecer el entendimiento bilateral o mejorar las relaciones entre los dos países. De manera inusual para una exposición que debe cumplir una función diplomática, *Cultural Warriors* mostraba deliberadamente tanto los logros culturales como los problemas sociales y las luchas políticas de los pueblos indígenas de Australia.

Aunque *Cultural Warriors* recibió el apoyo del Departamento de Asuntos Exteriores de Australia, esencialmente fue organizada como una colaboración entre instituciones culturales y, por lo tanto, no fue etiquetada como propaganda o marca nación. Los críticos la proclamaron como un éxito diplomático debido a su naturaleza crítica y política, y no a pesar de ello (McDonald 2014; Sayers 2010). Desafortunadamente, no se registraron reacciones de los visitantes. Tanto *Unfinished Business* como *Cultural Warriors* pueden funcionar como ejemplos de la noción de Nye (2002) de "*meta-soft power*" (poder meta-blando), esto es "la capacidad y habilidad introspectiva de una nación para criticarse a sí misma, que contribuye a su atractivo, legitimidad y credibilidad nacionales" (Ang, Isar y Mar 2015, 367).

En la posguerra, el gobierno mexicano presentó una serie de exposiciones en Europa. *Art Mexicain du Précolombien à Nos Jours* fue exhibida en el Musée

National d'Art Moderne, en París, y una versión de ésta, llamada *Mexican Art from 1500 B.C. to the Present Day*, fue presentada en Estocolmo y Londres, entre 1952 y 1953, para después viajar a once ciudades europeas bajo distintos nombres y, finalmente, regresar a París una década más tarde. En ese momento, se presentó en el Petit Palais *Master Artworks of Mexican Art*, una reedición de la exposición original que incluía 1 850 objetos y requería de 3 200 metros cuadrados de espacio de exposición (Molina 2013; Revista Tiempo 1991). Posiblemente el primer *blockbuster* en la historia, la exposición fue un éxito fenomenal en términos de visitantes, ya que la serie completa atrajo a más de 8 900 000 personas de toda Europa (Revista Tiempo 1991). También fue considerada crucial en el logro de numerosas metas de política exterior del gobierno mexicano (ver Capítulo 5).

Los orígenes de las exposiciones contemporáneas tipo *blockbuster*, sin embargo, se remontan a *The Treasures of Tutankhamun*, en el British Museum, en 1972, y su versión en los Estados Unidos, visitada por más de 8 millones de personas en una gira de seis ciudades, de 1977 a 1979 (Skinner 2006). En 1973, China produjo su primer *blockbuster* internacional con una exposición arqueológica que viajó, bajo varios nombres, a quince países —incluyendo ciudades como Londres, París, Washington, Viena, Estocolmo, Toronto y San Francisco— durante cuatro años, atrayendo a más de 6.5 millones de personas (Laishun 2015).

De acuerdo con Wallis (1994, 267), mientras que los primeros *blockbusters* a menudo tenían intenciones diplomáticas, "las buenas reacciones públicas que generaban beneficiaban, en primer lugar, a sus patrocinadores corporativos multinacionales". Entre otros intereses, estas servían como "promotoras de turismo, la expansión populista del papel del museo y el desarrollo de negocios internacionales y conexiones políticas" (Wallis 1994, 267). Barker (1999) asocia el auge de los *blockbusters* a los cambios en los modelos de financiamiento en los museos y a la tendencia hacia el populismo y la democratización, que trata de borrar su imagen elitista, mientras que West (1995, 89) afirma que esta manera de realizar exposiciones "abraza positivamente la retórica de la cultura del consumo".

Para la década de 1970, las nociones idealistas tempranas y las suposiciones acerca de las exposiciones internacionales daban paso a una crítica mayor (Tarasoff 1990). Crecía el reconocimiento de que no toda la actividad internacional de los museos servía a la causa de mejorar el entendimiento mutuo, solamente por su carácter internacional. En su análisis de las exposiciones itinerantes internacionales con financiamiento federal en los museos canadienses durante el período de 1978 a 1980 Tarasoff (1990) nota una inclinación hacia el arte y las exposiciones relacionadas con este, en las que Europa y Norteamérica son las regiones más representadas. Hoy en día persisten los mismos problemas, incluyendo el predominio de las exposiciones de arte, la necesidad de atraer visitantes con "obras maestras" y, con ello estrechar el rango de temas y la representación geográfica, así como un impacto educativo y una contribución académica limitados (S. West 1995; Barker 1999). Otras preocupaciones incluyen el alto riesgo financiero, la baja sustentabilidad ambiental y que los esfuerzos y gastos —siempre a la alza— que se requieren para asegurar préstamos puedan ser prohibitivos (Turner 2011; Jacobsen y West 2009; O'Reilly y Lawrenson 2015). Otro temor es que estas super exposiciones temporales puedan sustraer recursos para exposiciones permanentes u otras funciones vitales del museo (Berryman 2013; McLean 2004; Jury 2015). Se ha identificado la necesidad de más diversidad en el mercado, incluyendo exposiciones más asequibles para instituciones medianas y pequeñas, formatos flexibles y exposiciones de "mejor calidad" (Jacobsen y West 2009).

Al hospedar exposiciones internacionales, los museos ponen el patrimonio cultural de relevancia mundial al alcance de los públicos locales y se posicionan, tanto local como globalmente, como instituciones culturales clave (Carey, Davidson y Sahli 2013; Davidson y Sibley 2011; Cai 2013). Para los públicos, las exposiciones internacionales a gran escala tienen tanto un "efecto de concentración" como un "efecto de distribución": juntar el arte y/o los objetos, a menudo provenientes de más de una institución, en una exposición enfocada que alcanza a un público amplio al visitar múltiples sedes (Skinner 2006). El desarrollo de públicos es una motivación poderosa, relacionada con la misión de los museos, para alojar exposiciones internacionales (Touring Exhibitions Group 2007); sin embargo, se ha cuestionado si estas exposiciones atraen a una audiencia más diversa a los museos (Barker 1999). Incluso, se ha sugerido que los *blockbusters* pueden ser perjudiciales para el desarrollo de públicos si las grandes multitudes disminuyen la calidad de la experiencia y desalientan una visita subsecuente (McLean 2004; Bradburne 2001). Curiosamente, existe poca literatura acerca de investigaciones de perfiles de audiencia o recepción en *blockbusters*. Ante la ausencia de pruebas, se usan suposiciones acerca de lo que podría deducir un visitante de tales exposiciones. West (1995, 77), por ejemplo, asegura que la asistencia a *blockbusters* de arte ofrece una especie de "capital cultural" para una "clase media socialmente aspiracional". Concluye que los visitantes "se arrodillan ante el santuario del Gran Arte [… mientras que] el aplastante espectáculo de las multitudes, largas filas y mercancías les impide involucrarse significativamente con las obras exhibidas".

En cambio, un estudio de exposiciones *blockbuster* en la Art Gallery of New South Wales, hecho por O'Reilly y Lawrenson (2015, 160), describe "una mezcla de objetivos diplomáticos y económicos junto al desarrollo de relaciones con las comunidades locales de interés". Esto se hizo evidente con innovaciones tales como ofrecer espacios para que las comunidades locales "se involucraran con los visitantes al compartir su conocimiento y sus experiencias", así como *tours* lingüísticos dirigidos por la comunidad y un programa de Embajadores Comunitarios, diseñado para construir relaciones con los públicos de habla no inglesa (O'Reilly y Lawrenson 2015, 162-63). Otra estrategia de involucramiento fue la creación de diversos programas públicos que incluyeran actividades culturales culinarias, de entretenimiento y educativas. Al ofrecer esta clase de actividades dentro de una atmósfera festiva se puede —afirman— crear instituciones culturales "más vibrantes, hospitalarias, divertidas y sociales", y sortear algunas de las barreras que llevan a la exclusión social (O'Reilly y Lawrenson 2015, 165).

Las exposiciones internacionales también pueden ayudar a los museos a lograr metas relacionadas con su misión, al mejorar su reputación internacional, alcanzar audiencias globales, compartir experiencias y fortalecer las relaciones institucionales (National Museum of Australia 2014; Te Papa 2012a, 2013b; Touring Exhibitions Group 2007; Conaculta 2007). Amsellem (2013, 48) afirma que, al incrementar la frecuencia de tales proyectos, se crea un "efecto de etiquetado" mediante el cual los museos que producen estas exposiciones se clasifican como instituciones culturales mayores, provocando que otras instituciones aspiren al mismo nivel de internacionalización. Las exposiciones provenientes del extranjero pueden ayudar a los museos a conectar con la academia internacional y proporcionar el ímpetu para profundizar las investigaciones de sus propias colecciones, fomentar la profesionalización a través del intercambio (Turner 2011), así como para permitir a sus equipos probar nuevas estrategias y prácticas en la organización de exposiciones y ver sus propias colecciones con otra mirada (McLean 2004; Touring Exhibitions Group 2007). Las exposiciones internacionales exitosas se han usado como argumento para solicitar mayor apoyo público, que incluye nuevos edificios y otras instalaciones (Turner 2011).

Una de las características principales de las exhibiciones internacionales tipo *blockbuster* es el uso de la mercadotecnia y sus técnicas de despliegue para generar suficiente 'revuelo' e intensidad en la experiencia para el visitante —lo que justificaría tarifas de admisión más altas de lo normal— y también para atraer turistas de otras ciudades (Skinner 2006). En Australia, el valor diplomático y el intercambio académico constituyeron sólidas motivaciones en una era temprana de las exposiciones tipo *blockbuster* (Turner 2011; Berryman 2013). Más recientemente, sin embargo, el enfoque se ha trasladado al turismo cultural, con exposiciones internacionales a menudo subsidiadas por agencias de promoción turística y por gobiernos estatales o locales (Berryman 2013; Boland 2010). Entre los argumentos para solicitar subsidio público se incluye el impacto positivo que una exposición tendrá en la economía local; sin embargo, se ha hecho muy poca investigación acerca de los efectos de estas exposiciones.

Skinner (2006, 113) analizó las exposiciones de arte tipo *blockbuster* organizadas por la Mississippi Commission for International Cultural Exchange Inc. —una organización sin fines de lucro, dedicada a "promover el crecimiento cultural y educativo"—, en Jackson, Mississippi, durante los años noventa y los primeros años del siglo XXI, para determinar si los impactos económicos que se predijeron fueron acertados. Utilizando un modelo económico, Skinner halló evidencia que apuntó a un "impacto significativo en el empleo en la comunidad", detonado por las exhibiciones examinadas, y, por lo tanto, cierto sustento para el argumento económico de los subsidios públicos. En una nota final, sin embargo, Skinner argumenta que, incluso sin dicho apoyo, los subsidios para las artes estarían justificados por otras razones externas, tales como la participación cívica, el desarrollo de la comunidad, la conformación de la identidad personal y grupal, la cohesión social y el impulso para un entendimiento colectivo. Curiosamente, las tres exposiciones analizadas eran similares en su temática, colecciones de arte de la realeza europea: *The Palaces of St Petersburg*, *Splendors of Versailles* y *The Majesty of Spain*. Entre todas, atrajeron una audiencia de más de un millón de personas y, sin embargo, no queda claro hasta qué punto pudieron haber abonado a los factores externos que Skinner menciona.

Un modelo para los ejes motivadores de las exposiciones internacionales

A partir de una encuesta a las partes interesadas en exposiciones internacionales en los Estados Unidos Jacobsen y West (2009, 5) descubrieron que "se perciben grandes diferencias entre los *blockbusters* producidos comercialmente y las exposiciones producidas institucionalmente con orientación a la educación y/o a la misión del museo". Los encuestados mostraron preocupación porque los consejos de los museos se sientan atraídos por el potencial de utilidades económicas de las exposiciones comerciales, sin importarles la ausencia de relevancia para los públicos locales y para dichas misiones. Esto resalta un tema importante que surge de la historia precedente de las exposiciones internacionales y de los continuos debates alrededor de ellas: su producción y su consumo están influenciados por una combinación de ejes motivadores que abarcan esferas diplomáticas, esferas relacionadas con la misión del museo y esferas relacionadas con el mercado. Nosotras afirmamos que un entendimiento más profundo de la gama de ejes motivadores de las exposiciones internacionales puede ayudar a promover su valor a través de todas estas esferas. Para apreciar y entender mejor la interacción de estos factores proponemos un modelo simple de intersección de esferas, representando a cada eje: el diplomático, el de la misión y el del mercado (ver Figura 1.1). Si bien uno de los ejes puede dominar en algún caso, la mayoría de las exposiciones serán impulsadas por dos o más de estas esferas en grados variables.

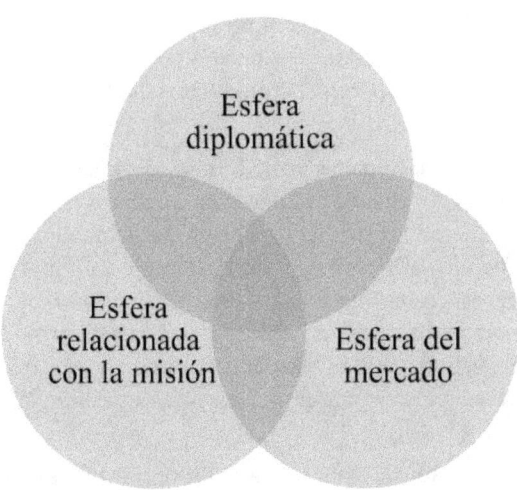

Figura 1.1 Un modelo de los ejes motivadores de exposiciones internacionales

Como ya hemos visto, las motivaciones diplomáticas se han erigido, históricamente, como una respuesta a contextos específicos de política exterior. En el pasado, los gobiernos a menudo estaban dispuestos a invertir grandes recursos para promover su cultura y su patrimonio en el exterior. Un ejemplo típico es la participación en las ferias mundiales durante el siglo XIX y, después, en las exposiciones universales que, hasta el día de hoy, son muy populares. Si bien los objetivos comerciales están ligados a estas acciones diplomáticas, la presentación de una imagen particular de nación en el escenario mundial es una motivación primaria. La exposición de arte mexicano que viajó por Europa en los años cincuenta, por ejemplo, fue impulsada por este tipo de intereses, con la Secretaría de Relaciones Exteriores como su principal promotora e inversionista. Hoy en día muy pocos gobiernos están dispuestos a invertir tales cifras en la autopromoción. A pesar de ello, continúan apoyando —financieramente o por otros medios— a las exposiciones internacionales que contribuyen a las políticas de marca país o que complementan misiones diplomáticas. Actualmente, sin embargo, es más común una contribución parcial a las exposiciones, que son promovidas por una mezcla de motivaciones ligadas a la misión y motivaciones relacionadas con el mercado.

Debido a que los museos están predominantemente orientados a la creación de valores más que a las utilidades, sus misiones son motivaciones altamente importantes para las actividades institucionales (Fleming 2013). Las motivaciones relacionadas con la misión de los museos para las exposiciones internacionales incluyen: número de visitantes, desarrollo de públicos, reputación institucional, fortalecimiento de asociaciones internacionales, intercambio académico, innovación museológica y desarrollo profesional. Las motivaciones orientadas a la misión también pueden estar relacionadas con varias vías, para promover el cambio social, la justicia, la protección de los derechos humanos y la comprensión intercultural.

Las motivaciones relacionadas con el mercado incluyen la generación de ingresos a través de las tarifas de entrada y otras "fuentes de ingresos", tales como la venta de productos en tiendas, servicios de alimentación, membresías y patrocinios corporativos (Silderberg y Lord 2013, 165), así como contribuciones al turismo local. En esta esfera, los museos están influenciados por las fuerzas de la oferta y la demanda, es decir, por la capacidad que tienen de ofrecer algo lo suficientemente distintivo y atractivo para generar un deseo en los consumidores potenciales —en este caso, visitantes— para pagar una entrada a una exposición internacional.

En este sentido, Frey y Meier (2006) le atribuyen distintas características a las exposiciones especiales en términos económicos y de mercado. Los visitantes gastan una proporción cada vez mayor de sus crecientes ingresos en este tipo de exhibiciones y las exposiciones pueden ayudar a atraer la atención de los medios y los patrocinios para el museo. Las exposiciones internacionales también pueden contribuir a la promoción y fortalecimiento de la marca de una ciudad como un destino atractivo, al convocar a turistas de alto nivel adquisitivo y crear un sentido de orgullo e identidad para los residentes, que convierte a esa ciudad en un lugar atractivo para vivir y trabajar (Gorchakova 2017). Sin embargo, los costos por ser sede de una exhibición tipo *blockbuster*, capaz de generar esta clase de atención, pueden alcanzar los millones de dólares y, por lo tanto, solo es viable si existen patrocinios públicos y/o privados disponibles (Gorchakova 2017).

En efecto, un sondeo, aplicado en 2004 por el Touring Exhibitions Group (TEG) a más de 250 organizaciones involucradas en la producción de exposiciones itinerantes en el Reino Unido, reveló que no son proyectos rentables:

> Incluso grandes organizaciones con equipos dedicados a exposiciones itinerantes, en el mejor de los casos, quedan en ceros. Mientras que las tarifas de alquiler pueden cubrir los costos reales, como el transporte, el embalaje, los seguros, los materiales de exhibición, etc., rara vez cubren los honorarios del equipo de trabajo y los gastos generales de la organización. Estos costos tienden a ser subsidiados por la institución originaria o mediante una recaudación de fondos. (Touring Exhibitions Group 2007, 9)

TEG concluye que la justificación para crear exposiciones itinerantes debe, por lo tanto, ser "más amplia que solamente financiera". Para las instituciones receptoras, por otro lado, una muestra itinerante representa una buena relación calidad-precio, "dado que las tarifas de alquiler rara vez representan el verdadero costo de producción" (Touring Exhibitions Group 2007, 9). Una investigación más profunda, realizada en 2015 por esta misma asociación, respalda dichas conclusiones, revelando que los museos que actualmente se encuentran involucrados en exposiciones internacionales "reconocen y valoran" sus beneficios más amplios, como la mejora de sus perfiles, el desarrollo de públicos y la maximización en el alcance de las exposiciones "por encima de la generación de ingresos o la amortización de los gastos" (Dew 2016c, 8). Lo anterior sugiere que las organizaciones están recurriendo a las exposiciones itinerantes para ayudar a lograr una serie de indicadores clave de desempeño (KPT, por sus siglas en inglés), que podrían contribuir indirectamente a la salud financiera de la organización, pero, en muchos casos, la generación de ingresos no es la motivación central (Dew 2016c, 10).

Propósitos de este libro

Con un número creciente de instituciones que invierten en exposiciones internacionales y las consideran de alta prioridad (Jacobsen y West 2009; Dew 2016c), nuevos campos de especialización profesional se han asociado a este tipo de trabajo y han surgido diversos grupos y redes de profesionales. El International Committee for Exhibitions and Exchange se fundó en 1980 y logró su estatus formal, otorgado por el Consejo Internacional de Museos (ICOM), en 1983. El TEG es un grupo de profesionales del Reino Unido, fundado en 1985 como una red de galerías, museos, librerías, centros de arte y ciencias, y otras organizaciones involucradas en exposiciones internacionales. El TEG tiene como objetivo "facilitar las oportunidades para la práctica de la itinerancia a través de todas las organizaciones culturales para ofrecer orientación en los aspectos prácticos y promover las mejores prácticas para la misma" (Hesketh s.f.).

El International Group of Organisers of Large-Scale Exhibitions (Bizot Group), establecido en 1992, reúne a un selecto grupo de organizadores de exposiciones mayores (incluidos el British Museum, el MoMA y el Louvre) que colaboran en la producción y las giras de exposiciones internacionales. La Traveling Exhibitions Network es una red profesional bajo el abrigo de la American Alliance of Museums. En el hemisferio sur, la Network of Australasian Museum Exhibitors (NAME) organiza una reunión bianual que congrega a personal de museos australianos y neozelandeses, encargados de desarrollar y trasladar exposiciones, para revisar proyectos y colaboraciones en proyectos futuros. En este contexto ha surgido también una plétora de compañías comerciales y de consultoría que se especializan en el desarrollo, administración y habilitación de exposiciones internacionales.[1]

A pesar de su crecimiento en popularidad, inversión y profesionalización, se ha realizado muy poca investigación para comprender mejor por qué y cómo se organizan las exposiciones internacionales y qué valor tienen. Hace casi tres décadas Tarasoff (1990) registró la existencia de una red internacional de museos activa, sostenida por el entramado de líneas de comunicación interconectadas y actividades colaborativas. Desgraciadamente, encontró que la literatura de exposiciones internacionales carecía de apreciación crítica y ofrecía muy pocas directrices para la práctica, pues tendía a ser descriptiva y a enfocarse en las exhibiciones mismas en vez de concentrarse en sus dimensiones internacionales. Poco se había escrito fuera de los contextos de América del Norte y Europa, y no se había hecho un esfuerzo real para promover el campo de las relaciones internacionales, para tender puentes entre la teoría y la práctica o para desarrollar un cuerpo teórico coherente. Tarasoff (1990, 22) concluyó que existía el "peligro de que los museos participarán en actividades internacionales de manera improvisada, sin guías y sin fundamentos para mejorar".

Las necesidades de investigación identificadas por Tarasoff se enfocan en dos áreas específicas. Primero, en el mensaje de la exposición, ya que las exposiciones pueden ser numerosas y distribuidas ampliamente, "pero tienen mensajes superficiales, poco efectivos o tendenciosos" (Tarasoff 1990, 78). Segundo, en la necesidad de evidencias de los beneficios a largo plazo, tanto para los profesionales de museos como para los públicos. La evaluación—afirma—requiere del desarrollo de una metodología capaz de evaluar el éxito de una exposición en términos del entendimiento internacional, incluyendo la experiencia del visitante y las relaciones entre los museos, como el intercambio de personal y de exposiciones.

En los casi treinta años que han pasado desde que Tarasoff apuntó lo anterior han existido algunos avances. Ha surgido —como se mencionó arriba— un número cada vez mayor de redes profesionales y entidades comerciales dedicadas a las exposiciones internacionales que han desarrollado directrices prácticas. TEG, por ejemplo, ofrece a sus miembros el *Handbook of Good Practice in Touring*, manual en línea con información práctica y consejos en todos los aspectos de la organización y administración de exposiciones. Otra iniciativa es CASTEX (Common Approach to Scientific Touring Exhibitions), un proyecto financiado por la Unión Europea para crear una red de cinco museos europeos de Historia Natural (Bruselas, París, Leiden, Londres y Estocolmo). Este proyecto a tres años (2001-2004) incluyó la coproducción de una exposición viajera y concluyó con la producción de un conjunto de pautas para exposiciones

---

[1] Los ejemplos incluyen vastari.com, flyingfishexhibits.com y exhibitsdevelopment.com.

itinerantes basadas en colecciones en Europa ("CASTEX: Guidelines for Touring Exhibitions in Europe" 2004).

Más recientemente, el British Council, organización internacional del Reino Unido para las relaciones culturales, se ha propuesto producir un programa de apoyo para museos y galerías británicas como parte de su Proyecto de apoyo a la vinculación institucional fundado por el Arts Council England que busca introducir o desarrollar programas de exposiciones internacionales itinerantes y, por lo tanto, impulsar la reputación del Reino Unido como líder en esta área. El reconocimiento de un creciente interés en las exposiciones internacionales como una fuente potencial de ingresos para los museos y galerías británicos ha generado preocupaciones de que el desarrollo se lleve a cabo de tal manera que asegure la resiliencia organizacional y las fuentes de ingresos sustentables en este "cada vez más atestado mercado" (Andrew 2016).

La evaluación efectiva sigue siendo una necesidad apremiante para las exposiciones internacionales, así como para la diplomacia cultural en un sentido más amplio (McDonald 2014; Flamini 2014; Hoogwaerts 2016; "CASTEX: Guidelines for Touring Exhibitions in Europe" 2004). Los pocos estudios de exposiciones internacionales que se han publicado desde 1990 siguen siendo principalmente descriptivos y, aunque ofrecen casos de estudio útiles para la práctica,[2] no constituyen un cuerpo coherente de literatura en el tema. Algunas excepciones incluyen el análisis de Cai (2013) de un intercambio intercultural entre Singapur y Francia, con un enfoque en los motivos de Singapur y los resultados de involucrarse en una colaboración cultural relacionada con el "poder blando" y la diplomacia cultural. Cai recomienda una futura investigación que considere las perspectivas tanto del museo anfitrión como del prestatario, así como el seguimiento de las opiniones del público de manera longitudinal. McDonald (2014, 28) ha evaluado el éxito de *Culture Warriors* en términos de las intenciones tanto del donante como de los sitios anfitriones, haciendo notar que "necesitamos maneras efectivas de registrar cómo los públicos internacionales responden a tales exposiciones y cómo hacer pública esta información".

Además de estos ejemplos limitados, las exposiciones internacionales continúan siendo un área de estudio y práctica de museos que carece de una base teórica y una metodología de evaluación que abarque toda su gama de impactos. Nuestro libro aborda esta brecha, al examinar de manera crítica y sistemática este tipo de actividad museística, observando las implicaciones teóricas y prácticas. ¿Cómo están trabajando los museos internacionalmente a través de exposiciones?, ¿qué motiva este trabajo?, ¿cuáles son los beneficios y

---

[2] Para ejemplos ver Day (1994), S. O'Reilly (2005), Casaleiro (1996) y Rubenstein, Paradis y Munro (1993).

desafíos?, ¿qué factores contribuyen al éxito?, ¿qué valor tiene este trabajo para el público y las otras partes interesadas?, ¿qué contribución hacen las exposiciones internacionales a la diplomacia cultural, el diálogo intercultural y la comprensión, y cómo se pueden evaluar?

Museos, diplomacia cultural y comprensión intercultural: un marco analítico

Un examen crítico de las exposiciones internacionales requiere un marco analítico apropiado. En este libro proponemos un enfoque interdisciplinario que involucra una serie de perspectivas teóricas interconectadas como un medio de iluminar varios aspectos de las exposiciones internacionales, incluida su naturaleza y función como una forma de práctica museal, su papel en la diplomacia cultural y las relaciones internacionales, y su potencial para mejorar el ámbito intercultural y avanzar en una agenda cosmopolita global.

Nuestro enfoque está ampliamente fundamentado en una perspectiva de estudios culturales, en el sentido de nuestro interés en "preguntas sobre la relación entre las personas, la cultura y la sociedad, con un fuerte enfoque en el consumo de productos culturales" (Clarke 2016, 150). En nuestro estudio, el producto cultural —una exposición internacional— es visto como un sitio en el que se negocian los significados. También prestamos atención a los procesos de producción y consumo de exhibiciones internacionales como un "circuito de cultura" por el cual el consumo, aunque "condicionado por las circunstancias en que se lleva a cabo [...], puede tener un efecto en esas circunstancias al producir y hacer circular nuevos significados sobre productos culturales existentes" (Clarke 2016, 152).

En el centro de nuestro marco analítico están los estudios de museos; en particular, las ideas sobre cómo los museos han funcionado como entidades culturales y políticas complejas a lo largo del tiempo (Bennett 2006; Mason 2006; Macdonald 2003; Clifford 1997), la interfaz entre la práctica y la teoría del museo (McCarthy 2015; Hakamies 2017) y los estudios de visitantes (Davidson 2015). Para comprender mejor las dimensiones políticas y globales de las exposiciones internacionales, también recurrimos al campo de las relaciones culturales internacionales, específicamente a la diplomacia cultural (Mark 2010; Goff 2015a; Ang, Isar y Mar 2015); al mismo tiempo, profundizar en las teorías del cosmopolitismo (Appiah 2006; Delanty 2006; Beck 2006) y los estudios interculturales (Alred, Byram y Fleming 2002; Arasaratnam 2011) nos ayuda a considerar el papel de las exposiciones internacionales desde estas perspectivas.

Estudios de museos

Los estudios de museos son un campo diverso que abarca una amplia gama de enfoques de teoría y práctica. Un elemento central de gran parte de los estudios en este campo es comprender que los museos son "conjuntos complejos de significados" (Message y Witcomb 2015, xxxv) que han sido "escritos una y otra vez por múltiples guiones de poder" (Bennett 2015, 8). Los museos se han relacionado con las funciones de civilizar y educar a las masas trabajadoras, al tiempo que han promovido el conocimiento y la distinción de clases a lo largo del siglo XIX y principios del XX (Prior 2002). Simultáneamente, ayudaron a construir nuevas formas de poder e identidad asociadas con el surgimiento del Estado-nación (Knell 2010; Boswell y Evans 1999). Para algunos teóricos (Bennett 1998, 2015) siguen estando vinculados a estrategias gubernamentales de "mejora", en relación con el multiculturalismo y la tolerancia, mientras que otros defienden que, a través de una reforma, pueden funcionar como agentes de cambio y activismo social (Sandell y Nightingale 2012; Janes 2016).

El concepto de los museos de Clifford (1997) como "zonas de contacto", es decir, como sitios donde el contacto entre diferentes culturas se lleva a cabo y donde se negocian las relaciones, se ha aplicado ampliamente en la literatura de estudios de museos, particularmente como una forma de describir programas de inclusión y colaboración entre museos y comunidades de origen (Witcomb 2003; Peers y Brown 2003). Los críticos de esta perspectiva ven con escepticismo la mirada positiva con la que, a menudo, se retratan estas relaciones, alegando que pasa por alto los desequilibrios estructurales del poder y las agendas del gobierno (Boast 2011; Bennett 1998; Message 2009). Sin embargo, es una perspectiva útil para considerar a los museos como espacios de diálogo, donde tienen lugar las conversaciones sobre identidad y significado a través de las culturas, por asimétrico e imperfecto que pueda ser el proceso.

Más recientemente, la naturaleza relacional de los museos se ha conceptualizado, con la ayuda de la teoría de ensamblaje (assemblage theory), para iluminar las formas en que se sitúan en una "intersección entre una gama de redes dispersas y las relaciones que fluyen y dan forma a sus prácticas" (Bennett 2015, 13). Los museos, argumenta Bennett (2015, 15), son "sitios donde textos, cosas, tecnologías y cuerpos se unen en relaciones complejas entre sí". La naturaleza multi-escala de estos ensamblajes también es relevante en el hecho de que los museos puedan verse a sí mismos como conjuntos en su propia escala y, al mismo tiempo, como parte de otros ensamblajes. Bennett (2015, 18) propone que las preguntas más vitales para los estudiosos de los museos, hoy en día, son aquellas relacionadas con "los aspectos en los que los museos existen y actúan solo a través de su dispersión, a través de los conjuntos con los que están conectados".

Los museos son sitios en los que la delimitación de las diferencias culturales ha sido muy controvertida (Mason 2006). Los medios por los cuales los museos funcionan como "mecanismos de diferenciación" son principal, pero no exclusivamente, las prácticas de exhibición que han involucrado formas particulares de ordenar personas y cosas a través de estrategias de representación y exhibición (Bennett 2015). Históricamente han alentado a las personas a construir identidades basadas en la diferencia y considerarlas como "limitadas y coherentes" (Macdonald 2003, 6). En términos de divisiones racializadas, Bennett (2006, 55) argumenta que los museos arqueológicos y antropológicos promulgaron estos procesos para producir "un yo occidental o blanco [...] definido en términos de la capacidad para una dinámica interna de autodesarrollo, que solo se identificaba como tal al distinguirse de los personajes planos, fijos o congelados que representaban los 'tipos asiáticos' y los primitivos". Los museos funcionaron dentro de la modernidad para mostrarnos cuán lejos habíamos llegado y dirigirnos hacia el futuro (Bennett 2006).

Hoy las identidades son mucho más fluidas, flexibles y contingentes (Bauman 2001). El desafío, ahora, es "reinventar el museo como una institución que pueda orquestar nuevas relaciones y percepciones de la diferencia" (Bennett 2006, 59) y encontrar modos de articular formas alternativas de identidad cuando la cultura convencional de exhibición "corre fácilmente el riesgo de 'congelar' identidades inconscientemente" (Macdonald 2003, 9). Los recientes virajes hacia el multiculturalismo en los museos han sido acusados de mostrar la diversidad como "una posesión nacional" en lugar de "como un proceso continuo de diálogo intercultural" (Bennett 2006, 61-62). En su lugar, sostiene Bennett (2006, 62-63), necesitamos una "perspectiva de hibridación" y, en vez de "anclar objetos en una relación fija con culturas específicas", deberíamos centrarnos "en su papel en la mediación de las relaciones entre diferentes culturas, que no pertenecen a ninguna exclusivamente [...] prestando atención a la multiacentualidad de los significados que surge del intercambio dialógico en dos sentidos, el discursivo dar y recibir, que caracteriza los procesos de intercambio intercultural". Tales "exhibiciones descentradas" promoverían "las virtudes de hablar y escuchar en relaciones de reciprocidad discursiva", al colocar objetos, textos y visitantes en formas que sugieran una gama de posibles inferencias y que enfaticen "flujo, fluidez e indeterminación" sobre un sentido de neutralidad objetiva (Bennett 2006, 63).

Hasta hace poco, las lecturas críticas y expertas de museos y exhibiciones como sitios de significado cultural habían dominado el campo; sin embargo, los estudios de públicos son un subcampo creciente y cada vez más sofisticado dentro de los estudios de museos. Investigaciones recientes enfatizan que la experiencia del visitante involucra procesos complejos de creación de significado, identificación e interpretación (Davidson 2015), lo cual ha provocado una apreciación más profunda de que las exposiciones no tienen significados fijos; ese significado se produce, realiza y negocia a través de los encuentros entre visitantes y exposiciones (Schorch 2015). También son de creciente interés el papel de las emociones y la imaginación en el proceso de creación de significado

(L. Smith y Campbell 2016), el concepto de visita al museo como una experiencia encarnada, que involucra al espacio arquitectónico, los elementos de diseño de exhibición y la presencia física de objetos en formas complejas (Bjerregaard 2015; Schorch 2013b; Latham 2013).

Si bien la comprensión de la teoría es importante, también se debe prestar atención al mundo cotidiano de las prácticas del museo. Nos preocupa que cualquier crítica a los museos y sus prácticas tenga que basarse, como argumenta Ames (1992, 4), "en una comprensión de las situaciones de los museos". Como señala McCarthy (2015, 2016), en los estudios de museos existe una especie de "falsa división" entre la práctica y la teoría y una falta de investigación académica sobre la práctica; el enfoque tradicional se ha centrado en "las cosas", en lugar de lo que la gente hace en los museos. Este es, a menudo, un proceso "desordenado" y contingente "de modelado, planificación, fracasos, compromisos, soluciones, una 'danza' de un lado a otro entre actores humanos y no humanos;" también es un "fenómeno vivido en constante evolución" (McCarthy 2015, xvi).

La profesión del museo puede conceptualizarse como una "comunidad de práctica", es decir, como "una comunidad que se puede definir a través de sus prácticas" (Hakamies 2017, 143). Estas prácticas se producen a lo largo del tiempo a través de procesos activos de creación de significado, como explica Wenger (2010, 181):

> No importa cuánto esfuerzo externo se haga para dar forma, dictar o imponer prácticas, al final, [una práctica] refleja los significados a los que han llegado los que participan en ella. Incluso cuando cumplen con los mandatos externos, producen una práctica que refleja su propio compromiso con su situación. Una práctica tiene vida propia. No puede ser sometida por un diseño, una institución u otra práctica como la gestión o la investigación. Cuando estos elementos estructurantes están presentes, la práctica nunca es simplemente su resultado o implementación: es una respuesta a ellos, basada en una negociación activa de significado.

Este enfoque resalta la naturaleza social compleja del aprendizaje humano, por la cual "el aprendizaje puede verse como un proceso de realineamiento" entre la competencia socialmente definida y la experiencia personal (Wenger 2010, 181). El mundo social "incluye innumerables prácticas, y vivimos y aprendemos a través de una multiplicidad de prácticas" (Wenger 2010, 182). Son "como mini-culturas" y los límites entre ellas "no son necesariamente visibles o explícitos": los límites son lugares de posibles malentendidos, pero también fuentes de aprendizaje, ya que "las reuniones de nuevas perspectivas pueden ser ricas en nuevas percepciones e innovaciones radicales". Dados los riesgos involucrados, "los procesos límite requieren una gestión cuidadosa del tiempo y la atención" (Wenger 2010, 183).

En resumen, consideramos que es un punto de partida útil para concebir una exposición internacional como una forma de "zona de contacto" *móvil*, destacando, así, su naturaleza como un sitio dinámico de encuentro que experimenta procesos de transformación y reconstrucción, mientras atraviesa terrenos en disputa en la museología, la cultura y la política. A medida que las exhibiciones internacionales cruzan las fronteras, están formadas por los nuevos y desafiantes contextos que encuentran y, a su vez, dan forma a los encuentros interculturales de personas, objetos, prácticas, identidades y significados que los intersectan. Este libro, por lo tanto, examina cómo cambian las formas de encuentro y las interpretaciones asociadas a medida que una exposición se mueve entre diferentes contextos culturales, políticos e institucionales. Esta perspectiva enfatiza la fluidez y contingencia de las identidades y significados culturales y la forma en que las exhibiciones internacionales funcionan como espacios profundamente interculturales, en términos de los procesos y las prácticas a través de los cuales se producen y su impacto potencial en las capas subjetivas de los involucrados. De acuerdo con el concepto de "circuito de cultura", incluimos en nuestro marco analítico a profesionales de museos, visitantes y otras partes interesadas para producir una comprensión integral de las exposiciones internacionales.

A través de nuestro caso práctico también estamos respondiendo a la llamada de McCarthy para obtener estudios empíricos más profundos de la práctica profesional en museos y una investigación que desnaturalice la práctica y reconozca su pluralidad. Influenciadas por el trabajo de McCarthy (2015), entendemos la práctica del museo como las acciones realizadas por el personal en su trabajo diario, incluyendo lo que dicen y escriben, las personas y las "cosas" con las que interactúan. Al aplicar la teoría de la práctica, situamos los procesos que rodean las exposiciones internacionales en las relaciones sociales fundamentadas de las personas e instituciones, así como en las acciones incorporadas, los conocimientos previos, los supuestos y los significados que sustentan el desempeño de este trabajo.

También proponemos que las exposiciones internacionales implican un tiempo considerable, situado en los límites de las prácticas del museo, y que esto disminuye su valor potencial en términos de desarrollo profesional y de una comunidad de práctica relacionada con el trabajo internacional del museo. Como explica Wenger (2010, 184), "el potencial de aprendizaje e innovación de todo el sistema radica en la coexistencia de la profundidad dentro de las prácticas" y el trabajo que se lleva a cabo en las fronteras entre ellas. Al considerar la naturaleza relacional de las exposiciones internacionales, también es útil pensar en ellas como ensamblajes, una unión temporal y espacial de diversos componentes, que, a su vez, forman parte de otros ensamblajes, como redes globales de instituciones culturales y como la diplomacia intergubernamental y las relaciones culturales internacionales.

Diplomacia cultural y relaciones culturales internacionales

Si bien existe, en los estudios de museos, un amplio reconocimiento sobre la naturaleza política de los mismos, tradicionalmente ha habido poca interacción entre este campo y sus homólogos de estudios políticos y relaciones internacionales (Sylvester 2009; Luke 2002). Sin embargo, las crecientes preocupaciones acerca de cómo las culturas están "reuniéndose, mezclándose y transformándose" y un interés, cada vez mayor, en la diplomacia cultural como herramienta en los asuntos globales están provocando cambios en este sentido (Bound et al. 2007, 19; McDonald 2014). En este libro nos preocupamos por ayudar a cerrar esta brecha, al considerar en nuestro análisis el trabajo reciente en este espacio de intersección.

Existe un creciente cuerpo de teoría sobre diplomacia cultural, aunque sigue siendo un área poco investigada, carente de análisis crítico y de una definición clara (Mark 2008; Goff 2015a; Ang, Isar y Mar 2015). Dentro del ámbito de las relaciones internacionales, comparte un espacio superpuesto y, a menudo mal definido con términos estrechamente relacionados, como diplomacia pública, poder blando, marca país, propaganda, relaciones culturales internacionales y diplomacia patrimonial (Winter 2015), creando lo que Mark (2008, 42) ha referido como un "atolladero semántico".

El debate gira en torno a cómo se practica la diplomacia cultural y por quién, cuáles son sus propósitos y el alcance de la participación del Estado. Goff (2015a) describe que la diplomacia cultural se ubica "en la intersección del gobierno y el mundo cultural" y señala que esto es tanto una fortaleza como un desafío. Sus propósitos previstos son muchos:

> Ayuda a promover los intereses nacionales, contribuye a la diplomacia de un gobierno y mejora el entendimiento mutuo entre los países y sus pueblos. La diplomacia cultural también eleva el perfil de un estado, ayuda a contrarrestar los impactos negativos de los temas polémicos, 'aclara las cosas' y, en la actualidad, está más frecuentemente implicada en contribuir a los esfuerzos gubernamentales para 'promocionar' un estado. La práctica apoya los esfuerzos para proteger una cultura nacional a fin de contrarrestar el impacto de la 'invasión' cultural. (Mark 2008, 4)

Mark (2008, 43) define la diplomacia cultural como "el despliegue de la cultura de un estado en apoyo de sus objetivos de política exterior o diplomacia". Las relaciones culturales internacionales, por otro lado, se perciben más centradas en la comprensión, la cooperación y la construcción de relaciones a largo plazo, a través del intercambio bidireccional, y han sido, en gran medida, el dominio de los actores no estatales. Sin embargo, esta distinción se está volviendo cada vez más borrosa y se ha observado una disminución en el monopolio estatal de la diplomacia cultural y la creciente participación de actores no estatales (Goff 2015b; EUNIC 2016; Ang, Isar y Mar 2015).

La retórica de la diplomacia cultural tiende a enfatizar ideales como el entendimiento mutuo y el diálogo, mientras minimiza los objetivos más instrumentales (EUNIC 2016; Isar 2010). Esto ha llevado a un "desajuste entre la retórica exagerada y la realidad sobre el terreno", que surge de una "contradicción central" entre, por un lado, el instrumentalismo de la diplomacia cultural en el avance de los intereses nacionales y, por otro, el logro de algunos de sus objetivos más elevados (Ang, Isar y Mar 2015, 370). Mientras tanto, mucha diplomacia cultural sigue profundamente implicada en el avance de una imagen nacional particular y en la promoción de los intereses económicos nacionales (Mark 2008); es esta instrumentalización de la cultura la que ha sido objeto de críticas por parte de profesionales y académicos (Nisbett 2013; Carter 2015).

La diplomacia cultural en la práctica, generalmente, ocurre de manera *ad hoc* y contingente (Goff 2015a), y se centra en lo que Albro (2015) llama una "política cultural de exhibición", es decir, una preferencia por el espectáculo cultural en oposición al compromiso recíproco. Este enfoque, argumenta Albro, da por sentada una transmisión de valores sin complicaciones y unidireccional, a través de una visualización que no es propicia e incluso puede ser hostil para el diálogo intercultural. Una "paradoja central" de las exposiciones nacionales, explica Wallis (1994, 271), es que "para establecer su estatus dentro de la comunidad internacional, las naciones individuales se ven obligadas a dramatizar la versión convencional de sus imágenes nacionales, afirmando glorias pasadas y amplificando diferencias estereotipadas". Las redes transnacionales ofrecen un enfoque alternativo, trabajando colaborativamente en la coproducción de conocimiento compartido y, a menudo, basado en compromisos profesionales compartidos (Albro 2015). De manera similar, Isar (2010) observa que:

> El nexo entre cultura y nación ya no se mantiene. Existe una creciente conciencia de la porosidad de los límites y la fluidez y multiplicidad de las identidades culturales [...] los propósitos de la comprensión mutua se logran de manera mucho más efectiva mediante interacciones culturales directas a nivel de la sociedad civil.

En relación con esto se ha identificado la aparición de una 'nueva' diplomacia cultural, junto con la 'nueva' diplomacia pública, que enfatiza la mutualidad, el intercambio y la reciprocidad (Goff 2015b; Carter 2015; Grincheva 2013). Se considera que las tecnologías recientes, particularmente las redes sociales, crean oportunidades para nuevas formas de conexión y comunicación entre culturas. En estas formas emergentes de diplomacia, un modelo de comunicación de muchos a muchos reemplaza al modelo de exhibición cultural de uno a muchos (Bound et al. 2007; Grincheva 2013). Este cambio reconoce que crear un mundo más armonioso requiere más que simplemente aprender sobre los demás o inundar los medios globales con innumerables proyecciones de marca país atractivas. En cambio, aboga por mejorar nuestras habilidades básicas de escucha, "flexibilidad cognitiva, empatía, humildad y hospitalidad" (UNESCO 2009, 10; Rösler 2015).

En efecto, las habilidades como la alfabetización cultural, la comunicación dialógica y las actitudes culturales cosmopolitas se consideran tanto atributos clave de diplomáticos culturales efectivos, como lo que la diplomacia cultural mejora idealmente. Se pide, cada vez más, que la diplomacia cultural se base en y se desarrolle para cultivar los valores cosmopolitas (Villanueva Rivas 2010; Rösler 2015). En el actual "baile entre nacionalismo e internacionalismo" (Winter 2015, 997) se espera que el primero dé paso al segundo, en la comprensión de que los valores universales y la promoción de la ciudadanía cultural global son, de hecho, de interés nacional (Ang, Isar y Mar 2015; Isar 2015; Carter 2015).

Un problema pendiente para la diplomacia cultural es lo que Clarke (2016, 160) identifica como una "profunda incertidumbre" sobre sus resultados reales y una necesidad urgente de desarrollar una metodología para evaluar su efectividad. Las medidas de éxito que se adoptan con frecuencia incluyen niveles de asistencia a eventos, cobertura de los medios, críticas positivas y comentarios favorables de personas influyentes; sin embargo, estos no tienen en cuenta la efectividad en términos de impacto en el comportamiento (Goff 2015a; Clarke 2016; Mark 2008). El "lado más suave de la diplomacia cultural", la mutualidad y la comprensión que se cree que fomenta, es particularmente difícil de evaluar (Cummings 2013). Además, como señala Goff (2015a), la diplomacia cultural "no es inequívocamente efectiva ni necesariamente una fuerza para el bien"; "requiere un compromiso a largo plazo", sus beneficios pueden tardar un tiempo en materializarse y, a veces, puede no tener ningún beneficio.

La implementación de la diplomacia cultural debería, según Clarke (2016, 158), estar "basada en una comprensión de lo que el público hace con los productos culturales". También debemos reconocer que tanto los productores como los consumidores están involucrados en procesos de creación de significado y que estos procesos están "vinculados con sus propios valores y sentido de identidad institucional" (Clarke 2016, 155). Ang, Isar y Mar (2015, 377) también proponen "una perspectiva más etnográfica" para iluminar los "procesos sobre el terreno" y las muchas contingencias que los configuran, así como prestar atención "a los detalles del diálogo intercultural" para comprender mejor los resultados.

Nuestro libro refleja estos enfoques al esforzarse para comprender si la diplomacia es lo que los museos *hacen* (intencionalmente o no) cuando emprenden un trabajo transnacional. ¿Cómo entienden este trabajo y cuál es el papel de los valores y prácticas personales e institucionales?, ¿están motivados por ideales cosmopolitas o aspiraciones más pragmáticas?, ¿ejercen habilidades diplomáticas a través de sus actividades internacionales?, ¿cuándo y cómo se cruza este trabajo con la diplomacia cultural patrocinada por el Estado? En este sentido, se trata de determinar, como dice Winter (2015, 998), "en qué espacios geográficos o relaciones institucionales debemos mirar si queremos encontrar lo diplomático".

Cosmopolitismo

El cosmopolitismo ha atraído el interés de los académicos que escriben tanto sobre museos (Mason 2006; Schorch, Waterton y Watson 2016) como sobre diplomacia cultural (Villanueva Rivas 2010; Rösler 2015). Si bien tiene una larga tradición en la historia de las ideas y muchas aristas, consideramos que los enfoques sociológicos recientes del cosmopolitismo, en particular los trabajos de Delanty (2006, 2011) y Beck (2006), son los más apropiados para los temas de este libro.

Delanty (2006, 27) está interesado en lo que sucede cuando una cultura se encuentra con otra y en analizar los "modos culturales de mediación". Su preocupación por los encuentros culturales, la mediación y la traducción hace que su teoría del cosmopolitismo crítico sea particularmente relevante para el análisis de las exposiciones internacionales. Él aboga por una concepción de la cultura formada a partir de las relaciones sociales y como "una esfera de contestación e interpretación" (Delanty 2006, 642), enfatizando, así, su naturaleza cognitiva, fluida y con sentido.

El cosmopolitismo, según Delanty (2011, 634-35), es "menos una condición expresada en movilidad, diversidad y fuerzas globalizadoras que en la lógica de intercambio, diálogo, encuentros". El momento cosmopolita ocurre "cuando y donde se desarrollan nuevas relaciones entre uno mismo, el otro y el mundo en momentos de apertura" (Delanty 2006, 27). La perspectiva cosmopolita de Delanty, entonces, destaca los resultados transformadores, creativos y críticos de los encuentros culturales. El cosmopolitismo subyacente "es una condición reflexiva, en la cual la perspectiva de los demás se incorpora a la propia identidad, intereses u orientación en el mundo" (Delanty 2011, 634-35); implica una "autocomprensión crítica", así como una sensación de "incompletitud y la conciencia de que la certeza nunca puede establecerse de una vez por todas"

(Delanty 2006, 25 y 35). Es "esencialmente una forma de imaginar el mundo [...] sugiere] una cierta apertura y, también, una fragilidad potencial, ya que se basa en los lazos de mutualidad y diálogo" (Delanty 2011, 635).

Beck (2006, 3) ve el cosmopolitismo en términos similares, como

> una sensación sin fronteras. Una conciencia cotidiana, históricamente alerta y reflexiva de las ambivalencias en un entorno de diferenciaciones borrosas y contradicciones culturales. Revela no solo la 'angustia' sino también la posibilidad de moldear la vida y las relaciones sociales en condiciones de mezcla cultural. Es simultáneamente una perspectiva escéptica, desilusionada y autocrítica.

La traducción es "uno de los mecanismos centrales de la transformación cosmopolita"; del proceso de traducción "se crea algo nuevo [...] porque cada traducción es, al mismo tiempo, una evaluación" (Delanty 2006, 43-44). Las "posibilidades de traducción" existen en las "relaciones dinámicas" (Delanty 2006, 42) entre local/global, uno mismo/otro, particular/universal, pasado/presente, núcleo/periferia: en lugar de una lógica de y/o, estos pares están mutuamente implicados en el cosmopolitismo como un proceso transformador.

¿Cómo es el cosmopolitismo? Inspirado en Bryan Turner, Delanty sugiere que podemos encontrarlo en "virtudes tales como la ironía (distancia emocional de la propia historia y cultura), la reflexividad (el reconocimiento de que todas las perspectivas están culturalmente condicionadas y son contingentes), el escepticismo hacia las grandes narrativas de las ideologías modernas, el cuidado de otras culturas y la aceptación de la hibridación cultural, un compromiso ecuménico para dialogar con otras culturas, especialmente las religiosas, y el nomadismo como condición para nunca estar completamente en casa en categorías culturales o límites geopolíticos" (Delanty 2006, 42-43). Y más que estar presente o ausente, el cosmopolitismo existe "en grados" (Delanty 2011, 648).

Mason argumenta que los museos pueden adoptar un enfoque cosmopolita a través de un "énfasis generalmente positivo en la influencia mutua de las culturas" y una postura interpretativa que "fomenta explícitamente la relativización de la propia posición" (Mason 2013, 56). A través de métodos de exhibición e interpretación polívocos, una museología cosmopolita "animaría a las personas a considerar el mundo a través de los ojos del 'otro' y desde la 'ubicación del otro,' al tiempo que alentaría a los visitantes a conectar con sus propias vidas y experiencias. Intentaría capturar lo que significa estar implicado simultáneamente en el 'aquí' y el 'allí,' lo local y lo global, el pasado y el presente" (Mason 2013, 61).

Mason reconoce que los visitantes deben estar dispuestos a comprometerse con tales estrategias interpretativas y que esto puede ir en contra de la autoconfirmación que muchos buscan en sus visitas al museo. Ella sugiere que los intentos de lograr que los visitantes se muevan fuera de su marco de referencia también deberían "ofrecer puntos de reconocimiento e invitarlos a extender esto a un nuevo territorio" (Mason 2013, 58). Rings (2012) respalda las representaciones de equilibrio y diferencia de la comunidad. Sugiere que existe el peligro no solo de una empatía insuficiente, sino también de una identificación excesiva y de la sensación errónea de que podemos hablar por el otro. Cuando nos encontramos con otros a través de sus producciones culturales, argumenta Rings, debemos negociar la tensión entre "*acercarse* lo suficiente" y "mantener una *distancia* adecuada" (Rings 2012, 186). El objetivo es una especie de "conversación transcultural", una "abierta, receptiva y comprometida seriamente, pero también consciente y respetuosa de la diferencia y la distancia entre uno mismo y el 'interlocutor'" (Rings 2012, 186).

Appiah (2006), en su discusión sobre el cosmopolitismo, también utiliza la conversación como una metáfora para comprometerse con la experiencia y las ideas de otros. Estas conversaciones comienzan, dice, con un compromiso imaginativo y son valiosas en sí mismas, independientemente de si se llega a un acuerdo o no. Más bien, "es suficiente que ayude a las personas a acostumbrarse unas a otras" (Appiah 2006, 85). No debemos subestimar la dificultad de entendernos y lograr la transformación: "cuando se trata de cambiar, lo que mueve a las personas, a menudo, no es un argumento desde un principio ni una larga discusión sobre valores, sino solamente una nueva forma de ver las cosas, gradualmente adquirida" (Appiah 2006, 73).

Estudios interculturales

Como argumentan Bound *et al.* (2007, 14), "ahora todos somos diplomáticos" y necesitamos habilidades para "navegar por la diversidad, reconocer señales y seguir con otras culturas en un contexto siempre cambiante". El problema es que, como observaron Metge y Kinloch (1978) hace casi cuatro décadas, carecemos de una conciencia crítica de cómo la cultura da forma a nuestra comunicación. Cuando no reconocemos que nuestra forma de interpretar el mundo no es la misma que la de otros orígenes culturales, "nos confundimos unos a otros" (Metge y Kinloch 1978, 43). En cambio, debemos "estar continuamente pendientes ante la posibilidad de que otras personas puedan darle a algo un significado diferente o comenzar a partir de supuestos distintos" (Metge y Kinloch 1978, 47).

Los campos emergentes de comunicación y educación intercultural pueden verse como respuestas al reconocimiento de la necesidad de cultivar nuevos modos y una mayor habilidad para comunicarse a través de las fronteras culturales. Dada esta orientación, estos campos tienen un enfoque fuertemente normativo, en oposición al tipo de postura analítica que han impulsado las teorías del cosmopolitismo discutidas anteriormente. Sin embargo, una serie de temas e ideas clave de esta literatura resuenan fuertemente con estos puntos de vista cosmopolitas y resultan relevantes para nuestro análisis.

Arasaratnam (2012, 2011) define los *espacios interculturales* como aquellos en los que las diferencias culturales agregan una medida adicional de complejidad al proceso de descifrado de significado. Al igual que Metge y Kinloch, Arasaratnam (2011, 1) señala que la influencia de nuestras tradiciones cognitivas aprendidas culturalmente —es decir, nuestros "patrones de percepción, reconocimiento y pensamiento" de lo que entendemos como familiar o ajeno— fácilmente se pasa por alto. En los espacios interculturales nos enfrentamos a situaciones que exponen nuestros propios supuestos culturales, brindándonos la oportunidad de descartar las perspectivas de los demás o reevaluar las nuestras. Cuanto mayor sea nuestra complejidad cognitiva —que se puede desarrollar con el tiempo a través de diferentes experiencias—, mayores serán nuestras posibilidades de deconstruir estereotipos. La motivación también es crítica. Cuanto mayor sea nuestro involucramiento en un estereotipo en particular, menor será la probabilidad de que notemos "evidencia que no lo confirma" y ajustaremos nuestra perspectiva en consecuencia (Arasaratnam 2011, 12).

Por lo tanto, lo que Alred, Byram y Fleming (2002) describen como convertirse y/o ser intercultural puede o no surgir del contacto intercultural. Ser 'intercultural' en este sentido implica un "juicio cualitativo sobre la naturaleza de tal encuentro" (Alred, Byram y Fleming 2002, 4), que incluye la conciencia de los propios supuestos culturales y una apertura a múltiples perspectivas, caracterizada por la curiosidad, la empatía, el respeto y la tolerancia a la ambigüedad, que lleva a la reflexión y a una mejor comprensión de uno mismo (Gupta 2002; Perry y Southwell 2011; Ryan 2002). Según Bredella (2002, 237), ser intercultural requiere de la capacidad de "reconstruir los marcos de referencia de los demás y ver las cosas a través de sus ojos". Más importante es que la interacción intercultural no debe reforzar la identidad de un grupo mediante la comparación con otro, sino crear "un nuevo centro de interacción en las fronteras y que estas se unan en lugar de dividirlas [...] Las fronteras se vuelven menos barreras y prohibiciones y más puertas e invitaciones" (Alred, Byram y Fleming 2002, 4-5).

El llamado para que los museos sean espacios interculturales y promuevan el diálogo intercultural proviene de varios sectores (ERICarts 2008; UNESCO 2009). Al revisar los enfoques existentes en Europa, Bodo (2009, 49) descubrió que las estrategias hasta la fecha se han centrado en "mostrar las diferencias", integrando a los nuevos migrantes a través de formas de "alfabetización del patrimonio" y "programación culturalmente específica" para las comunidades de migrantes. Concluye que están "generalmente basadas en la comprensión del 'diálogo intercultural' como un objetivo a alcanzar, en lugar de como un proceso arraigado en la práctica de un museo" y argumenta a favor de una concepción alternativa del trabajo intercultural en los museos como "un proceso bidireccional y dialógico que transforma a todas las partes" (Bodo 2012, 183-84).

Del mismo modo, buscamos lo intercultural y lo cosmopolita en todos los niveles de la práctica del museo y no solo como objetivo de las exposiciones internacionales. Todo el trabajo del museo puede concebirse como intercultural, involucrando procesos complejos de mediación, traducción y representación. Pero tal vez más en las exposiciones internacionales que en cualquier otra práctica museológica, la conexión intercultural y la colaboración están a la vanguardia. Por lo tanto, prevemos exhibiciones internacionales como conjuntos que funcionan como zonas de contacto móviles y operan en los límites de las prácticas del museo, así como dentro del ámbito de las relaciones culturales internacionales. En los territorios fronterizos hay, indudablemente, un mayor potencial de conflicto y confusión, pero también de transformación. Aquí, entonces, hay un terreno fértil para buscar y fomentar la imaginación, la empatía y la reflexividad de los momentos cosmopolitas, para que los museos puedan participar mejor en el proceso de ser/convertirse en interculturales.

Exposiciones internacionales en la práctica: un caso práctico

Nuestra exploración de las perspectivas y preguntas discutidas hasta ahora se lleva a cabo a través de una consideración en profundidad de dos exposiciones internacionales. *E Tū Ake: Standing Strong* fue una innovadora exposición indígena, que presentó *taonga* (tesoros culturales māori) tradicionales y contemporáneos; fue desarrollada por el Museum of New Zealand Te Papa Tongarewa (Te Papa) para hacer una gira internacional. Se exhibió brevemente en Aotearoa Nueva Zelanda antes de viajar al Musée du Quai Branly, en París, al Museo Nacional de las Culturas, en México, y finalmente, al Musée de la Civilisation, en Quebec, Canadá, entre 2011 y 2013. La presentación de *E Tū Ake* en México constituyó la fase inicial del primer intercambio de exposiciones entre el Instituto Nacional de Antropología e Historia (INAH) y Australasia.

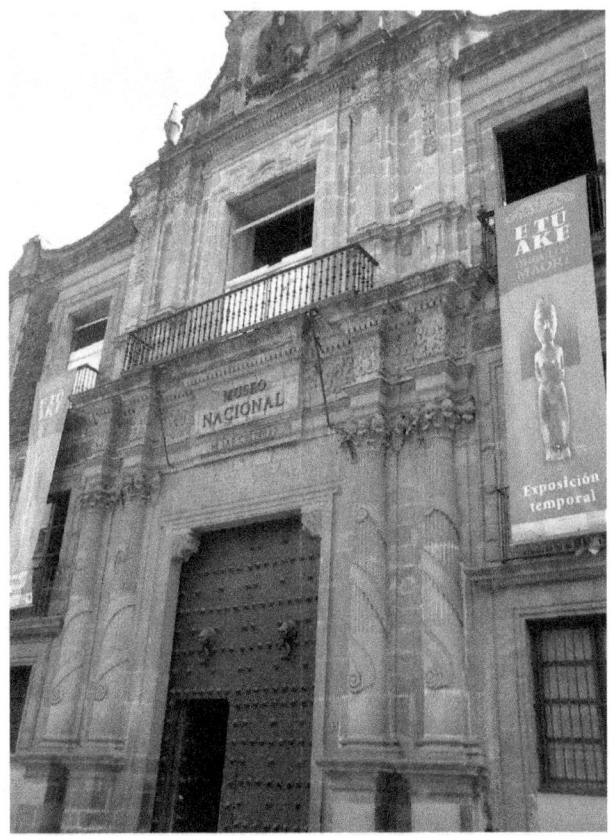

Figura 1.2 *E Tū Ake – Orgullo Māori* en el Museo Nacional de las Culturas, Ciudad de México. Reproducción autorizada por el Instituto Nacional de Antropología e Historia.

La segunda fase implicó el desarrollo de la exposición *Aztecs*, por parte de Te Papa en colaboración con el INAH, y con dos museos en Australia. *Aztecs* abrió en Te Papa en septiembre de 2013, para después viajar al Melbourne Museum (MM) y al Australian Museum (AM), en Sídney, y regresar a México en febrero de 2015. *Aztecs* se diferenció de *E Tū Ake*, pues implicó un alto nivel de colaboración institucional durante la etapa de desarrollo de la exposición y, por lo tanto, mayor complejidad, pues el personal ejecutivo, administrativo y operativo de varios museos en tres países—con contextos museológicos, institucionales y políticos contrastantes—trabajó en conjunto. Al mismo tiempo, este proyecto tuvo en su centro una relación continua: el cierre de *Aztecs* y el regreso de la colección a México marcaron el fin de un ciclo de aproximadamente seis años de trabajo colaborativo entre Te Papa y el INAH como parte del intercambio de la exhibición. Esta relación es un ejemplo revelador de la interculturalidad como conversación evolutiva y duradera.

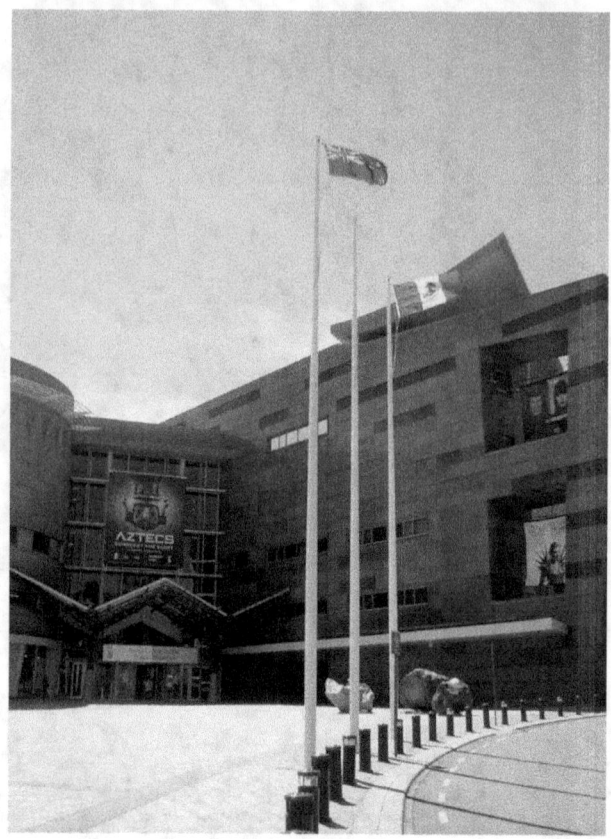

Figura 1.3 Símbolo de colaboración: Las banderas de México y de Aotearoa Nueva Zelanda ondean, una al lado de la otra, fuera de Te Papa durante la exposición *Aztecs*. Fotografía cortesía de Alice Meads.

El material de investigación que constituye la base de este libro se recopiló como parte de dos estudios a largo plazo. Estos estudios involucraron a un equipo de investigadoras que reunieron material cualitativo, cuantitativo y documental, con el personal y los visitantes, en múltiples lugares. Los estudios comparativos de exposiciones internacionales en diferentes instituciones son muy escasos debido a su complejidad. Nuestro enfoque toma la forma de una etnografía "móvil" de largo plazo, en múltiples ubicaciones, que:

> se aleja de los sitios únicos y las situaciones locales de los diseños de investigación etnográfica convencionales, para examinar la circulación de significados culturales, objetos e identidades en un espacio-tiempo difuso. Este modo define, por sí mismo, un objeto de estudio que no puede explicarse etnográficamente al permanecer enfocado en un solo

sitio de investigación intensiva [...] Esta etnografía móvil toma trayectorias inesperadas al rastrear una formación cultural, a través y dentro de múltiples sitios de actividad. (Marcus 1995, 96)

Como argumenta Mason (2006, 29), los estudios que combinan el análisis de la representación textual con las condiciones institucionales de producción y recepción de la audiencia se ubican "en la intersección de la teoría y la práctica, en oposición a una crítica, de modo que se encuentra afuera mirando hacia adentro [... y este enfoque es] el más adecuado para capturar la complejidad de los museos como fenómeno cultural". Recolectamos y analizamos datos de múltiples fuentes en cuatro sitios de exhibición, que incluyen: entrevistas en profundidad con profesionales clave de los museos; entrevistas posteriores a la visita, en profundidad, con visitantes, y entrevistas de seguimiento con una submuestra de estos visitantes entrevistados; datos de la encuesta de salida de una gran muestra de visitantes, recopilados por cada lugar, y documentación de la exposición y observaciones de los principales eventos.

Llevamos a cabo cincuenta y una entrevistas con profesionales de museo, utilizando un enfoque abierto con una guía semiestructurada (Patton 2002). Los entrevistados fueron personal de los museos involucrados en México, en Aotearoa Nueva Zelanda y en Australia, que fueron actores clave en la producción y la itinerancia de las exposiciones, incluidos curadores, desarrolladores de conceptos, directores de proyectos, redactores, intérpretes y educadores. Nuestro objetivo era entrevistar a tantos profesionales involucrados en la exposición como fuera posible, para obtener una imagen completa de sus diferentes experiencias y perspectivas. Esto comprendió identificar las formas en las que los distintos países trabajaron juntos para desarrollar y administrar la exposición, los principales desafíos a los que se enfrentaron y cómo percibieron el papel y la importancia de la exposición. También entrevistamos a la embajadora mexicana en Nueva Zelanda.

El marco temporal de largo plazo, tanto de la exposición como, por asociación, del proyecto de investigación, significa que el contexto de la misma fue dinámico, en lugar de registrar una "instantánea" en el tiempo. Esto planteó problemas con respecto al momento de las entrevistas a los y las profesionales e influyó significativamente en cómo apreciaron el proceso de desarrollo de la exhibición en un momento particular. Idealmente, se podría volver a entrevistar a los profesionales en diferentes intervalos de tiempo, para capturar las formas en que evolucionaron sus impresiones del proyecto. Tres profesionales fueron entrevistados dos veces en diferentes etapas del proyecto, pero, por otro lado, este enfoque no era práctico. También faltó incluir ciertos puntos de vista, debido a que no pudimos programar entrevistas con ciertas personas, o porque ya no ocupaban sus puestos o porque no estaban disponibles en el momento en que intentamos contactarlos. Nos hemos esforzado por tener en cuenta estas limitaciones siempre que fuera relevante en nuestra interpretación de los resultados.

Las entrevistas a los y las profesionales fueron realizadas por las autoras en la mayoría de los casos cara a cara, pero ocasionalmente usando Skype. Siempre que fue posible las entrevistas se realizaron en el idioma nativo del entrevistado, pero cuando fue necesario tuvimos la asistencia de un intérprete. La Tabla 1.1 proporciona un desglose de los y las entrevistadas por exposición, incluyendo su institución, función, fecha de la entrevista, idioma utilizado, y se indica si un intérprete estuvo presente.

Tabla 1.1 Entrevistas a profesionales de los museos

INSTITUCIÓN	NOMBRE	PUESTO	FECHA/IDIOMA
E TŪ AKE: STANDING STRONG			
Museum of New Zealand Te Papa Tongarewa, Wellington, Nueva Zelanda			
	Huhana Smith	Curadora ejecutiva, māori	28/06/12 inglés
	Sarah Morris	Intérprete	02/07/12 inglés
	Simon Garrett	Coordinador de proyectos	02/07/12 inglés
	Liz Hay	Coordinadora de itinerancias	03/07/12 inglés
	Mark Kent	Coordinador de proyectos itinerantes	03/07/12 inglés
	Roma Potiki	Desarrolladora de conceptos	03/07/12 inglés
	Megan Tamati-Quennell	Curadora, arte contemporáneo indígena y māori	13/09/13 inglés
	Carolyn Roberts-Thompson	Coordinadora, Equipo de relaciones *iwi*	18/09/13 inglés
	Haley Hakaraia	Consejera estratégica, Equipo de relaciones *iwi*	18/09/13 inglés
	Jette Sandahl	Directora de experiencias	13/12/12 inglés
Museo Nacional de las Culturas, México			
	Rodrigo Hernández	Educador	10/07/13 español con intérprete
	Rosa Elba Camacho	Investigadora de públicos	12/07/13 español e inglés, con intérprete
	Monserrat Navarro	Educadora	10/07/13 español e inglés, con intérprete

Instituto Nacional de Antropología e Historia (INAH)			
	Priscila Medina Tejadilla	Coordinadora de proyectos, Dirección de Exposiciones, CNME	08/07/13 inglés
	Alberto Limón	Diseñador gráfico, Dirección Técnica, CNME	11/07/13 español con intérprete
	Ana Carolina Abad	Desarrolladora de contenidos y escritora, Dirección Técnica, CNME	11/07/13 inglés
AZTECS: CONQUEST AND GLORY			
Museum of New Zealand Te Papa Tongarewa, Wellington, Nueva Zelanda			
	Ben Barrard	Diseñador 3D	12/11/2014 inglés
	Frith Williams	Redactora en jefe	10/7/2015 inglés
	Hutch Wilco	Montajista	7/4/2015 inglés
	James Brown	Redactor	7/4/2015 inglés
	Jeff Fox	Desarrollador de conceptos	27/9/2013 inglés
	Lynette Townsend	Curadora	21/2/2014 inglés
	Mark Kent	Coordinador de proyectos itinerantes	14/3/2015 inglés
	Mark Sykes	Coordinador de colecciones māori	25/8/2014 inglés
	Raewyn Smith-Kapa	Coordinadora de desarrollo gerente de envíos	26/11/2014 inglés
	Rebecca Browne	Educadora	4/7/2014 inglés
	Robert Clendon	Conservador	27/3/2015 inglés
	Rupert Alchin	Redactor	7/7/2014 inglés
	Sarah Morris	Facilitadora ejecutiva de vinculación con el público	11/9/2014 inglés
	Wen Powells	Consejera de estrategias internacionales	17/8/2015 inglés
Melbourne Museum, Melbourne, Australia			
	Emma Campbell	Coordinadora de marca, mercadotecnia y comunicaciones	28/11/2014 inglés
	Eve Almond	Coordinadora de exposiciones itinerantes	28/4/2014 inglés
	Georgie Meyer	Educación	11/4/2014 inglés
	Helen Sartori	Coordinadora de proyectos	11/4/2014 inglés

	Naomi Fogel	Diseñadora de exposiciones	1/12/2014 inglés
	Patrick Greene	Director general	26/9/2014 inglés
	Robin Hirst	Director, colecciones, investigación, exposiciones	15/12/2014 inglés
Australian Museum, Sídney, Australia			
	Aaron Maestri	Diseñador 3D	9/12/2014 inglés
	Amanda Teer	Diseñadora 2D	9/12/2014 inglés
	Fran Dorey	Curadora y coordinadora de proyectos expositivos	9/12/2014 inglés
	Glenn Ferguson	Coordinador de exposiciones	9/12/2014 inglés
	Heather Bleechmore	Conservadora	9/12/2014 inglés
Museo Templo Mayor, Ciudad de México, México			
	Carlos Javier González	Director	2/11/2015 inglés
	Fernando Carrizosa Montfort	Jefe de colecciones y comisario	9/10/2014 inglés
	Lourdes Gallardo	Restauradora y comisaria	3/9/2014 inglés
	María Barajas Rocha	Jefa de restauración y comisaria	30/9/2014 inglés
Museo Nacional de Antropología, Ciudad de México, México			
	Martha Carmona	Subdirectora, departamento de Arqueología y comisaria	24/9/2014 español
Instituto Mexiquense de Cultura, Estado de México, México			
	Martín Antonio Mondragón	Director, Museo Arqueológico Román Piña Chan y comisario	15/1/2015 español
Instituto Nacional de Antropología e Historia (INAH)			
	Paola Albert	Subdirectora, Dirección de Exposiciones, CNME	14/9/2014 español
	Raúl Barrera	Proyecto de Arqueología Urbana y curador	15/1/2014 inglés con traducción al español
	Raúl Barrera (segunda entrevista)		2/11/2015 español
	Erika Gómez	Coordinadora de proyectos, CNME	15/1/2014 inglés con traducción al español

En total realizamos ochenta y seis entrevistas con visitantes (ver Tabla 1.2). La mayoría de ellas estuvieron relacionadas con *Aztecs*, debido al momento de la recopilación de datos (ver Capítulo 4). Las entrevistas a los y las visitantes fueron realizadas por Lee Davidson junto con dos estudiantes de maestría, Alice Meads (Wellington) y Rosa Elba Camacho (Ciudad de México), supervisadas por las autoras en sus respectivas instituciones. Ambas estudiantes analizaron las entrevistas en relación con preguntas de investigación específicas como parte de sus tesis de maestría (Meads 2015; Rodríguez Camacho 2019). El Capítulo 4 toma referentes de este trabajo y lo amplía para abordar las preocupaciones más extensas de este libro.

Tabla 1.2 Número total de entrevistas

	Visitantes	Profesionales	Total
E Tū Ake	4	16	20
Aztecs	82	35	117
Total	86	51	137

El análisis de los datos de las entrevistas implicó un proceso de inmersión (Marshall y Rossman 2011), seguido de la codificación temática (Saldaña 2009) utilizando el software NVivo. Todas las investigadoras contribuyeron al desarrollo de los marcos de codificación. Las entrevistas se codificaron primero en el idioma original. Las que estaban en español se tradujeron al inglés y se volvieron a codificar para permitir que ambas autoras las entendieran e interpretaran.

En febrero de 2016 se celebró el simposio *Exposiciones internacionales de museos y diálogo intercultural* en la Victoria University of Wellington (VUW) con fondos, primordialmente, de la Comisión de Nueva Zelanda para la UNESCO.[3] A este simposio asistieron actores clave del proyecto en Nueva Zelanda, algunos de los cuales también fueron entrevistados. Entre los asistentes se encontraban el personal de Te Papa — incluso algunos profesionales que ya no trabajaban en esa institución —, representantes del Ministerio de Asuntos Exteriores y Comercio y del Ministerio de Cultura y Patrimonio, exdiplomáticos de Nueva Zelanda y profesionales de museos de todo el país. Davidson, Pérez y Meads presentaron los resultados preliminares

---

[3] También se recibieron fondos de la Victoria University of Wellington, la ENCRyM y Córdova Plaza, México.

del proyecto, que fueron analizados con los asistentes. Además, dos paneles de expertos (ver Tabla 1.3) abordaron específicamente los temas "Exposiciones internacionales y diplomacia cultural" y "Exposiciones internacionales de museos: ¿qué constituye el éxito?" El panel sobre diplomacia cultural fue presidido por el experto local Simon Mark de la Massey University, Wellington. Las contribuciones de Mark, las de los miembros del panel y de los asistentes al simposio, fueron invaluables para refinar nuestra interpretación de los hallazgos del proyecto.

Tabla 1.3 Miembros del panel del simposio

Exposiciones internacionales y diplomacia cultural: Simon Mark (Presidente)	
Michael Houlihan	Exdirector ejecutivo, Te Papa (por enlace de video desde el Reino Unido)
Wen Powles	Director del Confucius Institute, Victoria University of Wellington, excónsul general de Nueva Zelanda en Shanghái y Consejero de Estrategias Internacionales, Te Papa
Vivien Meek	Consejera ejecutiva en políticas del Ministerio de Cultura y Patrimonio de Nueva Zelanda
Exposiciones internacionales de museos: ¿qué constituye el éxito? Lee Davidson (Presidente)	
Anna Lawrenson y Chiara O'Reilly	Programa de Estudios de Museos y Patrimonio, University of Sydney, Australia (por enlace de video)
Huhana Smith	Excuradora ejecutiva māori, Te Papa; actualmente directora de la Escuela de Arte | Whiti o Rehua en Toi Rauwhārangi | Colegio de Artes Creativas, Massey University, Wellington.
Liz Hay	Coordinadora de itinerancias, Te Papa
Mark Kent	Coordinador de proyectos itinerantes, Te Papa
Jeff Fox	Exdesarrollador de conceptos, Te Papa; actualmente Coordinador de colecciones y recursos de conocimiento, Te Manawa Museum, Palmerston North.

En junio de 2016 Davidson y Pérez presentaron sus hallazgos en una sesión de la conferencia de la Association for Critical Heritage Studies (ACHS), en

Montreal, Canadá, junto con Gaëlle Crenn (Université de Lorraine, Francia) y Mélanie Roustan (Muséum National d'Historie Naturelle, Francia). Roustan, junto con Natacha Gagné (Université Laval, Canadá), había trabajado en un estudio interrelacionado de la recepción profesional y pública de *E Tū Ake* en París y en la ciudad de Quebec, en el que Davidson también ha participado (Davidson y Crenn 2014; Gagné y Roustan 2014).[4] La especialista en diplomacia cultural Patricia Goff (Wilfrid Laurier University, Canadá) también asistió a la sesión de la ACHS. Las discusiones con estas colegas también proporcionaron información valiosa para nuestro trabajo.

Más allá de las contribuciones de numerosos participantes y colegas, las autoras hemos trabajado colaborativamente en todos los aspectos del proyecto y del libro, aprovechando nuestras habilidades y conocimientos respectivos en diferentes momentos y de maneras diversas. Al hacerlo, somos conscientes de que la naturaleza misma del fenómeno que estudiamos estuvo presente en nuestro propio proceso de investigación intercultural. Trabajamos continuamente durante cuatro años, a veces cara a cara, pero principalmente comunicándonos por correo electrónico y reuniones de Skype, experimentando desafíos similares a los descritos por muchos de nuestros entrevistados en los capítulos siguientes: buscando la comprensión mutua y una perspectiva cosmopolita, como un proceso y producto de nuestro trabajo.

La reflexividad jugó un papel constante en la investigación. Esto implicó mantener una conciencia de nuestros respectivos antecedentes culturales y experiencias, y examinar críticamente su influencia en todos los aspectos del proceso de investigación (Elliott 2005). Este contexto incluyó experiencias e intereses profesionales y académicos, relaciones institucionales y habilidades lingüísticas. Lee Davidson es una *pākehā* (neozelandesa de ascendencia europea) de cuarta generación, de habla inglesa. Imparte clases en el programa Museum and Heritage Studies en la VUW, donde su trabajo ha motivado una relación cercana con el personal de Te Papa, incluyendo la investigación colaborativa, la enseñanza y la supervisión. Durante el proyecto visitó México varias veces, alrededor de cinco meses en total, lo que le permitió obtener una comprensión razonable de la sociedad mexicana, el patrimonio cultural y los sistemas institucionales relacionados.

Leticia Pérez es una mexicana que habla español e inglés. Imparte clases en el Programa de Maestría en Museología en la Escuela Nacional de Conservación, Restauración y Museografía (ENCRyM), en la Ciudad de México. Tiene un conocimiento profundo de INAH, pues trabajó durante cinco años como Subdirectora de Exposiciones Internacionales en la Coordinación Nacional de

---

[4] Esta investigación previa fue la base para la conceptualización inicial del estudio de *Aztecs*.

Museos y Exposiciones (CNME). Durante ese tiempo, escribió su tesis de maestría sobre exposiciones internacionales en el INAH (Pérez Castellanos 2013). Visitó Aotearoa Nueva Zelanda dos veces durante el proyecto: la primera como personal de la CNME y la segunda para participar en el simposio en la VUW.

La estructura del libro

El Capítulo 2 conduce al lector a un viaje a través de la complejidad que conlleva la producción de una exposición internacional, utilizando como caso de estudio el primer intercambio de exposiciones entre Aotearoa Nueva Zelanda y México. Esto involucra los contextos políticos y culturales de cada país, cómo se formó la asociación, cómo se adoptó el modelo de producción y cómo funcionaron en la práctica. Luego, consideramos los procesos de colaboración que surgieron de estos contextos, explorando cómo los profesionales de museo trabajaron juntos, a través de diferencias institucionales, museológicas y culturales, para producir las exposiciones: los desafíos que enfrentaron, las habilidades que usaron para lidiar con ellos y sus momentos de éxito.

El Capítulo 3 habla sobre cómo se crea la zona de contacto móvil. Tanto *E Tū Ake* como *Aztecs* fueron exhibiciones culturales sustentadas por propósitos específicos, enfoques museológicos y prácticas colaborativas. *E Tū Ake* fue concebido como un ejemplo innovador de autorrepresentación por parte de una "cultura viva". En *Aztecs*, los desarrolladores de exposiciones en Te Papa aplicaron los enfoques museológicos con los que estaban familiarizados, esforzándose por producir una comunicación sensible de una cultura "pasada", mientras trataban de incluir las opiniones de las instituciones asociadas. Mostramos cómo se usaron diferentes estrategias de exhibición para mediar y traducir significados culturales, creando así un espacio de exhibición *intercultural* y, simultáneamente, exploramos los desafíos que surgieron en términos de involucrar al público y mantener la sensibilidad cultural.

El Capítulo 4 evalúa la siguiente etapa en el "circuito de la cultura", cuando los visitantes ingresan a las fronteras de una exposición intercultural. Examinamos cómo los visitantes se conectan con el otro cultural, negocian diferencias y crean significados cosmopolitas y contra-cosmopolitas. También exploramos las resonancias y ondas de significado a través de los recuerdos de los visitantes, muchos meses después de sus visitas iniciales, y sus articulaciones sobre el valor de las exposiciones internacionales.

El Capítulo 5 considera el papel de las exposiciones internacionales dentro de la diplomacia cultural. Al examinar la intersección entre el intercambio de exhibición y el contexto de política exterior de los dos socios de intercambio, demostramos las diversas formas en que los museos hacen diplomacia. Sobre esta base, exploramos aún más el valor de las exposiciones internacionales y cómo se podría definir y evaluar el éxito.

Finalmente, el Capítulo 6 conecta los hilos de los capítulos anteriores para concluir nuestro argumento a favor de las exposiciones internacionales como embajadoras cosmopolitas, que ofrecen una visión caleidoscópica, *policéntrica* por naturaleza. También presentamos una visión de la práctica del museo intercultural, basada en el concepto de policentralidad y en la noción de crear nuevos espacios entre viejas formas de *hacer* y *ser*. Terminamos ofreciendo sugerencias para orientar este tipo de trabajo en la práctica y considerar futuras motivaciones para la investigación.

Capítulo 2.

Colaboración y complejidad: la producción de exposiciones internacionales

Desde una perspectiva pública, las exposiciones internacionales son eventos momentáneos y, sin embargo, paradójicamente, pueden ser una de las actividades museísticas más complejas y que requieren más tiempo para su desarrollo. Si bien las negociaciones iniciales pueden llevar muchos años en los que se crean relaciones, se establecen asociaciones y se firman contratos, una vez que se fijan las fechas, el tiempo puede ser implacable y un gran número de especialistas deben coordinar sus esfuerzos para cumplir un temido plazo que se acerca rápidamente: la inauguración. Luego, se abren las puertas, entran los visitantes y ocurre la magia: hermosos objetos dispuestos con cuidado, meticulosos sistemas de conservación y seguridad, mensajes comunicados a través de estrategias especialmente diseñadas, gráficos espectaculares y experiencias memorables. Todo en un plazo limitado. Luego, en lo que puede parecer un abrir y cerrar de ojos, la exposición ha terminado. Se desmonta, se devuelven los objetos, se concluye la documentación técnica y se completan los informes. Se registra el número de visitantes y, en el mejor de los casos, se realiza una evaluación, tal vez a través de un análisis de las percepciones del público o de las autorreflexiones de los equipos de trabajo.

Para el año 2015, *The Art Newspaper* enumeró 664 exposiciones de gran escala en 500 museos de todo el mundo (*The Art Newspaper* 2016). Un número significativo de estas fueron exposiciones itinerantes, mientras que muchas otras habrían involucrado colaboraciones internacionales y asociaciones de diversos tipos. El contenido, los lugares y la asistencia de los visitantes a estas exposiciones están registrados, no así la forma en que se organizaron, lo que sigue siendo un misterio. Lo que tampoco es muy evidente en los datos proporcionados es el complicado contexto político, cultural e institucional en el que se lleva a cabo una exposición internacional.

Más de setenta trabajadores se involucraron directamente en las exposiciones que son objeto de este libro, pero muchos otros lo hicieron indirectamente. Durante casi seis años, el personal de Te Papa y de la CNME participó directamente en la elaboración del concepto de la exposición *Aztecs*, de la lista de objetos y de la documentación necesaria para transportar los objetos seleccionados desde varios lugares de México a Aotearoa Nueva Zelanda. La CNME coordinó a veintiún prestatarios en México, incluidos dos de los principales museos arqueológicos de la Ciudad de México —el Museo Nacional de Antropología (MNA) y el Museo del Templo Mayor (MTM)—, así como otros museos regionales y locales de todo el país. Al mismo tiempo, Te Papa hizo consultas con los museos australianos sobre el desarrollo de la exposición. Durante este período, otro equipo de Te Papa emprendió el desarrollo y la gira de *E Tū Ake*, que incluyó el trabajo con el personal del INAH y el Museo Nacional de las Culturas (MNC), para coordinar su exhibición en la Ciudad de México. Varios miembros del personal de México y de Aotearoa Nueva Zelanda participaron en ambas exposiciones.

En este capítulo exploramos la organización de exposiciones internacionales a través de este ejemplo de asociación a largo plazo. Comenzamos considerando los contextos sociopolíticos más amplios en México y en Aotearoa Nueva Zelanda, como los dos socios principales en el intercambio. Luego, examinamos cómo surgió esta colaboración y qué forma tomó, comparándola con la investigación existente sobre los modelos económicos y de producción utilizados para exposiciones internacionales. Al examinar cómo nuestro caso práctico modelo funcionó en la práctica, reflexionamos sobre la importancia de comprender mejor las ventajas y desventajas de varias formas de organizar exposiciones internacionales y cómo tales conocimientos pueden mejorar la toma de decisiones, reducir malentendidos y conflictos potenciales, y ayudar a las instituciones a desarrollar y planificar las alianzas más apropiadas y efectivas para sus necesidades.

La parte final del capítulo explica en qué consiste trabajar juntos cuando se lleva a cabo una colaboración entre profesionales de diferentes contextos políticos, institucionales y personales, enmarcados en entornos culturales distintos. Analizamos los desafíos y las satisfacciones de este trabajo a través de los ojos de nuestros entrevistados y consideramos sus perspectivas y experiencias con la ayuda de las teorías introducidas en el Capítulo 1, específicamente la teoría práctica y las ideas sobre el cosmopolitismo y la interculturalidad.

Contextos de colaboración

Los contextos políticos, culturales e institucionales que existen en México y en Aotearoa Nueva Zelanda dieron forma a la producción de las zonas de contacto móvil de nuestro caso práctico y se manifestaron de manera compleja a través de las interacciones y encuentros de diferentes actores en el intercambio de las exposiciones. A continuación ofrecemos algunos breves antecedentes históricos y explicaciones de estos contextos en términos de políticas culturales relevantes, estructuras institucionales y enfoques museológicos.

Nueva Zelanda

Veinticinco años después de la firma del Tratado de Waitangi entre los māori y la Corona británica en 1840—aún considerado el documento fundador de Aotearoa Nueva Zelanda—, se abrió el Colonial Museum en la capital de Wellington. Más tarde, esta institución se convirtió en el Dominion Museum, que se mudó a un nuevo edificio compartido con la National Art Gallery, en 1936. En la década de 1980, ante la disminución de las visitas, creció el interés político en la construcción de un nuevo museo nacional. La planificación comenzó a principios de la década de 1990 y, el 14 de febrero de 1998, se abrió el Museum of New Zealand Te Papa Tongarewa, en una nueva ubicación frente al mar.

Te Papa se identifica como un ejemplo destacado de un "nuevo" museo nacional, influenciado fuertemente por la ola reformadora de pensamiento museológico de las décadas de 1980 y 1990 (Message y Witcomb 2015). Esto incluye esforzarse por ser "relevante y atractivo", utilizando interactividad y pantallas multimedia para proporcionar a los visitantes una "experiencia" (Message, 2006). También implica esfuerzos para ser más democráticos y dar voz a los grupos minoritarios, así como un compromiso para "articular las relaciones de similitud y diferencia de nuevas maneras" (Bennett 2006, 59-60).

Te Papa es una entidad independiente de la Corona. Su misión, consagrada en la ley Museum of New Zealand Te Papa Act (s4), es ser "un foro para que la nación presente, explore y conserve el patrimonio de sus culturas y el conocimiento del medio ambiente natural, para comprender mejor y atesorar el pasado, enriquecer el presente y enfrentar los desafíos del futuro". Si bien Te Papa ha logrado cierto éxito al atraer a una audiencia más sustancial y diversa que sus predecesores, siguen existiendo desafíos importantes, en particular para reflejar la diversidad étnica de la población de Nueva Zelanda, que se prevé crezca en las próximas décadas (Davidson y Sibley 2011).

La planificación de Te Papa, antes de su apertura en 1998, estuvo fuertemente influenciada por la evolución de la museología māori, provocada por su compromiso con los museos de Aotearoa Nueva Zelanda durante los últimos treinta años (McCarthy 2011). Como resultado, el museo adoptó un modelo bicultural que reconoce el principio de asociación con los māori y muchos aspectos de la práctica profesional en la institución han incorporado perspectivas y valores de esta cultura. En un sentido amplio, Te Papa se esfuerza por reconocer las conexiones entre las comunidades y su cultura material, para desglosar las construcciones etnográficas y representar las "culturas vivas" y su relevancia contemporánea.

El principio central de su modelo bicultural es el principio de *mana taonga*, que literalmente significa "el poder y la autoridad que surge de *taonga* [tesoros culturales māori]" (McCarthy 2011, 114). En el contexto de la práctica del museo, el *mana taonga* tiene varias aplicaciones. *Taonga* son entendidos y tratados como antepasados vivos en lugar de artefactos. El manejo, almacenamiento, embalaje y transporte de los *taonga* reflejan una visión del mundo māori y se observan sus prácticas rituales (*tikanga taonga*), incluido el uso de *karakia* (oraciones) y restricciones relacionadas con el agua, la comida y la sangre. *Tikanga taonga* puede "verse como una práctica de museo māori, una forma māori de cuidar los *taonga* que es complementaria a la museología occidental" (McCarthy 2011, 128). *Mana taonga* también reconoce "las conexiones espirituales y culturales de los *taonga* con su gente"[1] y la autoridad interpretativa de Te Papa proviene de fomentar esta conectividad. Te Papa tiene una gran cantidad de personal māori y existe un "fuerte espíritu māori en la cultura organizacional" (McCarthy 2011, 120). Esto incluye frecuentes *pōwhiri* (ceremonias de bienvenida) en el *marae* (lugar de reunión comunal) para recibir a los visitantes, además de la capacitación del personal no māori en valores, lenguaje y prácticas asociadas a esta cultura.

Te Papa genera el 25 % de sus ingresos a través de operaciones comerciales, tales como funciones corporativas, puntos de venta de alimentos y otros productos, estacionamiento de automóviles, visitas guiadas al museo, así como exposiciones itinerantes nacionales e internacionales. Un año después de su apertura, el museo comenzó a albergar exposiciones internacionales. Entre las más populares se encuentran las exposiciones de arte europeas y muestras de "historia antigua". Te Papa produjo su primer éxito de taquilla internacional en 2003: *The Lord of the Rings Motion Picture Trilogy – The Exhibition* (ver Capítulo 5). 2012 fue un año destacado para el programa de exposiciones itinerantes de Te Papa: más de un millón de visitantes extranjeros asistieron a sus cinco exposiciones en nueve sedes internacionales en los Estados Unidos, Canadá, México, Europa y China.

México

El sistema de museos mexicanos tiene una larga y compleja historia que se remonta a la época de la lucha por la independencia de México de la Corona española en el siglo XIX. Desde ese período, la élite criolla de México ha moldeado la identidad de la nación y formado las instituciones que la apoyan, entre ellas un Museo Nacional (Morales Moreno 1994). Las colecciones de museos predominantemente derivadas de la herencia prehispánica han sido formativas en el pensamiento museológico mexicano y la identidad cultural,

[1] La política de mana taonga de Te Papa en 2005.

con los mexicas[2] — también conocidos como aztecas — como uno de los principales referentes de México. Durante el siglo XIX se comenzaron a establecer regulaciones para la conservación y protección del patrimonio, pero no fue sino hasta el siglo XX cuando, después de la Revolución, el sistema de administración cultural de México tomó forma mediante la creación de dos instituciones que controlan, en gran medida, el sistema de museos de México.

El INAH fue fundado en 1939 para investigar, proteger y promover el patrimonio arqueológico, paleontológico e histórico (https://inah.gob.mx/quienes-somos); el primer término se refiere a todos los bienes culturales de la época prehispánica, mientras que el tercero, a la cultura material producida en el período comprendido entre la Conquista y el comienzo del siglo XX. En 1947 se creó el Instituto Nacional de Bellas Artes (INBA) para proteger el patrimonio artístico producido desde principios del siglo XX. Ambas organizaciones reportaban directamente a la Secretaría de Educación Pública y trabajaron en coordinación con el Consejo Nacional para la Cultura y las Artes (Conaculta), desde su creación en 1988 hasta 2016, cuando fue reemplazado por la Secretaría de Cultura (Secult). Estos institutos trabajan bajo una ley nacional altamente protectora que vela por la herencia diversa de México y regula su exportación temporal y permanente.

La primera experiencia del INAH como organizador de exposiciones tuvo lugar solo un año después de su fundación. En 1940 se presentó *Twenty Centuries of Mexican Art* en el MoMA de Nueva York (véase el Capítulo 1). Desde entonces, el INAH ha participado intensamente en el intercambio cultural, ya sea mediante el envío de exposiciones al extranjero o recibiéndolas. La organización interna requerida para realizar este trabajo ha cambiado a lo largo de los años; recientemente, la Coordinación Nacional de Museos y Exposiciones (CNME) se ha encargado de todos los trámites relacionados con exposiciones, intercambios y préstamos internacionales, en ocasiones trabajando en estrecha colaboración con la antigua Conaculta y con la Secretaría de Relaciones Exteriores (SRE).

La CNME es responsable de alrededor de 120 museos ubicados en todo México. Se enfoca, principalmente, a los aspectos técnicos y de supervisión, estableciendo políticas de museos y brindando servicios a su red de museos en lo que respecta al diseño de exposiciones, instalación, mantenimiento, educación y estudios de visitantes. A través de su Dirección de Exposiciones (DE), la CNME coordina exposiciones temporales nacionales e internacionales, tanto entrantes como

---

[2] Alexander von Humboldt acuñó la palabra aztecas a principios del siglo XIX y este es el nombre con el que se ha conocido esta cultura. Sin embargo, los aztecas se autodenominaron "mexicas" (Keen 1971). Usamos el término "mexica" para referirnos a la cultura y "aztecas" cuando hablamos de su representación en exposiciones.

salientes, y se encarga de los trámites y gestiones para todos los préstamos en exposiciones de terceros que involucran patrimonio arqueológico e histórico.

Conaculta reconoció que la cultura podría actuar "como un embajador indiscutible y distinguido" y su objetivo general para las exposiciones internacionales era "servir como vía de intercambio cultural: poner en contacto al extranjero con los valores de la cultura nacional; en México, acercar al público a la cultura de otros pueblos" (Conaculta 2007, 73–74). Sin embargo, no se conoce el número, tipo y características de todas las exposiciones internacionales organizadas por el INAH durante sus 78 años de historia porque no existen registros administrativos accesibles de esta actividad durante este largo período. De hecho, no ha habido una sistematización del trabajo del INAH en el ámbito de las exposiciones internacionales, lo que ha impedido que este instituto y otras autoridades a cargo de las políticas culturales tomen decisiones informadas para un programa integrado y estratégico de exposiciones internacionales (Pérez Castellanos 2013). Recientemente, algunos académicos mexicanos han examinado este tipo de circulación cultural dentro de los estudios de museos (Galindo Monteagudo 2012; Pérez Castellanos 2013) y en los estudios de arte (Macías Rodríguez 2015), pero se investiga poco sobre el tema a pesar de la intensa participación e inversión del gobierno mexicano en festivales, ferias y exhibiciones internacionales como parte de sus esfuerzos diplomáticos (ver Capítulo 5).

Modelos de exposición internacional y formas de asociación

Las asociaciones son una estrategia común en una amplia gama de funciones del museo. Chesebrough (1998, 51) identifica un continuo de intensidad para las asociaciones de museos, desde la cooperación (la relación informal menos intensiva) hasta la coordinación (la relación más formal, definida y consistente) y, finalmente, la colaboración, que es "una relación más duradera y dominante". Una pionera de la colaboración internacional y del costo compartido para facilitar las "exposiciones circulantes" en las décadas de 1940 y 1950 fue Grace L. McCann Morley, fundadora del Museum of Modern Art de San Francisco (SFMoMA) (Amsellem 2013). En una revisión de las primeras prácticas identifica las formas clave en que se organizaron estas exposiciones en ese momento, ya "por un grupo de museos en cooperación, que luego las exhiben por turnos", ya "preparadas y distribuidas por un solo museo a otros interesados, con frecuencia como subproducto o como resultado de una exposición realizada en sus propias galerías" (Morley 1950, 265).

Si bien la asociación y la colaboración son comunes en la organización de exhibiciones internacionales y se pronostica que serán aún más comunes en el futuro (Jacobsen y West 2009), los ejemplos de colaboración total, como el desarrollo conjunto integrado de una exhibición, son mucho menos frecuentes que otros tipos de asociación entre museos (O'Reilly 2005). Las ventajas de las asociaciones con respecto a las exposiciones itinerantes incluyen oportunidades para compartir inversiones de capital y riesgos financieros, compartir experiencia, carga de trabajo y atraer fondos, así como desarrollo profesional y creación de redes ("CASTEX: Guidelines for Touring Exhibitions in Europe" 2004; Touring Exhibition Group 2007). Un informe de investigación de TEG (2007, 11) descubrió que, si bien la planificación y la toma de decisiones en colaboración pueden llevar más tiempo, "es más probable que se logren los objetivos estratégicos con un paquete itinerante a medida" y este trabajo en sociedad permite que las sedes creen exposiciones que no serían posibles para una sola institución. Jacobsen y West (2009, 4) identifican ciertos criterios clave para elegir socios para exhibiciones itinerantes en los Estados Unidos:

[El] potencial de hacer préstamos de obra mayores a la exposición que se está organizando; sinergia geográfica; lugares con los que las instituciones han trabajado antes con éxito; lugares que pueden ofrecer apoyo curatorial/intelectual a la exposición; capacidad de compartir la carga de trabajo de manera uniforme; sedes que son fuertes y pueden ayudar a asegurar el apoyo financiero para la exposición.

Con la creciente popularidad de las exposiciones internacionales y la proliferación de tipos de sociedad y colaboración se han realizado esfuerzos para comprender mejor los diferentes modelos mediante los cuales están organizadas. Aquí presentamos una síntesis de las clasificaciones existentes, de las investigaciones de Amsellem (2013) y de Andrew (2016) y Dew (2016b, 2016c, 2016a) a nombre de TEG, junto con nuestro modelo de esferas presentado en el Capítulo 1, para proponer una comprensión más holística de este aspecto de las exposiciones internacionales (ver Tabla 2.1). Como argumenta Pérez Castellanos (2013), es probable que una clasificación y registro más sistemáticos de los diferentes tipos de organización de exposiciones ayuden a la toma de decisiones estratégicas en esta área.

La investigación encargada por TEG en 2015, que involucró a 222 instituciones del Reino Unido, identificó una gama de modelos económicos y de producción utilizados para organizar exposiciones itinerantes (Dew 2016c, 5). Un estudio de seguimiento encuestó a 21 de estas instituciones, específicamente sobre exposiciones internacionales (Andrew 2016). Los estudios concluyeron que la selección de un modelo de producción económico y de exhibición apropiado era vital para una estrategia de itinerancia efectiva (Dew 2016a).

Tabla 2.1 Modelos de exhibición – existentes y propuestos

NIVEL DE CONTEXTO MACRO (Motivadores de exposiciones) (Davidson y Pérez; ver Capítulos 1 y 5)		
Impulsado por la diplomacia	**Impulsado por la misión**	**Impulsado por el mercado**
• Implica una intervención directa del gobierno con "la cultura como recurso" (Yúdice y Ventureira 2002) para la marca país y/o los objetivos de política exterior • A menudo de países donde el patrimonio está altamente controlado por el Estado • Otros intereses incluidos: acuerdos comerciales y/o de cooperación (Mark 2010) • Los objetivos idealistas también pueden estar implicados • Sin cargo o solo recuperación de costos	• Alcanzar a públicos globales/enriquecer públicos locales • Visita (primera vez y repetición) • Desarrollo de audiencias • Reputación institucional/marca • Fortalecimiento de alianzas internacionales • Intercambio académico y desarrollo profesional • Innovaciones en la práctica • Cambio social, derechos humanos, comprensión intercultural, biculturalismo (TP) • Ayudar a la diplomacia cultural patrocinada por el estado	• Ingresos internos del patrocinio corporativo, venta de entradas, comercialización, estacionamiento, servicios de alimentos, membresías, eventos especiales, programas públicos y servicios educativos • Apoya otras actividades del museo • Impacto económico más amplio, incluido el empleo y el turismo local • Atrae a otros socios o fuentes alternativas de financiación • Tarifas de préstamo involucradas e ingresos muy importantes • La investigación de visitantes y de mercado es un tema clave

MODELOS ECONÓMICOS (TEG) (Dew 2016) El modelo económico se define como: la gestión de costos e ingresos relacionados con un proyecto itinerante			
Totalmente subsidiado	**Recuperación parcial de costos**	**Recuperación total de costos**	**Con fines de lucro**
• Financiadores externos	• Los ingresos del proyecto cubren un porcentaje del total de los costos de exhibición y recorrido	• Los ingresos del proyecto cubren todos los costos de la exposición y el recorrido.	• Los ingresos del proyecto exceden el costo de producir e itinerar la exposición

MODELO DE PRODUCCIÓN (TEG) (Dew 2016)					
Sede única	**Asociación reactiva**	**Asociación de sede principal**	**Asociación equitativa**	**Asociación estratégica**	**Asociación comercial**
Una organización produce una exposición itinerante y gestiona un recorrido por otras sedes	Una organización desarrolla una exposición por su cuenta, otra sede expresa su interés en contratarla y la exposición se adapta para mostrarse en el otro lugar	Una sede principal gestiona una asociación entre varias organizaciones, compartiendo la carga de trabajo y los costos, de común acuerdo, para desarrollar una exposición	Un grupo de sedes forma una asociación y comparte los costos y la carga de trabajo por igual, para desarrollar una exposición	Una organización nacional o regional trabaja con una sede o reúne a un grupo de sedes, a través de invitación, solicitud o concurso, para desarrollar una exposición, proporcionando financiación y/o gestión de proyectos, que cumpla sus objetivos estratégicos, por ejemplo, acceso o desarrollo de la audiencia.	Una sede o grupo de sedes trabaja con una empresa de turismo para desarrollar y/o promover y administrar una exposición itinerante

ESTRATEGIAS DE INTERNACIONALIZACIÓN (Amsellem 2013)		
Asociación		Exportación directa
Coproducción	**Coorganización**	
• Cooperación en los procesos de creación, implementación y realización • La exposición viaja entre las diferentes instituciones asociadas • Crea redes internacionales • Multiplica el número de visitantes • Reparto de costos de producción	• Colaboración entre varios museos • Un productor técnico y una institución financieramente responsable • Dos tipos de tarifas: tarifas de préstamos y tarifas de exhibición	• Una exposición es producida por una institución y posteriormente es vendida o enviada a otras instituciones • La institución productora elige la exposición para producirla y la vende a otras instituciones internacionales • A menudo llamadas exposiciones de "llenado de bolsillo" por profesionales • Hay poco o ningún costo de producción, solo ingresos

Como se muestra en la Tabla 2.1, los modelos económicos identificados fueron: recuperación parcial de costos (los ingresos cubren un porcentaje de todos los costos para producir e itinerar la exposición); recuperación total de costos (los ingresos cubren todos los costos) y ganancias (los ingresos exceden los costos) (Dew 2016a, 2). El modelo de recuperación de costos parciales es el más común en el Reino Unido. Además, TEG identificó seis modelos de producción de exposiciones: sede única, sociedad reactiva, sociedad de sede principal, sociedad equitativa, sociedad estratégica y sociedad comercial, cada uno con sus propias características. Las divisiones entre estos modelos pueden no ser siempre claras. Con respecto a las exhibiciones internacionales específicamente, Andrew (2016, 4) descubrió que la mayoría de las instituciones desarrollan exposiciones internamente y luego las muestran en otros lugares (95%), mientras que el 57% desarrolla exhibiciones con socios internacionales y luego las muestran en la sede de cada uno. Un tercio desarrolla exposiciones con socios del Reino Unido y luego exhibe las exposiciones a nivel internacional. Solo el 5% desarrolla y exhibe sus exposiciones utilizando los servicios de una compañía externa de gestión de itinerancias y el mismo porcentaje presta grandes conjuntos de objetos de sus colecciones a exposiciones itinerantes organizadas por otros museos y galerías internacionales. En términos de financiamiento, la mayoría utiliza una combinación de diferentes fuentes. Para el 80%, esto incluía los ingresos de las tarifas de alquiler de exposiciones, mientras que el 55% recurría al financiamiento básico. Otras fuentes incluyen fideicomisos o fundaciones (20%) y patrocinio de exposiciones (20%) (Andrew 2016, 4).

En comparación, Amsellem (2013) clasifica las estrategias para exposiciones internacionales en dos formas de sociedad —coproducción o coorganización— y la exportación directa. En la estrategia de coproducción, varias instituciones colaboran para producir una exposición que viaja a varios lugares; los costos de producción son compartidos. Este modelo fomenta redes internacionales para el préstamo de obras de arte, como el Bizot Group (ver Capítulo 1). Una limitación es la dificultad de asegurar obras de arte durante los períodos prolongados que requieren las itinerancias por múltiples lugares. El modelo de coorganización también es una colaboración, pero solo una institución es la productora técnica y la responsable financiera de los costos de producción. Los museos receptores pagarán una tarifa de préstamo como compensación por los costos administrativos, así como una tarifa de exhibición al museo de origen (Amsellem 2013).

En el modelo de exportación, una exposición es creada por una institución o una empresa comercial con el fin de venderla a sedes internacionales. Para las instituciones anfitrionas, estas exhibiciones 'listas para usar' tienen la ventaja de implicar costos mínimos, si los hay, de producción, mientras que su atractivo para la audiencia se ha probado en sedes anteriores. Sin embargo,

McLean (2004, 207) advierte que la desventaja de las exhibiciones "pre-empaquetadas" es "el riesgo de perder la voz institucional distintiva, esencial para mantener una identidad pública clara". Utilizando modelos económicos, Amsellem (2013) ha analizado la estructura de costos y la rentabilidad de la internacionalización de exposiciones por parte de las principales instituciones. Ha encontrado evidencia de que el modelo de coproducción adoptado por el Bizot Group y la exportación de exhibiciones por el Musée National Picasso resultaron en economías de escala. En el modelo de exportación, esto estaba "muy relacionado con el número de instituciones sede" (Amsellem 2013, 48).

Creación de una asociación

Nuestro caso práctico ofrece información sobre los tipos de motivaciones que conducen a asociaciones internacionales, la intersección de intenciones y oportunidades que permiten la producción de exposiciones internacionales, y algunas de las formas en que la colaboración se puede entender y realizar en términos prácticos. Comenzamos con la historia de cómo surgió la sociedad, contada por nuestros entrevistados. Luego, consideramos la naturaleza de esta asociación y el modelo de organización de acuerdo con las clasificaciones discutidas, y las ventajas y desventajas que presentó en este caso específico.

La sociedad internacional que condujo al intercambio de exposiciones entre Aotearoa Nueva Zelanda y México, y la producción y gira de *Aztecs* comenzó con un "cortejo" (O'Reilly 2005) entre las instituciones, durante el que se acercaban entre sí con expresiones de interés, exploraban posibilidades y establecían un terreno común, a través de discusiones cara a cara y conversaciones telefónicas, principalmente, entre los altos directivos de las instituciones involucradas. Hubo un largo período de gestación antes de que llegara una 'ventana de oportunidad': sus relaciones estaban lo suficientemente avanzadas y se identificó un proyecto específico, en torno al cual sus intereses mutuos podrían unirse, de modo que se pudiera establecer un acuerdo de sociedad formal.

Durante los primeros años del nuevo milenio, tres museos importantes en el Pacífico Sur, Te Papa, el Melbourne Museum[3] y el Australian Museum, comenzaron a discutir la posibilidad de una empresa de colaboración para llevar una exposición internacional a Australasia. Los tres directores, Seddon Bennington (Te Papa), Frank Howarth (AM) y Patrick Greene (MM), se conectaron a través del Council of Australasian Museum Directors (CAMD).

---

[3] El Melbourne Museum es uno de los tres lugares operados por Museums Victoria. Si bien nuestros entrevistados son empleados, técnicamente, de Museums Victoria, nos referimos solamente al Melbourne Museum para evitar confusiones, ya que este era la sede para *Aztecs*.

Estos museos habían trabajado juntos antes en proyectos más pequeños, incluidas exposiciones itinerantes, y mantenían buenas relaciones.

Era común que los museos de los dos países se conectaran a través de la Network of Australasian Museum Exhibitors (NAME) y buscaran asociaciones para asegurar espectáculos itinerantes. Un desafío particular para ellos, dado su aislamiento geográfico, es el costo de transporte para las principales exposiciones. Por lo tanto, una de las formas de asociación más populares en la región es una forma de coorganización de baja intensidad. Conocida coloquialmente como "compañeros de costos de traslado", este modelo involucra a instituciones que se agrupan para compartir los costos de transporte de una exposición comprada a otro proveedor. Entre los problemas encontrados en este modelo, según Eve Almond (coordinadora de exposiciones itinerantes, MM),[4] está la "escasez de productos que se adapten a nuestro público". Te Papa, por ejemplo, había experimentado dificultades para adecuar las exposiciones externas a las necesidades culturales específicas de sus públicos y los protocolos institucionales. La exhibición de *Beyond the Tomb* (diciembre de 2006 a abril de 2007), un espectáculo itinerante desarrollado por el Australian Museum y el National Museum of Antiquities, Leiden, Países Bajos, fue particularmente difícil para ellos. Incluía una momia y, por lo tanto, requería un proceso de consulta cultural y adaptación para acomodar los protocolos māori relacionados con la exhibición de restos humanos. A partir de esto, explica Jeff Fox (desarrollador de conceptos, TP), llegaron a la conclusión de que era "mucho más éticamente correcto" recibir exposiciones culturales "desde la fuente y no de segunda mano, en lugar de contemplar, por ejemplo, tesoros mayas o aztecas, mexicas o cuales sean, del British Museum u otro museo cualquiera, solo ve a México".

También es común que una institución desarrolle una exposición y luego la ofrezca por una renta. El museo principal asume el riesgo financiero del desarrollo de la exposición, con la posibilidad de recuperar algunos de estos costos de las sedes posteriores. Esto equivale a una estrategia de exportación directa, utilizando una sola sede o un modelo de producción de sociedad reactiva (ver Tabla 2.1). La intención del nuevo consorcio propuesto era, como dice Glenn Ferguson (coordinador de exposiciones, AM), "ir tras algunos espectáculos importantes y colaborar para hacer algo que una sola organización no podría hacer". Para Fox, se trataba de "empujar los límites". La ventaja percibida era que los tres museos, trabajando juntos, podían asegurar

---

[4] La primera vez que nos referimos a un(a) entrevistado(a) se anota su puesto e institución; posteriormente se les menciona solo por sus apellidos, con las iniciales de la institución entre paréntesis. La Tabla 1.1 (px) proporciona una referencia con todos los detalles del entrevistado(a).

y desarrollar espectáculos más grandes que no eran posibles para una sola institución.

Encontrar un proyecto adecuado para la propuesta de asociación fue crucial, ya que cada museo gestiona sus programas de exhibición con varios años de anticipación. El Australian Museum propuso, primero, una muestra sobre Egipto, pero esto se volvió inviable cuando Melbourne aseguró a *Tutankhamun & the Golden Age of Pharaohs* como la única sede en Australia, al final de una gira internacional de cinco años. Otra posibilidad fue la exposición *Alexander the Great*, que el Australian Museum pidió en préstamo a Rusia, pero el período fue demasiado corto para permitir una gira en tres sedes.

En 2006, Bennington, quien fue director ejecutivo de Te Papa entre 2003 y 2009, visitó México e inició conversaciones con el INAH. Te Papa estaba interesado en presentar exposiciones de lugares de los que rara vez habían recibido muestras en el pasado, incluido el Pacífico, América Central y América del Sur. Del mismo modo, el INAH había recibido principalmente exposiciones de Europa y los Estados Unidos, y, según Fox, también "buscaba ampliamente diferentes tipos de exposiciones", incluso de China, India y el Pacífico. La exposición *Moana: Culturas de las islas del Pacífico*, se encontraba en proceso para viajar desde el Field Museum de Chicago hasta el MNA en 2010. Se propuso que los objetos de las colecciones de Te Papa se incluyeran en esta exposición y un investigador del MNC de la Ciudad de México pasó un tiempo en Te Papa trabajando en esta parte del proyecto.

En 2009, Bennington murió trágicamente y Michelle Hippolite, la *kaihautū* (líder māori de Te Papa) asumió el cargo de directora ejecutiva interina. A Fox se le encomendó reanudar el contacto con México, después de un período de inactividad. El entonces embajador de Nueva Zelanda en México, señala Fox, "era muy proactivo en términos de cuestiones culturales [... y] estuvo trabajando activamente con nosotros para asegurarnos de que se hicieran las conexiones". También fue fundamental el sólido apoyo de Hippolite, así como la buena relación que estableció con Diana Magaloni, directora del MNA (2009-2013), y con Gabriela López, directora del MNC (2009–2011), con quien compartió "puntos de vista de visión a futuro" sobre la representación cultural. Te Papa solicitó una exposición maya o azteca. Debido a la programación, se acordó realizar una muestra de esta última cultura.

El proyecto *Aztecs* parecía una buena oportunidad para probar un nuevo modelo de asociación para los tres museos de Australasia, con el objetivo de llevar muestras itinerantes más grandes a la región. Una exposición proveniente de México, con objetos grandes y pesados, sería costosa, por lo que compartir el riesgo financiero era atractivo para Te Papa. Para los museos australianos, otra ventaja de esta oferta era que no tenían relaciones con México. El acuerdo de sociedad, según Fox, también representó una propuesta atractiva para México, ya que involucraba a tres de los museos más grandes del Pacífico Sur, lo que prometía una audiencia considerable. Sin embargo, como la primera exposición de México que realizaba una gira por Australasia, el potencial de éxito de *Aztecs* se desconocía. "Las muestras de historia antigua de Europa", explica Fox, "siempre tienen buena cantidad de visitantes", pero "nadie sabía realmente cómo iba a funcionar financieramente una exposición de Centroamérica o Sudamérica". Ferguson (AM) sintió que la exposición tenía potencial, después de ver un *blockbuster* sobre aztecas en la Royal Academy, en Londres. Los aztecas también habían obtenido una alta calificación en estudios de públicos sobre posibles temas de exhibición.

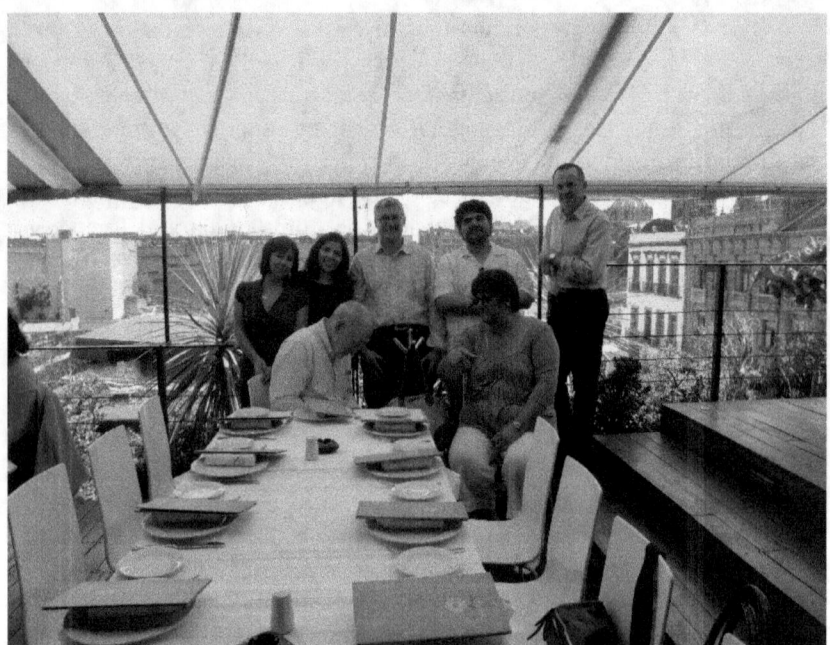

Figura 2.1 Leticia Pérez, Ileana Peña y Miguel Báez del INAH con Mark Donovan, Michelle Hippolite y Jeff Fox de Te Papa, y Frank Howarth del Australian Museum, durante la visita del personal de los museos de Australasia a México, en mayo de 2010. Fotografía cortesía de Jeff Fox.

En el momento en que Te Papa estaba negociando para confirmar *Aztecs*, el gobierno mexicano apoyaba mucho los intercambios culturales internacionales y la CNME tenía una agenda ocupada administrando una buena cantidad de proyectos. Debido a que los mexicas son uno de los temas de exhibición más solicitados por los museos internacionales (Pérez Castellanos 2013), no es fácil asegurar un espacio, particularmente por un período de tiempo suficiente para recorrer tres sedes. Muchos factores entraron en juego, incluidos otros compromisos en los museos prestatarios, por ejemplo, las celebraciones del cincuentenario del MNA en 2014. Martha Carmona (subdirectora de arqueología y comisaria, MNA) explica: "tuvimos que negociar un tanto, porque necesitábamos que algunas piezas claves no salieran del recinto para que estuvieran aquí para el cincuentenario".

Debido a la legislación nacional, el INAH no cobra renta por las exposiciones u objetos que presta. El enfoque del gobierno mexicano es, en cambio, enviar y recibir exhibiciones internacionales como parte de un intercambio recíproco. Bajo este modelo, México ha presentado muchas muestras de alta calidad, principalmente en la sala de exposiciones internacionales del MNA, asumiendo solamente los costos de organización y producción de su lado, en lugar de pagar una tarifa por la exhibición. La noción de reciprocidad fue "una gran interrogante" para Fox, quien consideró que debía involucrar el intercambio de exposiciones que comprendieran "objetos de un tipo de valor cultural similar para los neozelandeses". En ese momento, *E Tū Ake* estaba desarrollándose como una exposición itinerante y Te Papa decidió que era la mejor opción como exhibición de intercambio. La primera sede internacional confirmada para *E Tū Ake* fue el Musée du Quai Branly en París, en el período de octubre de 2011 a enero de 2012. Como no se habían asegurado más sedes europeas, la muestra viajaría a México desde París.

Con la decisión de intercambiar *E Tū Ake* por una muestra sobre los aztecas, se estableció el fundamento del intercambio cultural basado en una asociación entre el INAH y un consorcio de museos de Australasia, liderados por Te Papa. En marzo de 2010, se firmó una carta de intención entre Te Papa y el INAH, estableciendo el acuerdo en términos generales. En febrero de 2012, Fox visitó México para entablar negociaciones. Durante este viaje, se reunió con Miriam Kaiser (directora de Exposiciones, CNME), Leticia Pérez (subdirectora de exposiciones internacionales, CNME) y Priscila Medina (coordinadora de proyectos del INAH para *E Tū Ake*). De abril a julio de ese año, *E Tū Ake* se presentó en la Ciudad de México en el MNC. Durante ese tiempo, el director general del INAH autorizó la firma del Acuerdo Secretarial, un permiso para permitir la exportación temporal del patrimonio arqueológico de México. Sin embargo, no se pudo firmar un contrato completo con el INAH hasta después de las elecciones presidenciales de México, a mediados de 2012. El nuevo gobierno asumió el cargo el 1 de diciembre y comenzó a nombrar nuevo personal para puestos clave en instituciones culturales, a fines de 2012 y principios de 2013. El nuevo contrato debía ser examinado y aprobado por los nuevos administradores culturales.

Howarth (director, AM) también visitó México a principios de 2010 y se reunió con personal clave del INAH. A partir de noviembre de 2012, el Melbourne Museum y el Australian Museum tenían la aprobación a nivel directivo para programar la exposición y habían acordado firmar un memorando de entendimiento con Te Papa. Los acuerdos de préstamo de la exhibición para los museos australianos se redactaron junto con el contrato del INAH, con el fin de que se firmaran inmediatamente después de la firma de este último (junio de 2013). Raewyn Smith-Kapa (coordinadora de desarrollo y gerente de envíos, TP) describió las negociaciones como "muy demandantes en cuestiones de tiempo", "enormemente exigentes", prolongadas y costosas. Llegar a un acuerdo sobre el aseguramiento de la obra fue, particularmente, lento y complejo y requirió asistencia de la Embajada de México en Nueva Zelanda para facilitar la comunicación. Al mismo tiempo que trabajaban en los detalles del contrato con México, Te Papa también tenía "discusiones complejas" con los museos australianos: cada parte estaba interesada en negociar términos y condiciones favorables y en garantizar la seguridad de las obras.

Desde la perspectiva mexicana, Medina explica que "el contrato de Te Papa fue muy específico. Muy, muy específico. Hay muchos términos, muchos [requisitos], muchas solicitudes. Y aquí en el INAH es más simple". Sin embargo, para Smith-Kapa, hacer las cosas bien es crucial, ya que "son los contratos a los que se recurre cuando algo sale mal".

La asociación en la práctica

E Tū Ake fue un modelo de producción de una sola sede relativamente sencillo, con un nivel de sociedad cooperativa de baja intensidad entre las sedes de origen y de exhibición. Viajó como una exposición completa, conformada por objetos, textos, multimedia, montajes de objetos y un manual técnico completo, que incluía instrucciones para la instalación, dibujos en 3D, alzados de las vitrinas, textos completos, imágenes con los derechos liberados para su uso en la promoción e ideas sobre eventos y programas.

Para cumplir con los requisitos específicos de cada sede, se requirieron algunas adaptaciones específicas debido al espacio disponible en las salas de exhibición y las necesidades de los públicos. Te Papa colaboró con los museos anfitriones en este proceso, por ejemplo, en la traducción de textos, el desarrollo de programas y eventos públicos apropiados. Te Papa cobró una renta a las sedes y, en el caso de México, realizó una exposición recíproca. Te Papa coordinó y administró el transporte y los costos se compartieron entre los tres museos involucrados (Francia, México y Canadá). Las sedes cubrieron los costos adicionales de diseño, producción, traducción, aseguramiento de la colección y costos de los comisarios.

Aztecs, a su vez, se basó en un modelo económico y de producción más complejo, que se ubicó en un punto entre las categorías de sociedad de sede principal y sociedad equitativa (ver Tabla 2.1), lo que implicó una cantidad limitada de coproducción. Era una nueva forma de trabajar para los tres museos de Australasia y, según Almond (MM), "mucho más complejo" que cualquier cosa que hubieran intentado antes. Helen Sartori (coordinadora de proyectos, MM) lo vio como "otro asunto muy distinto, un modelo muy diferente a simplemente firmar un acuerdo para realizar una exhibición itinerante". Si bien los museos habían compartido exposiciones antes, nunca habían trabajado juntos en el proceso de desarrollo.

Te Papa tomó la iniciativa en el desarrollo y la itinerancia de la exposición, así como en la centralización de la comunicación con México. Sin embargo, los costos fueron compartidos equitativamente entre los socios de Australasia. Originalmente, se preveía que Te Papa desarrollaría una exposición completa y los museos australianos lo tomarían como un "paquete", por lo que compartir los costos por igual parecía justo. Sin embargo, hubo cierto grado de confusión en cuanto a cómo se pretendía trabajar "en el terreno", particularmente sobre el alcance de la colaboración en el desarrollo de la exposición.

Compartir los costos de desarrollo llevó a la expectativa, por parte del personal de los dos museos australianos, de que tendrían más injerencia en el proceso. Si bien Almond (MM) era "muy consciente de que Te Papa iba a liderar las negociaciones", pensó que el proceso de exhibición se desarrollaría conjuntamente. Como explica Fran Dorey (curadora y coordinadora de proyectos expositivos, AM): "quieres asegurarte de que sea una exposición que harías en tu museo". Ella había previsto "un desarrollo de exhibición de tres vías" con cada museo "en igualdad de condiciones" y como "parte de un equipo internacional".

Además, a medida que avanzaban las cosas se hizo evidente que cada institución tenía diferentes necesidades y enfoques en términos de diseño, interpretación, programas y mercadotecnia; los museos australianos estaban preocupados porque la exposición que Te Papa estaba desarrollando necesitaría adecuaciones adicionales para adaptarse a los públicos de sus sedes, y eso implicaría gastos adicionales que no habían presupuestado inicialmente. "Había muchos riesgos", explica Robin Hirst (director, colecciones, investigación, exposiciones, MM), "porque éramos socios, pero no éramos los principales responsables de la itinerancia de la exposición o del diseño". Almond (MM) reflexiona que "tal como se desarrolló, nos dimos cuenta de que existían más diferencias entre nuestros públicos de las que imaginamos".

M. Scott (2012, 71) describe las colaboraciones en la producción de exposiciones como "una espada de doble filo": hay beneficios potenciales, pero también la posibilidad de "motivaciones que se contraponen y perspectivas diferentes sobre el propósito de una exposición [... que] pueden conducir a malentendidos". Es probable que todas las colaboraciones e intercambios impliquen desequilibrios de poder y tensiones entre el beneficio mutuo y el interés propio (Cai 2013; Pegoraro y Zan 2017; Winter 2015). La asociación de

Australasia surgió porque todas las partes vieron beneficios mutuos; en particular, superar los desafíos que implicaba que cada institución individual asegurara y ofreciera una exposición internacional de esta escala. Se vieron a sí mismos, como dice Almond (MM), como "tres museos maduros y florecientes que se unen". La capacidad de colaborar, argumenta, proviene de "una posición de madurez … conoces a tu propio público, sabes lo que puedes ofrecer, lo que puedes traer a la mesa de negociaciones con tus puntos fuertes y lo que estás buscando de un socio".

Desde la perspectiva de Dorey (AM), "realmente no se definió adecuadamente" cómo funcionaría la asociación en la práctica. Destaca la importancia de tener una comprensión mutua y clara de la estructura de la colaboración, una conciencia de sus ventajas y desventajas y asegurarse de que "estás en la misma onda". En opinión de Dorey, no tener una relación directa con México fue una desventaja para el Australian Museum. Lo describe como la diferencia entre estar en el asiento del conductor —donde "puedes ver que nada se interpone entre tú y lo que ves frente a ti"— y estar "en el asiento trasero" o "en el auto de atrás", "es una forma diferente de operar cuando estás justo en el medio, ya sabes, controlando eso, es otra cosa cuando se disipa en una asociación de tres partes". Greene (director general, MM) siente que, si los museos australianos hubieran tenido una "participación más cercana" en las primeras conversaciones entre Aotearoa Nueva Zelanda y México, "hubiéramos sabido más sobre lo que habría" y podrían haber sido "socios más fuertes en las relaciones que eran, esencialmente, entre Te Papa y el INAH".

Dorey siente que, cuando el acuerdo inicial entre los museos fue negociado por los equipos líderes, otros miembros del personal del museo no fueron consultados suficientemente sobre cómo podría funcionar el modelo y que, al principio, debió haberse dedicado más tiempo a desarrollar procesos y responsabilidades. Lynette Townsend (curadora, TP) está de acuerdo en que más reuniones cara a cara, en las primeras etapas, habrían ayudado a aclarar la naturaleza de la sociedad y lo que cada museo esperaba en términos de colaboración. El hecho de que ciertos detalles no se discutieran en las primeras etapas sugiere que el enfoque pudo haber estado en los acuerdos de nivel superior y que, tal vez, hubo una subestimación de la complejidad del proyecto, en particular las implicaciones de trabajar en fronteras culturales e institucionales. Como comenta Ferguson (AM): "siempre es desafiante hacer un proyecto con un solo socio y es infinitamente más desafiante hacerlo con otros dos socios",

> creo que hay que retroceder un poco y avanzar y hacer las cuentas y contemplar todos los riesgos, los 'que pasaría si…' que ocurren tras bambalinas… No creo que hayamos hecho eso en este caso, porque

¿saben? existía el entusiasmo de los líderes de las tres organizaciones junto con el deseo de crear un modelo que funcionara en proyectos futuros y con un tema que todos nosotros, todos admitimos que en algún momento queríamos una muestra sobre aztecas y era muy difícil de conseguir.

Las expectativas sobre lo que México ofrecería en términos de una exposición, el nivel de trabajo adicional que requeriría Te Papa y lo que entregaría luego a los museos australianos fueron asuntos inciertos para varias personas en distintos momentos. Hirst (MM) reflexiona sobre el proceso:

creo que lo que hemos aprendido es que es importante tener acuerdos realmente muy detallados e imaginar todos los diferentes escenarios para poder resolver metódicamente los problemas. Quiero decir que tenemos una gran confianza en nuestros socios, pero al final es mejor si tenemos todo eso y trabajamos, con todo el riesgo asociado, con este tipo de acuerdos, incluso pensando en lo que sucede cuando las personas clave o las organizaciones cambian en medio de un gran proyecto. Así que creo que se trata de pasar más tiempo con los socios trabajando en cuáles podrían ser los posibles resultados y cómo reaccionaríamos ante ellos, cuando fuera el caso, porque las cosas nunca salen bien, quiero decir que somos seres humanos, no siempre ocurre todo sin problemas.

Trabajando juntos: la colaboración en la práctica

Aztecs fue un proyecto ambicioso. La exposición fue grande para los estándares normales de Te Papa y su realización fue complicada por haber sido desarrollada en asociación con otras tres instituciones. La Estrategia de Riesgos de Te Papa reconoce que:

Este es un proyecto complejo y de alto costo que necesita una atención constante a la gestión de las relaciones con el socio mexicano y con los dos socios australianos, además de una sólida gobernanza y gestión de proyectos. Trabajar con socios mexicanos es nuevo para Te Papa y existen algunas diferencias legales y formas culturales de trabajo que requieren una comunicación y atención cercanas [...] La exposición se está desarrollando con socios y públicos australianos en mente en todo momento, para mitigar el riesgo de que un socio australiano se retire. (Te Papa 2012b)

Las ventajas y desventajas de la estrategia de asociación tuvieron efectos en el flujo de la colaboración durante todo el proyecto, aunque las implicaciones diferían según la institución y su papel. Estos efectos se exacerbaron por factores políticos y contextos institucionales, incluidos procesos, plazos y estilos de comunicación. En general, las relaciones entre México y Aotearoa Nueva Zelanda se consideraron muy positivas, a pesar de una serie de desafíos; por su parte, el personal de Australasia que trabajaba con la itinerancia y los aspectos logísticos de *Aztecs* tendía a estar más satisfecho con la colaboración que el personal involucrado en la etapa del desarrollo de la exposición.

No es raro que los equipos de exposiciones experimenten problemas de comunicación, falta de información y desacuerdos (Office of Policy and Analysis 2002). Si esto sucede en equipos que trabajan en la misma institución, entonces una colaboración de múltiples sedes a nivel internacional podría esperar desafíos significativos, exacerbados por "los obstáculos de la distancia, el idioma y las diferencias culturales" (O'Reilly 2005, 252), así como por las diferentes zonas horarias y marcos temporales institucionales, contextos políticos, ideas sobre públicos y formas de trabajo. Como explica Dorey (AM), "en realidad nunca sabes cómo alguien opera hasta que trabajas como socio". Ella y sus colegas se sorprendieron "una vez que se llegó al meollo de la cuestión, de cuán diferente funcionaban los tres [museos de Australasia]".

La primera fase del proyecto implicó negociar préstamos de objetos del INAH, para luego desarrollar un concepto de exposición y un proyecto interpretativo que cumpliera con su aprobación. Mientras los acuerdos contractuales estaban en curso, Fox hizo tres viajes a México para discutir listas de obra y conceptos de la exposición. Raúl Barrera, director del Proyecto de Arqueología Urbana en la Ciudad de México y arqueólogo con más de quince años de experiencia en arqueología mexicana, fue designado por la CNME como curador líder para trabajar con el equipo de desarrollo de la exposición en Te Papa. Fue asistido por el arqueólogo e investigador Miguel Báez, quien actuó como facilitador, viajó con Fox y fue el intérprete en las reuniones entre Fox y Barrera. En julio de 2010, Barrera proporcionó un primer esbozo del desarrollo de la exposición y entregó el texto final en agosto de 2012. Durante su último viaje a México, en septiembre de 2012, Fox expuso el guion tentativo y el enfoque del diseño para la exposición con lo que el INAH estuvo de acuerdo.

A finales de 2012, Te Papa emprendió una investigación de mercado para contar con elementos que contribuyeran al diseño y promoción de la exposición. En Auckland y Wellington, se realizaron una serie de grupos focales para probar el concepto, los temas, los objetivos de aprendizaje, los enfoques interpretativos, el atractivo en públicos intergeneracionales y los posibles títulos de la exposición. Los resultados mostraron bajos niveles de conocimiento previo, pero un gran interés en aprender más sobre la cultura mexica (Owen y Svendsen 2012). Entre noviembre de 2012 y enero de 2013, una encuesta vía web recopiló más datos sobre los conocimientos previos, los intereses reportados, las preferencias sobre el título/lema, el 'potencial de atracción' de varios objetos y de 'carteles promocionales posibles (Te Papa Visitor & Market Research Unit 2013).

Por esas fechas, Fox dejó su puesto en Te Papa y Townsend asumió el cargo de curadora del proyecto. Comenzó a trabajar en el cierre de la lista de obra y en refinar la narrativa de la exposición a través de objetos particulares. En noviembre viajó a Sídney con el diseñador Ben Barraud para presentar al personal del Melbourne Museum y del Australian Museum su concepto de diseño en proceso. Esto incluyó los principales segmentos y temas, interactivos, modelos, eventos, estrategias para los textos, una estrategia de negocios, la marca comercial, una propuesta de distribución espacial y los resultados de los grupos focales (Te Papa 2012b).

En abril de 2013, Erika Gómez, coordinadora de proyectos para *Aztecs* en la CNME, y Pérez (CNME) viajaron a Wellington para discutir los arreglos logísticos de la exposición y aclarar una serie de cuestiones. Una reunión logística posterior se celebró en Melbourne y contó con la presencia de representantes de las tres sedes. Después de la apertura de *Aztecs* en septiembre de 2013 el personal del Melbourne Museum viajó a Te Papa para documentar la exposición. El personal del Australian Museum realizó una visita similar a Melbourne después de su apertura allí.

Es imposible comprender completamente los procesos de colaboración involucrados en el intercambio de exposiciones sin apreciar los contextos políticos y culturales de cada país, así como la política cultural específica y los problemas institucionales discutidos anteriormente. Por ejemplo, el estricto control del patrimonio cultural por parte del gobierno mexicano tuvo un impacto directo en el proceso de organización de la exposición. En México, todos los asuntos de organización dependen del personal designado por la administración gubernamental, que, generalmente, cambia cada seis años, como fue el caso después de las elecciones presidenciales de 2012. Si bien se supone que cada nuevo gobierno cumplirá los acuerdos previos para préstamos y exposiciones, estos son revisados por los nuevos administradores. Este proceso retrasó la firma del contrato entre Aotearoa Nueva Zelanda y México, y causó incertidumbre para los socios. En ese sentido, Fox (TP) reflexionó en 2013: "me pareció que el último gobierno apoyaba mucho el intercambio cultural entre México y cualquier otro lugar del mundo y existe la preocupación de que el nuevo gobierno tal vez no, pero supongo que el tiempo lo dirá".

La administración centralizada de México fue otro factor de complejidad, ya que Te Papa no estaba tratando directamente con todos los museos prestatarios. En cambio, la totalidad de los arreglos y correspondencia fue coordinado por la CNME. El proceso se dificultaba cuando Te Papa intentaba obtener información precisa sobre los objetos, información necesaria para el diseño y la planificación de la instalación. Finalmente, decidieron enviar a un miembro del personal a México para determinar el peso exacto de las obras antes de enviarlas. Los aspectos del entorno político en México se entendieron solo en retrospectiva, como las relaciones, a veces delicadas, entre el INAH y algunos de los museos regionales prestatarios y el desafío de llegar a un acuerdo para prestar los objetos durante los dieciocho meses necesarios para una gira por tres sedes. Townsend describe la situación con respecto a una escultura del dios Xipe Tótec:

> era una pieza increíble, que queríamos desesperadamente, y el museo al que pertenecía era un museo muy pequeño, y creo que Erika me dijo algo como "Es muy complicado. Si tomamos esta pieza, la gente protestará y será violento y", probablemente no dijo *violento*, pero parecía que era una situación muy difícil y complicada. Mi respuesta a eso fue "No quiero quitarle un objeto a un museo que no quiere prestarlo". Pero entonces supe que simplemente debía seguir la corriente. Creo que una de las cosas difíciles de estar al otro lado del mundo es que no sabes de los asuntos políticos que transcurren en algunos de los lugares pequeños... Una vez más, parte de eso es la construcción de relaciones cara a cara, no saben quién soy yo ni quiénes somos nosotros. ¿Por qué deberían confiar?, ¿vamos a tratar esos objetos con respeto? Nosotros sabemos de dónde venimos, pero ¿ellos cómo lo sabrían?

Los procesos políticos también tuvieron un impacto de último minuto sobre si la exposición podía viajar o no. Todos los procedimientos para prestar patrimonio arqueológico deben pasar por las oficinas legales y organizativas del INAH. Los acuerdos deben ser aprobados por personal de alto rango y, en ese momento, el Secretario de Educación Pública debía firmar el permiso de Acuerdo Secretarial para que los objetos pudieran salir del país. Justo cuando la exposición estaba a punto de salir de México, en septiembre de 2013, estalló una protesta nacional de maestros. Smith-Kapa (TP) recuerda, con humor, la tensión del momento:

> cuando [la exposición] estaba a punto de partir, estaban ocurriendo disturbios, los maestros estaban alborotados. Fue algo masivo, estaba en las noticias ¡aquí! Y el Secretario de Educación, que se ocupaba de los maestros en los disturbios, era la persona que debía firmar el Acuerdo. Y no lo firmó [risas].

Un intercambio urgente de cartas entre Michael Houlihan, director ejecutivo de Te Papa, y José Enrique Ortiz Lanz, coordinador nacional de Museos y Exposiciones, permitió el acuerdo de que las colecciones partirían una semana después, con el compromiso del lado mexicano de hacer todo lo posible, mientras trabajaban con el personal de Te Papa in situ, para garantizar que el montaje se completaría a tiempo para la apertura programada de la exposición.

Si bien algunos episodios dramáticos ocurren en un corto espacio de tiempo, las exposiciones internacionales, en general, necesitan un tiempo largo de 'organización' para desarrollarse, lo que crea algunos desafíos específicos para los museos. El equipo hizo hincapié en que era importante comprender y tener en cuenta los plazos prolongados necesarios para desarrollar dicha exposición. Al principio del proceso de trabajo en *Aztecs*, Fox descubrió que la exposición estaba "muy abajo en la agenda de la gente":

> En realidad, nadie pensó que [la exposición] saldría realmente... Todos te dicen "es un poco difícil y estás muy lejos" y "¿realmente vas a conseguir que los australianos compren esto?"

Si bien estaba decidido a ver el proyecto hecho realidad, incluso Fox, a veces, tenía sus dudas. Un desafío importante fue encontrar fechas que funcionaran para todos. Inicialmente, se propuso la segunda mitad de 2011, pero se extendió porque, seis meses antes, Te Papa no había recibido suficiente información de México para confiar en que la exposición procedería. No fue sino hasta su último viaje a México, en septiembre de 2012, que Fox sintió que la exposición estaba "definitivamente en el radar". También fue evidente que la expectativa inicial de Te Papa de que se les enviaría una muestra "confeccionada" era incorrecta y que debían dar más tiempo al proceso de desarrollo.

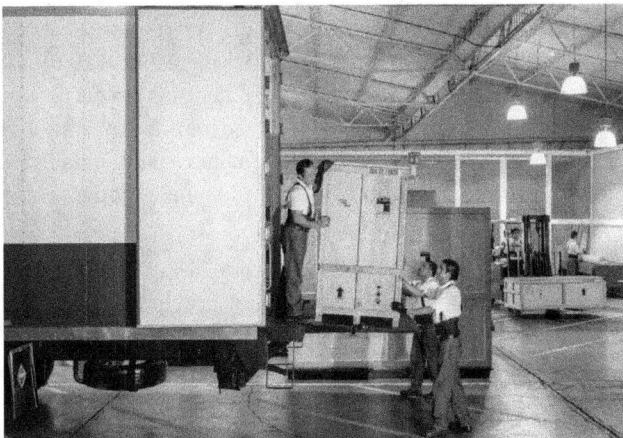

Figura 2.2 Movimiento de colecciones en México. Fotografía cortesía de Córdova Plaza.

Un plazo extendido también significa una alta probabilidad de cambio institucional. Durante el transcurso del proyecto, Te Papa pasó por una importante reestructuración con movimientos significativos en los puestos y el personal. Como ya se mencionó, México tuvo un proceso electoral que significó un cambio en el personal administrativo clave. Estos cambios afectaron de manera importante la continuidad en la fase de desarrollo. Debido a que Te Papa replanteó el papel de los coordinadores de proyecto a medio desarrollo, a Sartori (MM) le resultó difícil saber a quién contactar sobre temas específicos. Robert Clendon (conservador, TP) tuvo una experiencia similar con el INAH:

> descubrir quién es la persona o las personas o el grupo que puede tomar la decisión final... a veces fue un problema porque sabía que había cambios o nuevo personal allí, por lo que era como decir "¿quién es esta persona, quién es esa persona, qué hacen?"

Inevitablemente, las relaciones y el conocimiento acumulado por el personal se perdieron cuando se fueron y las personas que se unieron al proyecto más adelante en el proceso, como es el caso de Emma Campbell —quien asumió su cargo como coordinadora de marca, mercadotécnia y comunicaciones del Melbourne Museum en diciembre de 2013—, a menudo sentían que no tenían una "visión holística". También surgieron dificultades porque los procesos de flujo de trabajo variaban entre las instituciones, con diferencias en cómo se priorizaba el proyecto. La CNME gestiona varios proyectos simultáneamente con un pequeño personal, cada miembro puede estar coordinando dos o tres exposiciones al mismo tiempo. Medina (CNME) señala que Te Papa comienza a planificar exposiciones con mucha anticipación y son "meticulosos" en su organización, mientras que en México "podemos hacer la organización en un poco menos de tiempo". Los diversos plazos institucionales se volvieron particularmente problemáticos cuando un museo buscaba feedback, información o aprobación de otro, y los tiempos de respuesta lentos interferían con su progreso. Como explica Townsend (TP), al principio del proceso, México "parecía estar ocupado con otras cosas y se tardaba bastante tiempo en proporcionar feedback, mientras que nosotros necesitábamos refinar cosas o hacer cambios y obtener feedback muy rápido para poder avanzar con el diseño y otros elementos de la exposición".

El personal de Te Papa también consideró que la estructura organizativa del INAH era más jerárquica y formal que la suya y muchos aspectos del proyecto requerían aprobaciones de alto nivel que tomaban mucho tiempo. Esto generó largos tiempos de espera entre las actualizaciones desde México, lo que provocó incertidumbre sobre si el trabajo estaba progresando o no. Como explica Smith-Kapa (TP), fue difícil para Te Papa cuando sus socios australianos estaban pidiendo información y "no la estábamos obteniendo lo suficientemente rápido... así que lidiar con el INAH y dos sedes australianas, más nuestras propias necesidades, fue un gran desafío para todos nosotros... no había mucha certeza por largos períodos de tiempo".

Además de esta complejidad, Te Papa no tenía un experto en el tema, por lo tanto, el equipo de redacción necesitaba verificar todos sus textos con México. Una vez verificados, los borradores de texto tendrían que enviarse a los museos australianos para su aprobación. El escritor de Te Papa, Rupert Alchin, describe el proceso:

> Intentar obtener un texto final en el que las tres instituciones estuvieran de acuerdo. ¡*Wow!*, pregunta difícil... llegar a un acuerdo sobre el texto *dentro de* Te Papa fue lo suficientemente difícil... eso implicó mucha discusión y numerosas reuniones y redactar varias versiones, de ida y vuelta, y eso fue tan solo para que el equipo de exhibición dentro de Te Papa pudiera estar de acuerdo. Lo cual llevó un *montón* de trabajo, ahora imagina multiplicarlo al tener que hacerlo con otros *dos* museos.

"No se pueden esperar cortos períodos de tiempo para algo tan complejo como esto, requiere años", explica Smith-Kapa (TP), y el proceso de aprobación "simplemente duplicaba los tiempos de comunicación". El efecto se incrementó en las fases posteriores del desarrollo de la exhibición, en las que no se había considerado el tiempo adicional requerido. Como señala Amanda Teer (diseñadora gráfica ejecutiva, AM), el requisito de aprobación, tanto interno como externo de parte de las otras instituciones, resultó en "un marco temporal muy limitado" para procesos como la evaluación con públicos de las imágenes de promoción. Campbell (MM) también comenta que hubo "algunos plazos de respuesta muy ajustados" durante las etapas finales del diseño y en la fase de montaje, durante la cual "se llegó al límite de tiempo" para que Te Papa pudiera recibir e incorporar los comentarios de los otros museos. Frith Williams (redactora en jefe, TP) reflexiona sobre el efecto de la presión de tiempo en el proceso de colaboración:

> es difícil, porque uno quisiera tener más tiempo para desarrollar una relación con las personas con las que está colaborando y aprender de ellas para crear la mejor exposición posible. Pero sí — quiero decir, independientemente de todas esas dificultades — sigue siendo un proceso gratificante, pero hay un nivel de presión que sería realmente bueno no tener [risas].

Teer (AM) especula que la presión de tiempo llevó a los museos a renunciar a codesarrollar ciertos aspectos de la exposición porque "era más fácil pensar: 'Bien, lo haremos nosotros mismos porque así es como queremos hacerlo.'"

Las preferencias en la frecuencia de la comunicación estuvieron implicadas en los diferentes plazos y procesos institucionales. Dorey (AM), por ejemplo, siente que — en retrospectiva — debería haberse establecido una estrategia de comunicación desde el principio, estipulando reuniones semanales de actualizaciones y feedback. Como coordinadora de proyecto de *E Tū Ake* en México, sin embargo, Medina estaba sorprendida por la intensidad de la comunicación de Te Papa: "todo el tiempo, Mark [Kent] y Michelle [Hippolite] querían hablar conmigo, [en] llamadas en conferencia y saber que todo está bien. Cada semana, muchos, muchos correos electrónicos [risas]".

Hoy en día, el correo electrónico es la forma de comunicación más frecuente para trabajar entre zonas geográficas y horarias distintas, reemplazando el servicio de mensajería, télex y faxes utilizados en el pasado. Esto tiene implicaciones para la comunicación intercultural, ya que la comunicación escrita a menudo falla al transmitir matices de significado y señales no verbales que se encuentran en la comunicación cara a cara (Arasaratnam 2012). Para la comunicación en tiempo real, se usaban principalmente las llamadas telefónicas en conferencia, como una opción de baja tecnología. Sin embargo, como lo explicó Townsend (TP), las teleconferencias "no logran desarrollar esas relaciones personales", mientras que el cara a cara permite "captar las cosas sutiles que no se pueden obtener por teléfono", como las expresiones faciales. Las teleconferencias no muestran "todo el lenguaje personal, cara a cara... así fue cómo nos comunicamos, por teléfono, con todos hablando al mismo tiempo... Es mejor moverse alrededor de una mesa y, ya sabes, resolver algo", dice Sarah Morris (facilitadora ejecutiva de vinculación con el público, TP).

Las decisiones sobre los canales de comunicación son vitales, ya que "el medio por el que se envía un mensaje es, al menos, tan importante como su contenido" (Littau 2016, 87). Los expertos en comunicación distinguen estilos de comunicación de contexto bajo y alto. En el estilo de contexto bajo, la comunicación es directa, explícita y relativamente inequívoca, con un significado "contenido casi por completo en el componente verbal del mensaje" (Arasaratnam 2011, 33). Este estilo prevalece en las culturas occidentalizadas, altamente industrializadas e individualistas, y, a menudo, funciona en entornos profesionales. El estilo de contexto alto, por otro lado, "es implícito, a menudo indirecto, y el significado del mensaje está contenido en gran medida en señales no verbales y contextuales, mientras que el componente verbal es solo una parte del mensaje [... es] sutil y tiene un gran potencial para la ambigüedad". Este estilo es común "donde hay una historia compartida entre los comunicadores y la suposición de que la otra persona es consciente de las señales culturales relevantes necesarias para descifrar el mensaje [...] a menudo, se practica en las culturas colectivistas" (Arasaratnam 2011, 34). Ambos estilos usan señales no verbales, pero los comunicadores de contexto alto dependen más de ellos. Las culturas que utilizan, principalmente, un estilo de comunicación de contexto alto prefieren la comunicación cara a cara, ya que permite transmitir matices de significado a través de señales no verbales (Arasaratnam 2011). En el contexto māori, *kanohi ki te kanohi* —literalmente, cara a cara— es un principio tradicional que establece la integridad en la comunicación y ayuda a evitar malentendidos:

> mientras *kanohi ki te kanohi* se trata de presencia física, también se relaciona con *mana tangata* (estado, poder) y la credibilidad de una persona en palabras, acciones o intenciones. Esta idea de hablar de frente ofrece a las personas un sentido de honestidad y confianza. *Kanohi ki te kanohi* le da *mana* a su *kōrero* [discurso]. (O'Carroll 2013, 231)

El personal de Te Papa, en particular, expresó su preferencia por la comunicación cara a cara. Convertirse en "un poquito más experto técnicamente", como lo expresa Liz Hay (coordinadora de itinerancias, TP), y usar videoconferencia en lugar de teleconferencia es una opción, pero aun así se pierden las oportunidades para construir relaciones personales, establecer confianza y aprender sobre contextos más amplios que se dan con las visitas en persona. En las relaciones entre México y Aotearoa Nueva Zelanda, los entrevistados encontraron que la comunicación cara a cara era la más productiva, como explica Fox:

> esas veces que estuve [en México], en total cuatro o cinco semanas, fueron más valiosas que el resto de los tres años juntos. En términos de progreso.

Paola Albert (subdirectora, Dirección de Exposiciones, CNME) está de acuerdo:

> creo que las negociaciones fueron buenas, nunca he visto a un equipo hacer tantas visitas a un lugar antes de un montaje [se refiere a las visitas de Te Papa a México]... el personal de aquí [CNME] no siempre va al lugar a supervisar y hacer las negociaciones. En este caso particular, Lety [Pérez] y Erika [Gómez] fueron a Nueva Zelanda con anticipación, por lo que mejoró el proceso de discusión y la comunicación entre el INAH y Te Papa fue buena.

Smith-Kapa (TP) encontró lo mismo cuando trabajaba con los museos australianos: "hicimos una visita a Australia, nuestro equipo fue allí para reunirse con sus equipos y, como siempre, uno transmite mucho más cuando se está cara a cara". Si bien organizar reuniones en persona es costoso, varios miembros del personal consideraron que la inversión habría valido la pena en términos de mayor productividad, así como de oportunidades de interacción social que ayudan a construir relaciones más cercanas. Como dice Morris (TP): "hubiéramos sido mucho más eficientes, creo que, en términos de nuestra productividad, si hubiéramos gastado un poco más de dinero yendo allí y haciendo el trabajo en lugar de preocuparnos por las cosas durante semanas y semanas y, realmente, no llegar a ninguna parte".

Si bien el personal de Te Papa se comunicó con los profesionales de la CNME que hablan inglés, hubo preocupaciones de que algunas cosas se "perdieran en la traducción", particularmente en la correspondencia por correo electrónico. Sartori (MM) consideró que, incluso en los correos electrónicos entre los museos de habla inglesa, verificar el significado era importante, ya que "cada institución podría usar una palabra diferente para algo, entonces... a veces tenías que decir lo mismo de diferentes maneras en el correo electrónico para asegurarte de que realmente entiendan lo que estás tratando de transmitir y pedir una especie de permiso".

Mark Kent (coordinador de proyectos itinerantes, TP) cree que Te Papa, en lugar de haber asumido que el personal mexicano contaba con cierto nivel de inglés, debería haber tenido una persona de habla hispana internamente durante la duración del proyecto:

> en Te Papa tendemos a confiar en que el inglés es el idioma internacional para hacer las cosas, y creo que a veces es un poco injusto para otras organizaciones... [un traductor] a veces puede simplificar y acelerar las cosas... es como "¡ajá, eso es lo que querías decir!"

Como señala Arasaratnam (2011), cuando aprendemos un segundo idioma tendemos a aprender el significado denotativo o formalmente asignado de las palabras, en oposición al significado connotativo o negociado, que varía según el contexto. Por lo tanto, en la comunicación intercultural es importante reconocer esta desventaja para los hablantes no nativos y comprender la necesidad de aclarar el significado de las palabras. Esto también ayuda a explicar por qué la comunicación cara a cara puede ayudar a salvar la "barrera del idioma", ya que el contexto y las señales no verbales ayudan a establecer el significado. Clendon (TP), que viajó a México para devolver la colección de *Aztecs*, admitió que no hablaba muy bien el español. Sin embargo, descubrió que "trabajando con el personal del INAH y de otros museos en México, la comunicación era relativamente sencilla a nivel uno a uno... todos nos relacionamos a nivel personal, cara a cara y con un apretón de manos y un 'sí, esto funcionará, trabajaremos y lo haremos funcionar.'"

Townsend (TP), sin embargo, no viajó a México y —debido a que no hablaba español— no pudo tener conversaciones directas con su co-curador, Barrera.

En cambio, tuvo que comunicarse con él a través de Gómez, que a menudo estaba ocupada organizando otros aspectos del proyecto, como la logística. Williams (TP) habla español, pero solo tuvo contacto directo con el personal mexicano cuando este llegó a Wellington para el montaje:

> hubiera sido agradable haber estado involucrado un poco antes porque podría haberme comunicado con ellos, uno se comunica de manera diferente si trabajas en su idioma... y fue genial sentir ese tipo de cercanía, pero fue muy tarde en el proceso... en términos del contenido de la exposición, todas las conversaciones fueron en inglés.

Momentos cosmopolitas: fundamentos de la práctica de un museo intercultural

Una apreciación más profunda de las diferencias en los plazos institucionales, los procesos y las necesidades de comunicación, al principio del proyecto, podría haber permitido una mejor colaboración entre los museos y reducir la frustración y las demoras. Al mismo tiempo, en los comentarios de nuestros entrevistados sobre lo que funcionó bien, encontramos cualidades, sentimientos y momentos que reflejan un enfoque cosmopolita o intercultural de la práctica museística. Estos surgieron con mayor fuerza cuando hablaron sobre prácticas compartidas, sobre trabajar desde las diferencias y construir relaciones.

Prácticas compartidas y trabajo a través de la diferencia

La participación en una práctica compartida nos da un sentido de pertenencia y comprensión de otros miembros de esa comunidad, como explica Hakamies (2017, 143):

> cuando actuamos en una comunidad de práctica donde somos miembros de pleno derecho queremos avanzar en un terreno familiar: sabemos cómo actuar y podemos interpretar las acciones de los demás, nos sentimos competentes y otros nos reconocen como tales, y nuestra capacidad de influir en las prácticas compartidas también da forma a nuestra experiencia de participación.

El montaje de exposiciones internacionales es un proceso altamente estresante que involucra tiempos ajustados, barreras del idioma, ansiedad por el cuidado de las obras y la complejidad general de administrar un proyecto multifacético. No obstante, el personal de diferentes instituciones que trabajó en conjunto para instalar *Aztecs* describió experiencias positivas cuando se vieron a sí mismos como miembros de una comunidad de práctica, con experiencias compartidas y un objetivo común.

La instalación de *Aztecs* en Te Papa, inicialmente programada para seis semanas, tuvo que reducirse a tres debido a la llegada tardía de las obras desde México. Esto provocó que el montaje fuera "una verdadera pesadilla", como lo expresa Hutch Wilco (montajista, TP), quien planeó y coordinó la instalación. Sin embargo, Wilco describe el trabajar con Gómez, su contraparte mexicana, como "probablemente, uno de los aspectos más agradables... porque ella y yo, creo, ella y yo éramos los dos que [teníamos] más en común de todos en esa sala [de exposiciones], en el sentido de que ambas eramos completamente conscientes y entendíamos totalmente la situación en la que estábamos y lo que había que hacer para inaugurar a tiempo".

Antes del montaje de *Aztecs* en Sídney, Heather Bleechmore (conservadora, AM) pidió a sus colegas en Melbourne "que compartieran sus experiencias de la instalación... desde una perspectiva de conservación. [Esto] me proporcionó información invaluable como conservadora del proyecto. Pude transmitirlo y discutirlo con nuestro equipo de producción de la exposición para que estuviéramos totalmente preparados". Durante la instalación, tuvo la impresión de que "todos estamos hablando de las mismas cosas... todos estamos trabajando en el objetivo común de cómo proteger esos objetos... [y] llevarlos de A a B". Lourdes Gallardo (restauradora y comisaria, MTM) tiene una sensación similar:

> somos conservadores de museos trabajando con conservadores de museos. Teníamos la misma mentalidad. Ya habían hecho este tipo de trabajo antes y nosotros también, así que nadie era inexperto, se hizo más fácil.

Gallardo (MTM) encontró al equipo de montaje del Australian Museum "muy hábiles, respetuosos y receptivos porque no rechazaron nuestras observaciones, siempre las tomaron en cuenta... [Había] confianza entre nosotros y las cosas funcionaron". La sensación de trabajar juntos como iguales y de ser respetuosos y receptivos a las necesidades del otro era importante. Bleechmore ha experimentado otros montajes con comisarios internacionales donde "sientes que estás siendo examinado... que estás siendo observado, en lugar de que alguien trabaje contigo". Esto crea una atmósfera "sombría e intensa, que comienza a desgastarte después de un tiempo, [hace] que los días sean muy largos, muy largos".

Tener una comprensión común de la práctica también ayudó al personal a comunicarse a través de las barreras del idioma. Medina explica que durante la instalación de *E Tū Ake* en México, Kent (TP) estableció una buena relación con el equipo de INAH y, aunque no hablaban mucho inglés ni español, se entendían. Durante el montaje de *Aztecs*, no todos los comisarios mexicanos hablaban inglés con fluidez y ningún instalador de los tres museos de Australasia hablaba español. Si bien los traductores estuvieron presentes durante la instalación en Te Papa, solo se necesitaban de vez en cuando para aclaraciones.

Por su experiencia en la instalación de exhibiciones internacionales, Mark Sykes (coordinador de colecciones māori, TP) siente que las barreras del idioma podrían superarse prestando atención a ciertas prácticas encarnadas: "solamente hay que observar su lenguaje corporal y sus acciones para saber qué tratan realmente de decirte [risas]... no te están dando la espalda, sino más bien manteniendo su *taonga* a salvo todo el tiempo".

Dentro de las comunidades de práctica, la experiencia se desarrolla a través de la alineación de experiencia y competencia (ver Capítulo 1). Sin embargo, en los límites entre las prácticas encontramos diferentes formas de hacer y saber, y la competencia y la experiencia divergen. En este espacio, a menudo "inquietante y humilde", se encuentra la oportunidad para el "aprendizaje innovador" (Wenger 2000, 233-34). Este aprendizaje, según Wenger (2000, 233), se ve facilitado por un "compromiso abierto, con diferencias reales y un terreno en común"; un "compromiso de suspender juicios para ver la competencia de una comunidad en sus términos" y encontrar "formas de traducir repertorios para que la experiencia y las habilidades realmente interactúen".

Muchos entrevistados reconocieron las diferencias en la práctica como una oportunidad para aprender. Para algunos había un mayor sentido de curiosidad por la diferencia y por la sensación de que aprender acerca de esta y tener que encontrar formas de trabajar juntos a pesar de ella era un punto culminante de la colaboración en exposiciones internacionales. Para Clendon (TP):

> [Las exposiciones internacionales deberían ser] una puerta para una mejor comprensión... trabajar con diferentes personas y conocer gente, eso para mí es lo más destacado. Estar disponible para usar mis habilidades, no avasallar, sino superar problemas y situaciones, y trabajar con las personas, así es seguro, nos aseguramos de que la colección se mantenga segura, culturalmente segura, para mí eso es muy significativo.

Carlos González (director, MTM) encuentra que la colaboración con diferentes museos es "la parte más motivadora de este trabajo", mientras que Fernando Carrizosa (jefe de colecciones y comisario, MTM) considera que es un "privilegio" porque "se expande nuestra experiencia". Cree que es importante tener un diálogo de antemano "para llegar a acuerdos en relación con los enfoques". Más allá de eso, "también tenemos que sumergirnos en lo que otros museos tienen para ofrecer, otras culturas. Creo que estos proyectos son un intercambio y se retroalimentan mutuamente... Si solo estamos interesados en nuestra cultura, difícilmente entenderemos y conectaremos con otras sociedades... cosas nuevas y diferentes siempre son satisfactorias... te dejan una huella a nivel personal y profesional".

La flexibilidad y la voluntad de adaptarse son estrategias clave para trabajar a través de la diferencia. Smith-Kapa (TP) señala que "teníamos que aprender sobre sus procesos y no esperar que siguieran los nuestros" para evitar "tropezarnos". Rebecca Browne (educadora, TP) siente que debido a que "distintas instituciones valoran cosas diferentes", el proceso ideal sería "juntarse y decir 'ok, esto es lo que hacemos' y que ellos digan 'ah, esto es lo que hacemos nosotros,' bien, lleguemos a un compromiso o acuerdo sobre lo que vamos a hacer". Si bien esto puede tomar más tiempo, cree que sería valioso porque es bueno "mirar más allá de lo que ya estamos llevando a cabo y ver qué están haciendo las instituciones en otros lugares... adaptar lo que estamos haciendo y simplemente probar cosas nuevas, y si no funcionan, está bien, pero si funcionan, entonces es genial y se aprende en ambos sentidos".

Crear "nuevos centros de interacción" (Alred, Byram y Fleming 2002, 5) en las fronteras de la zona de contacto móvil requiere, entonces, que los profesionales del museo estén abiertos a reevaluar las prácticas existentes y los supuestos que las sustentan, y a considerar los beneficios de la adaptación y el compromiso. Kent (TP), quien dirigió la gira de *E Tū Ake* y también estuvo involucrado en *Aztecs*, reflexiona sobre la experiencia general:

> ha sido un proceso largo y, para ser sincero... fue una gran curva de aprendizaje para mí. Recuerdo haber venido aquí hace muchos años para reunirme con Leticia [Pérez] y Miriam [Kaiser] y Priscila [Medina] para hablar sobre *E Tū Ake*, entré a la reunión pensando: "bien, todos nos sentaremos alrededor de la mesa y tenemos que resolver todo el proceso de exhibición en un par de horas". ... Inicialmente, mi enfoque consistía en aplicar mi estilo particular de gestión de proyectos a este. De la reunión quedó claro que los proyectos se manejan de una manera ligeramente diferente en México, tuve que dar un paso atrás y decir: "ok, esperen un minuto, ustedes hacen las cosas de manera distinta".

Kent enfatiza la necesidad de una mentalidad abierta, junto con un enfoque tranquilo y diplomático:

> por lo tanto, si se trabaja en estos proyectos a menudo, se debe tener una mente abierta y pensar en cómo otras personas hacen las cosas y entender cómo están hechas... De lo contrario, simplemente entrarás en desacuerdo y no pasará nada, entonces la forma en la que trabajas para resolver los problemas es un proceso muy diplomático. Es

importante que el personal que organice estas exposiciones tenga cierto nivel y grado de diplomacia y tranquilidad, eso es algo que aprendí muy rápido en este puesto... así, es realmente importante dar toda la información al personal, mucho antes de que salgan a trabajar al extranjero en otras instituciones y estar seguro de que mantienen esa mente abierta y entienden la cultura y la forma de trabajar locales.

Al igual que Kent, Sartori (MM) destaca la importancia de mantener "la calma" y tener "perspectiva". Al tratar con otras instituciones en condiciones estresantes, ayuda, dice, a "dar un paso atrás y ponerse en su lugar". Teer (AM) también siente que la empatía fue importante en su trabajo y algo que desarrolló a través de la experiencia:

creo que me volví más empático cuando comencé a trabajar con el material yo mismo, porque creo que es bastante fácil ver lo que se propone, por ejemplo, en Melbourne o en Te Papa y pensar ¿por qué han hecho esto así? o ¿por qué eligieron esa imagen?, ¿por qué tienen tanta información? o lo que sea que sea... [sin] ver todo lo que sucede detrás y creo que cuando comencé a trabajar en el material realmente empecé a comprender aún más las implicaciones y restricciones que estaban ahí. Una cosa es saberlo y otra tratar de resolverlo.

Bleechmore (AM) habla de ser sensible a cómo se sentían los equipos de montaje de otras instituciones y asegurarse de que fueran "tratados con respeto". Consciente de que los comisarios "pueden estar muy ansiosos", descubrió que el humor y relacionarse con ellos a nivel personal ayuda a aliviar la tensión:

uno desea que se sientan seguros de que estamos aquí para ayudarlos, porque eso es lo que queremos cuando vamos a algún lado, pues no queremos sentir que estás siendo excluido de algún proceso relacionado con los objetos de los que eres responsable.

Al igual que Kent (TP), Bleechmore (AM) ve su trabajo en exposiciones internacionales como "un ejercicio de diplomacia" que implica estar alerta a "sutilezas de tono y a cómo ocurren las traducciones". Le preocupa que el personal visitante tenga una buena experiencia y se vayan con una impresión positiva. Reflexiona que ser capaz de tratar a las personas de esta manera y resolver problemas "no es algo que se enseñe en Conservación".

Relaciones interculturales: practicando *manaakitanga* y *mana taonga*

Las prácticas y cualidades "interculturales" discutidas arriba son resonantes de
una sensibilidad cosmopolita, según lo descrito por Delanty (2006, 2011) y
otros (ver Capítulo 1). Lo que también queda claro en nuestras entrevistas es lo
importante que fueron estas prácticas para fomentar y mantener relaciones
sólidas a través de encuentros culturales. Como dice Hay (TP), "las relaciones
son *muy* importantes... Por lo general, muchas de nuestras sedes para las
itinerancias internacionales nacieron a partir de las relaciones y la amistad
entre colegas... tiendes a visitar a las personas y hacer conexiones cara a cara".

A pesar de los muchos desafíos, tanto el personal de Te Papa como el del
INAH mencionaron relaciones cálidas, amigables y respetuosas entre ellos.
Estas se construyeron con el tiempo, a través del contacto continuo, con un
valor particular en la interacción cara a cara en contextos profesionales y
sociales. Medina (CNME) explica que, después de comunicarse por un tiempo
con Kent y otros por correo electrónico, antes de abrir *E Tū Ake* en México,
cuando llegaron al país la relación era "muy diferente... Ahora somos amigos...
Moana, Rhonda,[5] todos en Te Papa son muy amables y profesionales... Creo
que con la gente de Te Papa tuvimos un vínculo, nos relacionamos muy bien".

El personal de ambos lados consideró que estas *amistades profesionales*
serían duraderas. Las relaciones que se establecieron cuando *E Tū Ake* viajó a
México fueron fundamentales. Gómez, coordinadora de proyectos del INAH
para *Aztecs*, ayudó en el montaje de *E Tū Ake* en México y conoció a Kent y a
otros miembros clave del personal de Te Papa. Smith-Kapa (TP) explica:

> fue muy beneficioso para nosotros, que enviáramos una exposición
> antes, porque nosotros, realmente, solidificamos las relaciones y creo
> que se estableció una gran voluntad, y *E Tū Ake* fue reconocido como
> eso, estábamos enviando tesoros nacionales y entonces... realmente
> proporcionó una base de amistad y confianza para seguir adelante.

Cuando la delegación mexicana llegó a Wellington con *Aztecs*, Kent tuvo la
sensación de que "todos éramos caras conocidas... así que teníamos ese
elemento de confianza y comprensión". Esa confianza fue crítica "porque una vez
que ganas la confianza de otra organización, es muy fácil trabajar con esos
colegas nuevamente. Así que ese es un aprendizaje clave que obtuve al traer

---

[5] Moana Parata (coordinadora de colecciones) y Rhonda Paku (curadora) formaron parte
de la delegación māori de Te Papa que viajó a México con *E Tū Ake*.

muchas de estas exhibiciones internacionales a Nueva Zelanda y también llevarlas al extranjero".

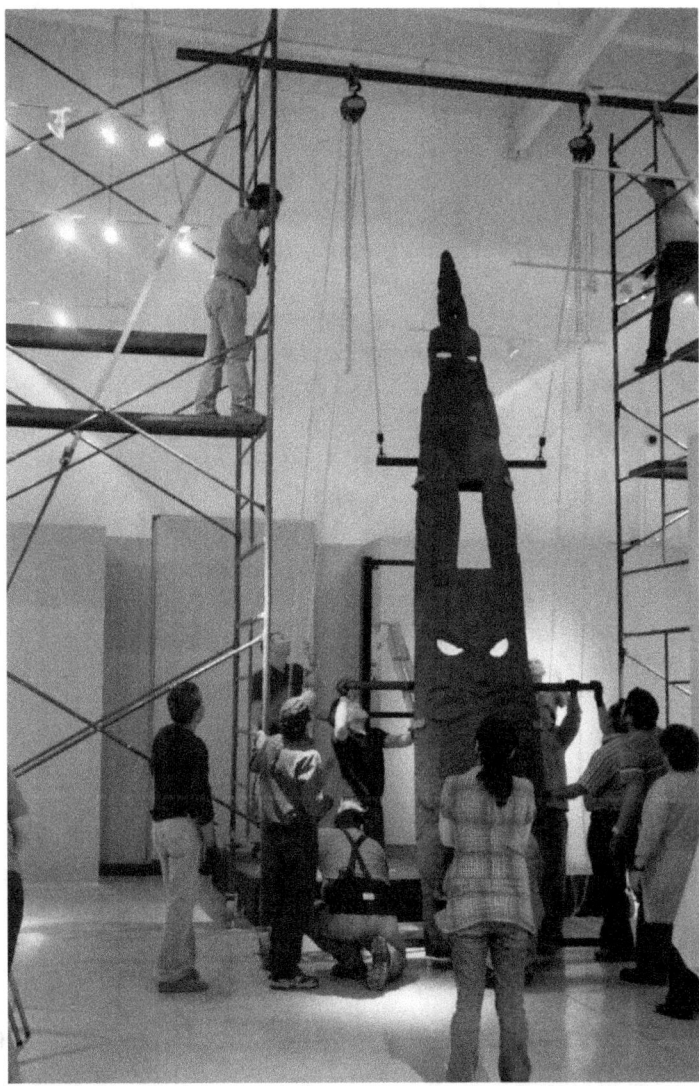

Figura 2.3 *E Tū Ake – Orgullo Māori.* Instalación en el Museo Nacional de las Culturas, Ciudad de México. Reproducción autorizada por el Instituto Nacional de Antropología e Historia.

El concepto māori de *manaakitanga*, a menudo traducido como "hospitalidad", también transmite respeto, amabilidad, generosidad y cuidado por los demás. Implica reconocer el *mana* (poder o prestigio personal) y las cualidades de los demás como "de igual o mayor importancia que la propia". El proceso de mejora del "*mana* mutuo" también resume la idea de la acción recíproca (Smith 2006). En México, el concepto indígena conocido en lengua náhuatl como *tequitl*, que significa reciprocidad o "amor" y "respeto" (Good Eshelman 2005), tiene similitudes con *manaakitanga*. Para muchos profesionales mexicanos, un punto culminante de su experiencia fue su encuentro con *manaakitanga*, junto con los *tikanga* māori (protocolos, prácticas), y con los principios y prácticas museológicas indígenas que se han institucionalizado en Te Papa. Esto incluyó el *pōwhiri*, bendiciones de *taonga* y otros encuentros con *mana taonga* y *tikanga taonga*, que no se habían encontrado previamente en otros museos. Estos fueron factores clave para mejorar y reconocer la importancia de las relaciones personales y también entre los individuos y los *taonga*. Al crear una "atmósfera" de respeto y buena voluntad, y fomentar conexiones a nivel emocional y encarnado, estas prácticas facilitaron la comprensión intercultural y ayudaron a trascender barreras como el lenguaje.

Medina comentó que ella y muchos de los otros miembros del personal que trabajaron en *E Tū Ake* en México experimentaron un sentimiento de cercanía que fue más fuerte en esta exposición que en otras que el INAH había recibido. Algunos de estos sentimientos se relacionaron con los temas de la exposición (ver Capítulo 3); sin embargo, los encuentros cara a cara con el personal de Te Papa y los *taonga* jugaron un papel crucial en la generación de este sentimiento especial. Te Papa envió una delegación māori para realizar una bendición en la inauguración de la exposición. Hay (TP) cree que estas ceremonias tienen "un gran impacto… Porque es parte de un paquete: no es solo la exposición". Kent (TP), quien llegó con sus colegas para instalar *E Tū Ake*, describe la reacción del personal del museo mexicano cuando se encontraron con los *taonga*:

> realmente conectaron con los *taonga*, porque lo interesante es que, entre la cultura māori y la cultura azteca, sus *atua*, sus dioses, son muy, muy similares. Así que algunas de las historias se cruzaron, lo cual fue bueno, y realmente lo entendieron. Y realmente sentimos que tenían una muy buena conexión con estos *taonga*. Realmente los sintieron, se asombraban cada vez que abríamos una caja. Fue como "*Wow*, esto es increíble", ya sabes, y estaban muy agradecidos de tener la *taonga* allí.

A través de su contacto con el personal de Te Papa que vino a México, Rodrigo Hernández (MNC), quien trabajó como guía para *E Tū Ake* y luego se unió al equipo de Educación, sintió una profunda conexión y aprecio por el *mana taonga*, que luego aplicó a su trabajo con los visitantes:

por lo general, un objeto que se exhibe es… como algo muerto… Pero al tener contacto con personas de Te Papa… me siento muy conectado con todos los objetos, pero más que con los objetos, con las personas que hicieron estos objetos. Sentí esa conexión tan fuerte, no me sentía māori, pero sentía que estaba conectado con ellos. Así que sentía que podía explicar cómo son, a las personas que estaba guiando.

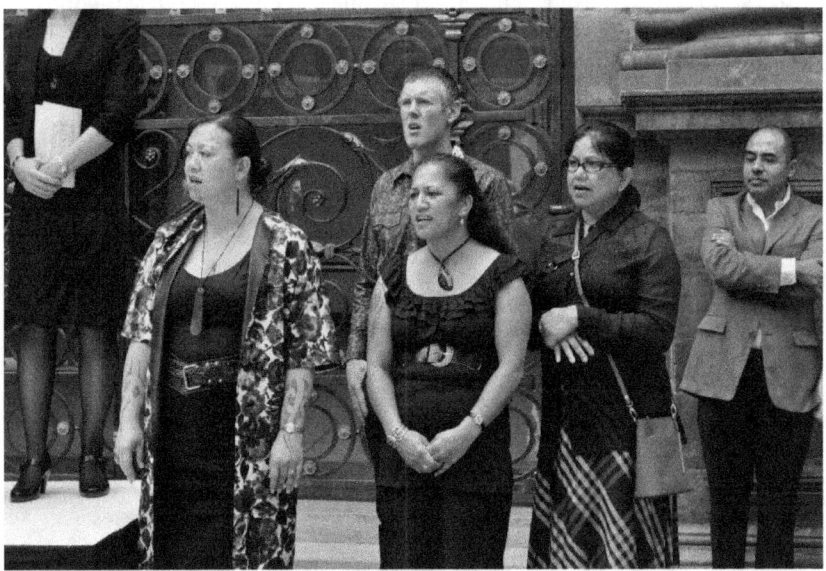

Figura 2.4 El *pōwhiri*. El personal de Te Papa canta una *waiata* como parte del protocolo māori para la ceremonia de inauguración de la exposición *E Tū Ake* en la Ciudad de México. Reproducción autorizada por el Instituto Nacional de Antropología e Historia.

Cuando la delegación de Te Papa regresó a México para cerrar la exposición, los representantes māori eligieron a Hernández como traductor para la ceremonia y le regalaron un collar de hueso de ballena, gesto que lo hizo sentirse honrado y consolidó su sentimiento de conexión con la cultura māori.

Tanto el *mana taonga* como el *tikanga taonga* también se aplicaron a la colección mexicana durante su estadía en Te Papa. Después de una "odisea" de casi dos días de viaje por aire y carretera, Carrizosa (MTM) llegó a Te Papa en medio de la noche con los camiones que transportaban las colecciones para *Aztecs*. El residente *kaumātua* (anciano māori) de Te Papa estaba esperando para darles la bienvenida y bendecir la colección. "La recepción", dice Carrizosa, "fue una de las mejores experiencias de mi carrera… a pesar de estar cansado… la bendición fue algo nuevo para mí, pero fue muy agradable. Te das cuenta del respeto que tienen por nosotros, por la colección, fue breve y luego comenzamos a trabajar".

El resto del equipo de montaje llegó a Wellington unos días después en avión, tras de un viaje de treinta horas. Carmona (MNA) describe los eventos que siguieron:

> Un traductor de origen chileno llegó por nosotros al aeropuerto y nos dijo "¿vienen cansados?", le dijimos "Muertos. Llévanos al hotel", "No", dice, "los tengo que llevar al museo", le dije "¿al museo? pero si traemos hasta una maleta. Venimos con tantas horas de vuelo". "Sí", dice, "pero es que hay una ceremonia, viene la embajadora, va a estar el director y los māorís[6] y…" Dijimos "Menos queremos ir. Míranos, ¡Míranos!" … "No puedo, los están esperando en el museo" … me veo los ojos rojos, las ojeras, que me llegaban aquí, así como perrito, de estos chow-chow, y dije "qué bárbara, qué fregada estoy". Dijo: "es una tradición… el museo tiene una sala donde tienen un templo māori con todas las deidades". Cuando entramos, nos dicen cómo vamos a entrar, una especie de procesión. Yo iba al frente con Moana, una de las montajistas, y vamos detrás de lo que sería un jefe, un patriarca, un sacerdote, como le queramos llamar, y participamos en una ceremonia muy linda y muy emotiva. Ellos cantaron, bailaron, nos dieron la bienvenida en dos idiomas, en māori y en inglés. La ceremonia fue larga, creo que se nos quitó el cansancio. Nos pidieron que ahora nosotros cantáramos… Cantamos la *Canción huasteca*, en español, obviamente. Pero no importa, lo festejaron. Nos dijeron que qué sabíamos bailar. Yo iba de pants. Entonces me abrí así la chaqueta y bailé el *Jarabe tapatío*… Y dijimos, "Bueno, gracias, ¿ya nos podemos ir a dormir?". "No, las ceremonias māoris siempre terminan con comida. Están invitados a almorzar". Llegamos como a las 7 a.m., nos fuimos a acostar como a las 3 p.m., porque nos llevaron a almorzar. Tenían reservada una parte arriba especial. Y ahí, otra vez vinieron los discursos, los besos, los abrazos, los bailes. Otra vez bailé el *Jarabe tapatío*. Ellos bailaron la *haka*. O sea, divino. Nos fuimos a acostar como a las tres de la tarde, muy cansados. Nos agradecieron haber ido, estaban conscientes de que teníamos muchas horas sin dormir. Al otro día, empezamos a trabajar, era domingo… Se montó todo eso en seis días. En seis días montamos.

---

[6] En el idioma māori no hay plurales con el sufijo -s. Cuando las palabras māori se utilizan en el contexto del español, esta regla gramatical se mantiene. Cuando nuestros entrevistados la usan, mantuvimos la -s, ya que ellos no están al tanto de esta regla.

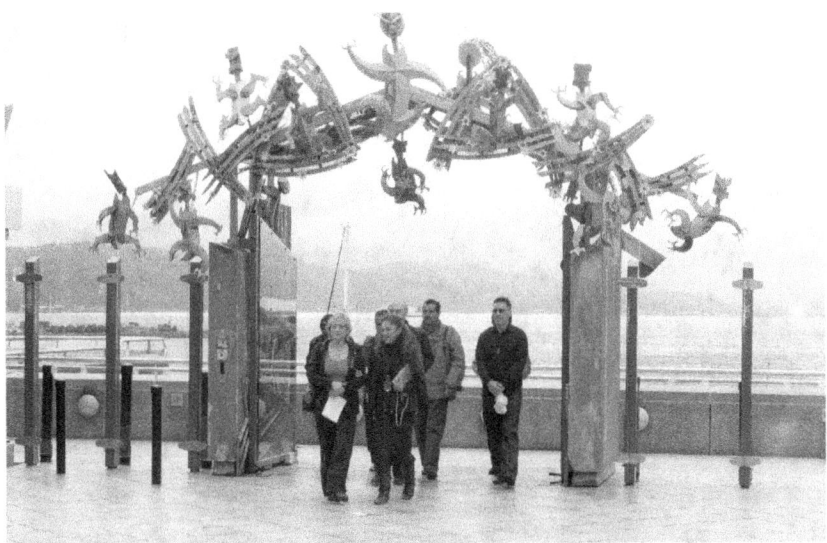

Figura 2.5 El personal del INAH es escoltado por el personal de Te Papa al *marae* para que los *pōwhiri* marquen su llegada a Aotearoa Nueva Zelanda. Fotografía cortesía de Te Papa.

Para Sykes (TP), llevar a los comisarios mexicanos a almorzar el día que llegaron fue lo que "comenzó realmente nuestra relación. Eso sentó una buena *kaupapa* [base] para nosotros o *whakapapa* [conexión] en realidad para que nosotros tengamos... Para los māori se trata solo de *manaaki* [hospitalidad]. Realmente lo fue, ver a estas personas en este nuevo lugar. Y conociendo la dinámica de eso, nos aseguramos de que fueran atendidos cada día". Los comisarios comentaron sobre el "ambiente acogedor y amigable" en Te Papa y cómo esto contribuyó a que los dos equipos trabajaran bien juntos e instalaran con éxito la exposición en un plazo extremadamente reducido. Carmona (MNA) explica:

> Nos invitaban a comer algo, porque trabajamos pues hasta en la noche, y se integró muy bien el equipo mexicano, pero yo creo que tuvo mucho que ver, cosa que ya no sucedió, por ejemplo, en Melbourne y tampoco en Sídney... Entonces el equipo funcionó muy bien... Entonces yo creo que influyó también el ánimo. Nos llevaban cosas de comer y nos invitaban las empanadas y café, té, refresco y nos llevaban a un área que tienen ellos como de comedor.

Wilco (TP) también enfatiza la importancia de construir relaciones entre los dos equipos, demostrando esta hospitalidad "en el día a día". Si bien la institución se centró en las relaciones en un nivel formal de "primera cara", Wilco cree que el valor de este tipo de interacción "en el terreno" no debe subestimarse.

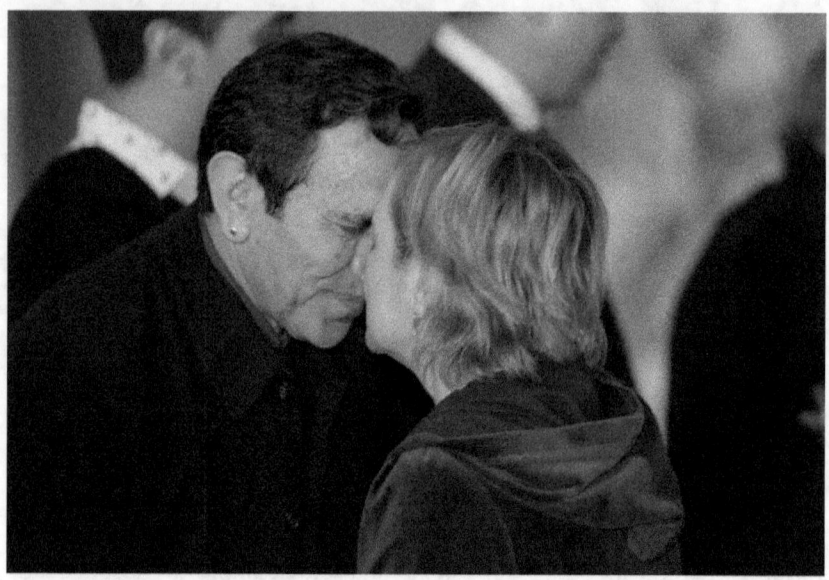

Figura 2.6 Mark Sykes saluda a Martha Carmona con un *hongi* durante el *pōwhiri* para los comisarios mexicanos, en Te Papa, en 2013. Fotografía cortesía de Te Papa.

La aplicación de *mana taonga* a la colección *Aztecs* se extendió durante todo el proceso de instalación. Como explica Sykes, "estos son *taonga*… para nosotros, no son objetos, están vivos, tienen su *mauri* [esencia de vida], todavía están vivos, tienen historia. Siempre comenzamos con una oración cada mañana… antes de entrar". Para él, el *mana taonga* en la práctica también significaba respetar la relación de los comisarios con sus *taonga* y permitirles dictar cómo se deben hacer las cosas: "así es como me sentí… 'lo que quieras: si quieres que le demos la vuelta o voltearlo de cabeza', así lo haremos, son tus *taonga*".

A veces, este principio entró en conflicto con otras políticas de Te Papa. Consciente de su ubicación en una región propensa a terremotos, Te Papa tiene protocolos estrictos en torno al montaje de objetos. Wilco cree que también tiene algo que ver con que Te Papa es una "nueva" organización en un país relativamente joven, que protege mucho su patrimonio cultural: "es como si constantemente estuviéramos tratando de mantener este alto estándar de capacidad y entrega. Al trabajar con culturas "más antiguas", Wilco ha notado una actitud más "*laissez faire*[7]... con el protocolo de mitigación de terremoto para *Aztecs*, su actitud era del tipo 'si se cae, se cae. Ha estado en pie durante mil años, es bastante pesado en la base, estoy seguro de que estará bien'... Creo que hay algo en ser parte de una cultura más antigua que propicia esa actitud". Desde ese momento, Wilco ha visto, en Te Papa, un "cambio de actitud institucional" al manejar colecciones internacionales, "al reconocer que estas eran sus colecciones y, en última instancia, la seguridad era su responsabilidad, y que podíamos brindar asesoramiento y comentarios, pero uno sabe que ya no estamos dirigiendo más".

A Wilco le gustaría ver que este nuevo enfoque se formalice como un "conjunto de principios de cómo se trata la recepción de una exposición itinerante", que establezca "cuáles son las expectativas... con las reglas de quién estamos jugando... nosotros somos muy claros cuando viajamos: cuáles son nuestras expectativas, qué esperamos encontrar cuando lleguemos, cuáles deberían ser las condiciones... Por lo tanto, también deberíamos tener un conjunto similar de principios sobre cómo tratar a los comisarios visitantes".

Los comisarios mexicanos sintieron que los māori se conectaron con la colección de *Aztecs* y vieron similitudes con su propio patrimonio cultural. La impresión de Carmona (MNA) es que, mientras que los australianos se relacionaban con los objetos en un nivel "estético", los Māori "tenían una percepción más íntima de los objetos" y "entendían lo medular de la cultura":

Cada que abríamos una caja se juntaban "¡Aaaaah! ah, ah, ah". Yo creo que sí, fueron ellos. Fue en Nueva Zelanda donde sí entendieron la delicadeza de todo lo que se llevó. Sin duda, yo creo que fueron ellos... Yo platiqué con varios de ellos y comprendieron muy bien. Cuando yo les platicaba de ciertos detalles y de ciertas cosas decían "nosotros también, los ancestros, esto, lo otro" etc. Entonces, ellos son muy sensibles y, creo yo, que fue donde más se disfrutó. Porque ellos están muy acostumbrados a estos acercamientos interculturales. Son muy abiertos para los acercamientos interculturales y creo que lo disfrutaron mucho. Eran muy curiosos: "¿Y esta pieza, por qué?, ¿dónde la ponían?, ¿cómo le hacían? Ay ¡qué maravilla! ¿Esta era una diosa?, ¿cuál era su función? y ¿cuál era el ritual?, etcétera... teníamos que contar largas historias, de lo que eran las piezas, de lo que significaban, de cómo se utilizaban... entendían lo sagrado de estos objetos, que provenían de tumbas y templos y eran increíblemente respetuosos cuando los manejaban.

---

[7] Se trata de una expresión francesa que significa «dejen hacer, dejen pasar».

Los comisarios expresaron su deleite de poder interactuar y conectarse con "un grupo étnico vivo" y aprender sobre su perspectiva cultural. Algunos fueron llevados a los almacenes de la colección māori para aprender más sobre los *taonga*, como explica Albert (CNME):

> La encargada de las colecciones etnográficas es una māori, entonces lo que te está enseñando son las cosas de la tía, de la abuela, de los vecinos, de la tribu o del grupo del marido, de alguien que está casado con un pariente suyo... son materiales vivos y se pueden utilizar y traen un discurso vigente, entonces, para mí eso fue grandioso.

En opinión de Kent, "los objetos culturales aztecas y māori requieren el mismo respeto y protocolos". Para respetar esto, el equipo de Te Papa, que ayudó a desinstalar *Aztecs* en Sídney y prepararlo para el viaje de regreso a México, continuó aplicando *mana taonga* como práctica intercultural en la zona de contacto móvil. Kent explica:

> Mi colega que solía trabajar en Te Papa ahora trabaja en el Australian Museum y le pedí que hiciera una *karakia*, una bendición māori, para el tránsito seguro de los objetos aztecas a casa, e involucramos a los comisarios del INAH y al personal del Australian Museum. Ellos realmente se conmovieron con eso, así que nos sentimos conectados a esos objetos, así como cuando *E Tū Ake* vino [a México] sentimos que la conexión del personal del Museo Nacional de las Culturas, en verdad tenían una conexión física con esos objetos y se podía sentir eso.

Kent reflexiona nuevamente sobre estas relaciones cuando devolvía los objetos a los museos en México:

> fue muy conmovedor ver que esos objetos volvieron a su lugar de origen y que algunas de esas instituciones más pequeñas ofrecieron tanto, se puede ver dónde había estado ese objeto en su espacio de exhibición y darse cuenta "*wow*, esto ha dejado un gran hueco en su sala de exposiciones". El personal está muy contento de que sus objetos sean devueltos después de un largo viaje, creo que fue en el Museo del Virreinato en donde el conservador tocaba los objetos, dándoles una bienvenida, muy similar a lo que hacemos cuando damos la bienvenida a los *taonga* a nuestro hogar. Así que tienen esa conexión y eso me conmovió bastante.

La mayoría de los entrevistados mexicanos comentaron que sus experiencias en Te Papa fueron especiales, en comparación con otros lugares de la itinerancia y con otros museos internacionales con los que han trabajado. Esto se debió en gran parte a la "calidez" de la bienvenida, el respeto mostrado a sus colecciones y la sensación de que la conexión con su patrimonio es algo que compartieron. Esta comprensión compartida contribuyó a una sensación de receptividad y cooperación entre los equipos. Hablando de las ceremonias de bendición, Gómez (CNME) señala que fue la primera vez en su trabajo con exposiciones internacionales que ella "recibió este tipo de regalo… el respeto que mostraron por nuestras colecciones fue increíble, increíble para nosotros… ¡fue mágico!"

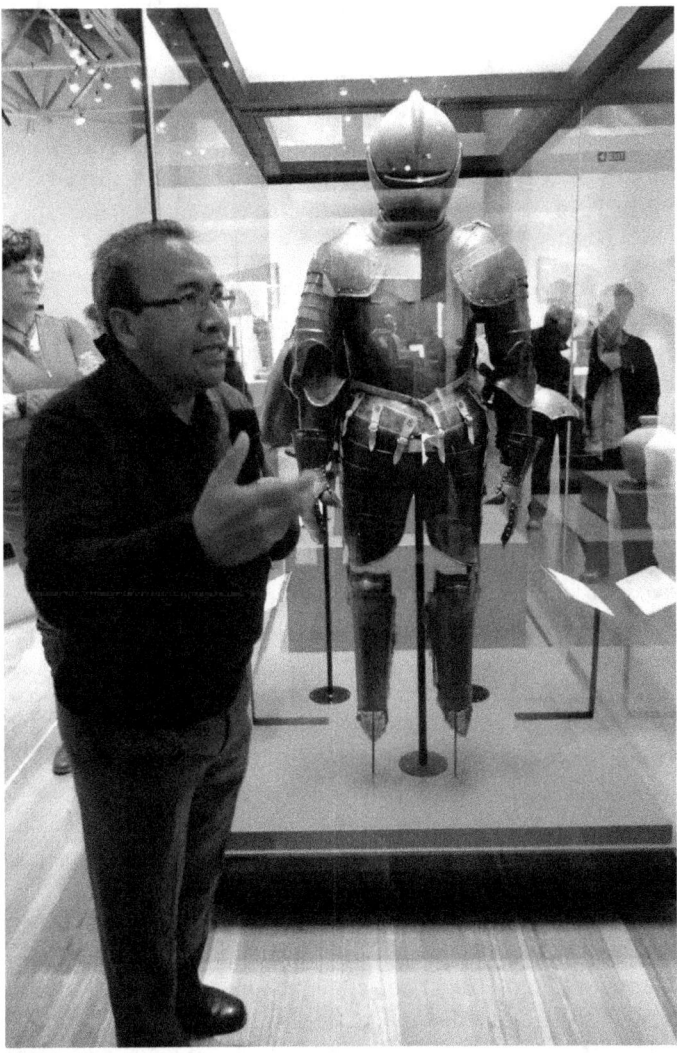

Figura 2.7 El curador mexicano Raúl Barrera durante su visita a Te Papa, septiembre de 2013. Fotografía cortesía de Lee Davidson.

Carmona (MNA) describe sus experiencias en Te Papa como "una de las mejores experiencias en todos estos años... Sentí que teníamos una conexión muy especial con el equipo allí y con nuestro propio equipo. Regresaríamos a Wellington porque es un lugar donde valoran nuestro trabajo. He trabajado en muchas exposiciones nacionales e internacionales, e incluso después de todos estos años trabajando en INAH, nunca he tenido una experiencia como esta... Entendieron la importancia de las colecciones, sin duda las sedes en Australia, fueron sedes más citadinas, similares a los lugares en los que hemos estado antes: Londres, Madrid, Barcelona, etcétera. Nueva Zelanda fue una gran experiencia".

María Barajas (jefa de restauración y comisaria, MTM) participó en el montaje, pero no asistió a las ceremonias en Te Papa, aunque se enteró de ellas por parte de sus colegas. Incluso ella "sintió esta sensibilidad, una sensación de 'compartimos este conocimiento debido a nuestra cultura.' Esta es la primera vez que me siento así, tal vez sea por el tipo de cultura, pero fue especial en el caso de Nueva Zelanda".

Kent (TP) observó la reciprocidad de "la conexión del personal de Te Papa con los objetos aztecas y la conexión del personal del Museo Nacional de las Culturas con los *taonga*". En toda su experiencia recorriendo exposiciones para Te Papa, descubrió que "no siempre existe una conexión inmediata con los objetos por parte del personal del lugar sede". Se pueden interesar en aprender más sobre su lado cultural y espiritual, pero "profesionalmente los ven como objetos de museos en primera instancia".

Si bien no pudimos entrevistar a muchos miembros del personal australiano directamente involucrados con la instalación de los objetos aztecas, Bleechmore (AM) reflexionó sobre la relación entre los comisarios mexicanos y sus *taonga* y dijo sentir una conexión mediada por su experiencia en el manejo de ciertos objetos:

> la forma en que los comisarios responden a los objetos también influye en cómo haces las cosas, por lo que, obviamente, su amor por sus objetos fue bastante claro y también cómo nos respondieron, tiene un impacto en cómo ves las colecciones con las que estoy trabajando... También recuerdo haber manejado algunos de los pequeños utensilios de terracota, especie de vasijas para beber todos los días, y me encanta la forma en que se siente cuando las tomas porque puedes imaginar a alguien más sosteniéndolo y se siente de la misma manera, simplemente cómo se acomoda en tu mano... tiene esa casi calidez de haber sido sostenido antes, de que se diseñó para sostenerse, creo que sí, que respondo a ese tipo de cosas... eso es lo bueno de este trabajo, son esos pequeños momentos.

Kent (TP) especula que mientras "hay conciencia y comprensión de la cultura indígena en Australia", la diferencia fue que en Aotearoa Nueva Zelanda "tendemos a ser una nación más bicultural". Varios miembros del personal mexicano comentaron la relación entre los māori y los *pākehā*, tal como la encontraron en Te Papa. Barrera reflexionó sobre la ceremonia de bendición y señaló que, en México, no se encontraría con un grupo étnico en un museo de esta manera:

> Lo interesante fue que estaba dentro del museo Te Papa... Creo que esto es muy importante porque, al final, los museos exhiben piezas sagradas de grupos antiguos y merecen respeto.

Las experiencias de Barrera en Aotearoa Nueva Zelanda también lo llevaron a reflexionar sobre cuestiones interculturales más amplias. Sus impresiones sobre la posición de los māori dentro de la sociedad de Nueva Zelanda durante su visita fueron que "en el caso de los maoríes, sentí su hospitalidad, pero algo que me gustó mucho fue cómo los māoris tienen mucho respeto en la sociedad de Nueva Zelanda... eso es algo que valoro, algo que percibí. Este grupo cultural y la sociedad en general coexisten. Fue una gran experiencia". Tanto Gómez como Barrera comparan las impresiones de su tiempo en Te Papa con las relaciones indígenas en México: "es algo notable porque en México nuestros grupos étnicos no participan [en] la sociedad como lo hacen los māoris... Y, así, para nosotros, es un gran ejemplo y... es algo que produce [en] nosotros admiración por su sociedad, ver cómo un grupo étnico vive con el resto de la sociedad como un todo inclusivo". Barrera reflexiona que, en México, los pueblos indígenas están excluidos, tratados como "otros" y expuestos en el Museo de Antropología: "no hemos encontrado nuestra identidad como una nación que los incluya".

Carmona (MNA) señala la "interacción cercana" entre los māori y los *pākehā*, en Nueva Zelanda, y siente que esto ayudó a explicar la apertura a otras culturas en Te Papa. Para Albert (CNME), los neozelandeses "fueron una sorpresa agradable porque son muy comprensivos con otras culturas, con la historia de otros, muy abiertos a otros sistemas". Ella cree que "podríamos aprender mucho a nivel antropológico de la relación que tienen con los māori y aprender cómo relacionarse con los pueblos indígenas y también cómo representarlos... Tenemos una ruptura con el pasado, con el extranjero o el otro, con lo desconocido y ellos no".

Para varios miembros del personal, trabajar en la exposición despertó su interés en aprender más sobre el país del otro y el deseo de visitarlo. Smith-Kapa (TP) disfrutó de conocer al equipo de trabajo mexicano y sus experiencias: "centraron mi atención en una cultura y posiblemente en un país, en el que realmente no había pensado demasiado, hasta el punto en el que pensé 'realmente quiero ir allá'... me interesé cada vez más en México, incluso comencé a tomar clases de español y cosas así, ¡hablando de cambiar corazones, mentes y vidas![8] [risas]".

El deseo por relaciones duraderas y aprendizaje continuo también se expresó como un interés para futuras colaboraciones en exposiciones. Como dice Greene (MM), "hay mucho que podemos hacer entre nosotros y aprender unos de otros". Ya que esta fue la primera exposición mexicana en Australasia, Gómez ve a *Aztecs* como un evento muy importante y espera que "abra la puerta a otros trabajos" en la región.

---

[8] "Cambiar corazones, mentes y vidas" es la "visión para el futuro" de Te Papa.

Capítulo 3.

Desarrollo de exposiciones interculturales: creación de la zona de contacto móvil

Las exposiciones implican estrategias de exhibición que no son neutrales. Tienen una cultura producida por los contextos sociales e históricos dentro de los cuales evolucionan (McCarthy 2007) y son productos de un "aparato de exhibición"; es decir, el "marco material y discursivo que apoya [su] producción, distribución y recepción" (K. West 2017, 19). Estos dan forma a los tipos de significados que se construyen en las exposiciones, desempeñando un papel fundamental en la representación cultural y el potencial para la comprensión intercultural o la incomprensión.

Las exposiciones de la cultura mexicana y māori tienen un contexto social e histórico particular, que impactó en la producción de las muestras de nuestro caso de estudio. Al mismo tiempo, los procesos de desarrollo de los proyectos fueron muy diferentes: *E Tū Ake* fue un ejemplo de autorrepresentación cultural, una historia sobre los māori, presentada por los māori; *Aztecs* fue una colaboración conjunta que requirió una extensa "traducción" entre los profesionales mexicanos, neozelandeses y australianos involucrados, en la que se esforzaron por contar una historia "en nombre de" los mexicas.

En ambas exposiciones encontramos ejemplos de prácticas de exhibición contemporáneas que Witcomb (2015, 322) asocia con una "pedagogía del sentimiento", referida a varias estrategias estéticas implementadas para evocar "encuentros afectivos entre el espectador y lo que ve". Dichas estrategias están impulsadas por los objetivos políticos de la exposición, pero, en lugar de presentar un argumento directo, intentan provocar sentimientos de empatía a través de la yuxtaposición de varios componentes de la exposición: objetos, colores, paisajes sonoros, iluminación, videos, modelos, textos y medios interactivos, para provocar una reflexión crítica. Esta estrategia, argumenta Witcomb (2015), representa un cambio de las pedagogías anteriores de "caminar" y "escuchar", más didácticas y dirigidas a procesos cognitivos en lugar de experiencias encarnadas y emotivas.

En este capítulo, examinamos tanto la "poética" como la "política" de la exhibición (Lidchi 1997) adoptadas para *E Tū Ake* y *Aztecs*. Utilizando las voces de los profesionales de museo que crearon estas exposiciones, mostramos cómo estaban destinados a transmitir ciertas ideas culturales y, luego, cómo las estrategias de exhibición que se adoptaron fueron diseñadas para transmitir estas ideas a un público "extranjero". Lo que surge de nuestros hallazgos son desafíos particulares del desarrollo de exposiciones interculturales que deben traducir de una cultura a otra y, en el proceso, crear algo "nuevo", así como los tipos de habilidades y enfoques necesarios para lograr resultados cosmopolitas en esta práctica.

E Tū Ake: voces indígenas contemporáneas

Para comprender completamente *E Tū Ake: Standing Strong*,[1] necesitamos rastrear su *whakapapa* (genealogía) con respecto a la representación de los māori en los museos. Las primeras exposiciones de esta cultura en Aotearoa Nueva Zelanda siguieron una tradición etnográfica europea que retrataba las culturas indígenas "como distantes en el tiempo y el lugar" (McCarthy 2007, 12). La dificultad para los museos coloniales era por supuesto que, por muy marginados e impotentes que pudieran haber sido, los māori estaban inevitablemente presentes en el aquí y el ahora. Desde el siglo XIX, este grupo indígena se ha esforzado por afirmarse con respecto a cómo han sido representados por los museos, de modo que McCarthy (2007, 12) describe el viaje, desde entonces hasta ahora, como una "historia māori de resistencia a, participación en y eventual captura de la cultura de exhibición" que culminó en la "indigenización del museo".

La década de 1980 fue un momento decisivo en este viaje. *Te Maori*, una exposición de objetos māori, itineró en cuatro ciudades de los Estados Unidos, desde 1984 hasta 1986, antes de regresar a casa y recorrer los principales centros de Nueva Zelanda. La exposición, la primera de su tipo, fue un éxito fenomenal: rompió récords de asistencia en sedes los Estados Unidos y logró números sin precedentes también en su país de origen. A través del desarrollo de *Te Maori*, liderado por un grupo de intelectuales, funcionarios públicos y gestores culturales de esta cultura, los *taonga* surgieron como una nueva categoría de exhibición, vinculada a la afirmación cultural y la autodeterminación (McCarthy 2007). Como *taonga*, los artefactos māori se movieron fuera de las categorías etnográficas y se acercaron a los conceptos convencionales de las Bellas Artes, al

---

[1] El título en la sede mexicana fue *E Tū Ake – Orgullo Māori*.

tiempo que conservaron su papel cultural como mediadores de las relaciones entre antepasados y descendientes vivos (McCarthy 2007).

Las ceremonias de apertura, realizadas al amanecer por los ancianos māori y los actores culturales, ayudaron a transmitir el sentido de esta cultura como viva y fueron un factor clave para llamar la atención en las sedes internacionales y distinguir a *Te Maori* de otras exposiciones concurrentes (Mark 2008; Hanham 2000). El uso del protocolo māori en la apertura y cierre de las exposiciones, que se ha convertido en una práctica estándar de Te Papa (ver Capítulo 2), se atribuye a *Te Maori* (Mark 2008; McCarthy 2011). La exposición ayudó a acelerar los procesos de descolonización y provocó cambios profundos relacionados con la exhibición de dicha cultura y con el papel de sus miembros en relación con las instituciones culturales del país (McCarthy 2011). Aunque innovadora en muchos aspectos, *Te Maori* tenía sus limitaciones. Organizada cronológicamente, con 1860 como final, la exposición fue criticada por adoptar una política de exhibición que carecía de una dimensión contemporánea (McCarthy 2011; Hanham 2000). En consecuencia, aunque muchos reconocieron su importancia, seguía existiendo el deseo de empujar los límites de la representación cultural māori.

Poco después de que Te Papa abriera en 1998 se discutió la posibilidad de hacer otra gran exposición itinerante con este tema. A principios de la década de 2000, el entonces director ejecutivo, Cheryll Sotheran, inició una relación con el Tokyo National Museum; el resultado fue un intercambio de exposiciones con Japón, que incluyó la exhibición de *Splendours of Japan* en Te Papa, en 2006 —exposición que mostraba cinco mil años de historia, logros artísticos y patrimonio cultural japonés—, y *Mauri Ora: Treasures from the Museum of New Zealand Te Papa Tongarewa* en el Tokyo National Museum, en 2007.

Mauri Ora fue una exposición "más tradicional o conservadora" de *taonga* māori —no tan diferente de *Te Maori*— ya que se pensó más adecuada para el público en el lugar sede. Si bien puede que no haya sido particularmente innovadora, en términos de su concepto, se consideró un éxito al promover una fuerte relación con Japón y fortalecer la experiencia de Te Papa para itinerar exposiciones culturales, particularmente en torno a los aspectos prácticos del embalaje y el montaje de *taonga*, la logística y los protocolos culturales apropiados. Carolyn Roberts-Thompson (coordinadora, equipo de relaciones *iwi*) y Haley Hakaraia (consejera estratégica, equipo de relaciones *iwi*) fueron responsables de los aspectos ceremoniales de la gira de la exposición, como las inauguraciones y los cierres de eventos y programas o eventos públicos. Roberts-Thompson explica:

De hecho, aprendimos, creo, como institución, mucho sobre nuestros sistemas y nuestros procesos... Fue inaugurado con el rey Tuheitia[2] y una pequeña delegación de su etnia. Los trajimos y viajamos con ellos. Sabes, fue una importante operación logística, no solo para llevar la exposición allí y los *taonga* e instalarlos todos, sino también nuestra capacidad para garantizar que los requisitos culturales y *tikanga* también acompañaran ese proceso.

Usando *Te Maori* como punto de partida, se prepararon pautas sobre *tikanga* para las instituciones sede, incluyendo "cosas básicas como no sentarse en las cajas... no *kai* [comida] y ese tipo de cosas", dice Hakaraia. Se trataba de resolver "cómo explicarlo a alguien que no tenía idea sobre *tikanga*". Si bien esto "requirió bastante trabajo", al final lograron mantener las pautas en una sola página y alentaron al personal anfitrión a usar la experiencia del personal de Te Papa presente durante la instalación y la desinstalación.

Mauri Ora había sido "hecha para hacer ser itinerante", pero Te Papa no pudo asegurar más sedes. El regreso de la exposición provocó discusiones sobre cómo aprovechar la inversión ya realizada en la preparación de los objetos para salir de gira. Según Simon Garrett (coordinador de proyectos, TP), esto sucedió en un momento en que hubo una "reflexión interna" en el museo sobre la representación cultural:

> cuando *Mauri Ora* regresó de Tokio, comenzó una conversación sobre si esa exposición posicionaba a los māori, en cierto sentido, no como una cultura contemporánea... sino, implícitamente, como una etnia de interés histórico solamente. Y esa conversación chocó con una conversación general en Te Papa sobre lo que es ser un museo vivo, cuidar una cultura o culturas de una manera que permita a las personas ver cómo funcionan las cosas en la práctica y cómo funcionan las cosas de una manera contemporánea y cómo las cosas pueden cambiar con el tiempo, y cómo el pasado se cruza con el presente y, de hecho, el presente se cruza con el pasado, supongo. Entonces, toda esta reflexión tuvo lugar después de lo que fue realmente una salida muy exitosa para *Mauri Ora*, y si pensamos en el *whakapapa* de esto, podemos ver

---

[2] Tuheitia Paki es el actual rey māori en Aotearoa Nueva Zelanda. El movimiento para tener un rey māori o *Kīngitanga* surgió en el siglo XIX, entre ciertos *iwi* en la Isla Central del Norte. El monarca māori tiene un papel principalmente ceremonial más que constitucional y no todos los integrantes de este grupo lo reconocen.

fácilmente la conexión con *Te Maori* —hace veinticinco o los años que sean— que no era una exposición tan diferente en algunos aspectos.

Jette Sandahl (directora de experiencias, TP) en ese momento sintió que había una oportunidad de "reutilizar" la exposición para un público europeo. Sandahl, quien cuenta con experiencia en museos etnográficos en esa región, quería que la exposición mostrara "cómo una metafísica completamente diferente se traduce en términos de la vida cotidiana... se vive esta vida, la misma vida cotidiana que todos los demás, en un contexto de una visión del mundo diferente". La curadora māori de Te Papa (2003-2009), Huhana Smith, se mostró firme en que la nueva exposición no fuera "la próxima *Te Maori*". Ella quería que tuviera "una voz māori mucho más fuerte, con un enfoque contemporáneo: esto es lo que le está sucediendo a este grupo hoy" (ver Tabla 3.1). Para Smith, un objetivo explícito de la exposición era cambiar la imagen de una cultura en el extranjero y desafiar la práctica internacional del museo relacionada con la exhibición y el cuidado de las colecciones indígenas. Con un público europeo en mente, le preocupaba:

derrocar el colonialismo o cualquier tipo de sentido de superioridad europea... solo decirle a la gente que los māori tienen un sistema de conocimiento muy sofisticado y que tienen una visión del mundo muy holística... Los māori son un pueblo global. Son una cultura indígena, pero son un pueblo global... Queríamos mostrarle al mundo europeo que los māori siguen siendo muy resistentes, una cultura innovadora, que sigue siendo fuerte aunque ha cambiado y se ha adaptado, eso sucede: la vida es dinámica, las culturas son dinámicas... esto no iba a ser la exposición que esperarían. Tenía que ser algo que cambiara un poco su visión del mundo. Ese fue siempre mi pensamiento sobre la exposición; ayudar a cambiar su percepción.

Sandahl, exdirectora fundadora del Museum of World Culture en Suecia, fue una firme defensora de los museos que abordan temas controvertidos. Smith también sintió que la exposición debería mirar "un pasado más reciente donde había habido dificultades y otras preocupaciones". Roma Potiki (desarrolladora de conceptos, TP) explica que los conflictos y protestas, particularmente en los últimos cuarenta o cincuenta años, fueron "puntos de activismo y afirmación... cosas que tenían ramificaciones muy amplias", en términos de revitalización de la cultura māori, y "cuestiones de justicia para los māori, por lo que era importante tenerlas allí".

Tabla 3.1 Resumen de la exposición – *E Tū Ake: Standing Strong*

Título de la exposición (México)	*E Tū Ake – Orgullo Māori*
Sede **Periodo de exposición**	Museo Nacional de las Culturas, Ciudad de México 31 de marzo - 22 de julio de 2012
Organizado por	Museum of New Zealand Te Papa Tongarewa (TP)
Curadores	Huhana Smith, Curadora ejecutiva Māori (2003-2009) y Rhonda Paku, Curadora ejecutiva Māori (2010-2015), Museum of New Zealand Te Papa Tongarewa
Resumen	

E Tū Ake – Orgullo Māori cuenta la orgullosa y desafiante historia de los māori, los pueblos indígenas de Aotearoa Nueva Zelanda, desde una perspectiva māori contemporánea.

La exposición retrata la viva y dinámica cultura māori. Habla sobre los conceptos de *whakapapa* (genealogía), *mana* (prestigio y autoridad) y *kaitiakitanga* (tutela), dentro de una narración general de la búsqueda de la autodeterminación (*tino rangatiratanga*): la afirmación del estado, los derechos y la autoridad māori como un pueblo indígena, sus 170 años de lucha por el reconocimiento y sus aspiraciones para garantizar la participación y asociación total dentro de su país.

E Tū Ake muestra importantes *taonga* (tesoros culturales) nunca antes vistos en el contexto mexicano, algunos tradicionales y otros con gran significado contemporáneo, como el bastón de combate (*pouwhenua*), llevado desde la parte norte de Aotearoa Nueva Zelanda a Wellington, la capital, en 1975, durante una protesta en la lucha por las tierras māori perdidas.

Los māori se refieren a sus expresiones tangibles e intangibles como *taonga*, una palabra cuyo significado ha generado un interés particular. En el pasado, tanto los individuos como los grupos, llamaban a sus posesiones más valiosas *taonga*. Pero la palabra también abarca objetos cotidianos, aquellos que los individuos hicieron incuestionable e inalienablemente suyos. Hoy, como tanto ha cambiado en la cultura māori y su entorno, el significado de *taonga* como algo valioso se ha convertido en predominante. *Taonga* es algo apreciado como una expresión auténtica de identidad acumulada, lazos y asociaciones. Incluso puede tener una sensación de preciosidad, algo por lo que vale la pena luchar y retener.

Aotearoa Nueva Zelanda reconoce el carácter bicultural de la nación. Los māori son *tangata whenua*, las primeras personas de esta tierra. Se les ha unido los *tangata tiriti*, la gente que se estableció allí desde que los jefes māori y la Corona británica firmaron el Tratado de Waitangi en 1840.

Temas principales:

1.   Introducción - *Tino Rangatiratanga*: el camino hacia la autodeterminación
2.   *Whakapapa* - Identidad e interconexión

En el mundo māori, todo está relacionado. Esta conexión entre las personas, el medio ambiente y los objetos inanimados es *whakapapa*.

Whakapapa encuentra expresión a través de la genealogía, los rituales y las historias. Juntos forman la base del conocimiento que permite a las personas definir quiénes son y cómo se relacionan con los demás y con el mundo que los rodea. Los expertos tribales son responsables de preservar y usar este conocimiento legítimamente.

Dentro de la sociedad māori, *whakapapa* describe la interconexión de la *whānau* (familia) con su *hapū* (subtribu) y su *iwi* (tribu). *Whakapapa* también vincula a un individuo con su *waka* (canoa antigua) y su *whare tūpuna* (casa ancestral). Estas conexiones a veces se representan en el arte māori tradicional y contemporáneo, así como en *tā moko* (tatuajes).

3.   *Mana* - Empoderamiento y liderazgo

El *mana* es una fuerza o cualidad espiritual que se encuentra dentro de las personas, los animales y los objetos no animados. Se hereda a través del *whakapapa* (linaje) y por mérito acumulado. Al asegurar la *tino rangatiratanga* (autodeterminación), aquellos que poseen *mana* son capaces de empoderar a otros.

Los tesoros personales, las capas de plumas y los instrumentos musicales pueden servir como símbolos externos de identidad y *mana*. Estos objetos adquieren su propio *mana* de su creador, sus vínculos tribales, su significado simbólico y los eventos memorables en los que han participado.

E Tū Ake explora la influencia del *mana* en la naturaleza tangible e intangible de la *taonga;* en las relaciones de los individuos con estos *taonga* y en las relaciones entre ellos, con sus *tūpuna* (antepasados) y las generaciones futuras.

4.   *Kaitiakitanga* - Protección y sostenibilidad

En la cosmovisión māori, todo, vivo o no animado, está interconectado y proviene de Papatūānuku (madre tierra) y Ranginui (padre cielo). Los humanos son parte de este orden natural y sus guardianes. Esta relación se expresa a través del cuidado y la administración (*kaitiakitanga*).

El cuidado y la mayordomía (*kaitiakitanga*) obligan a los māori a proteger y administrar los recursos del área donde vive la tribu. Mientras estos recursos se usen de manera sabia y sostenible, será posible ofrecer respeto y hospitalidad (*manaakitanga*) a los miembros de la tribu y sus visitantes.

En el siglo XXI, los māori han intensificado el cuidado y la protección de sus recursos naturales. En 2004, sin embargo, se promulgó una ley que otorgó a la Corona británica la posesión de la costa y el fondo del océano de Aotearoa Nueva Zelanda. De repente, las aspiraciones de los māori se vieron amenazadas por la ausencia de autodeterminación (*tino rangatiratanga*) o autoridad sobre los espacios tribales.

Kaitiakitanga combina también el cuidado y la protección de los tesoros intangibles (*taonga*) como el idioma māori (*te reo Māori*), su cultura y sus valores. El rollo de *kaitiaki* es esencial para garantizar que todo lo preservado por los māori siga contribuyendo al bienestar de las tribus.

Instituciones prestatarias	Obras
Museum of New Zealand Te Papa Tongarewa	169
TOTAL	169
Coordinadora de proyecto:	Priscila Medina – CNME México
Fecha de apertura **Personalidades importantes**	31 de marzo de 2012 Embajada de Nueva Zelanda Michelle Hippolite, Museum of New Zealand Te Papa Tongarewa Gabriela López, Museo Nacional de las Culturas, directora La ceremonia estuvo abierta al público en general
Visitantes y número de días en exhibición.	39 066 visitantes 98 días durante 16 semanas
Relevancia	Fue la primera exposición de la cultura māori presentada en México, como una reciprocidad para *Aztecs: Conquest & Glory*. Abrió el primer intercambio cultural entre México y Nueva Zelanda.
Catálogo	Paku, Rhonda. 2012. *E Tū Ake. Orgullo Māori*. Museo Te Papa Tongarewa de Nueva Zelanda, Conaculta INAH, México, edición en español, 61 páginas.
Promoción	Folletos disponibles en el lugar, publicidad en transporte público y algunas revistas especializadas.
Programa educativo	Entre el 20 y el 24 de abril de 2012 el museo organizó una serie de programas educativos y talleres dirigidos por personal de Te Papa con la ayuda del Departamento de Educación del MNC. Visitas guiadas y visitas dramatizadas, proyecciones de películas sobre Nueva Zelanda y sobre los māori. Conferencia de Raffaela Cedraschi, curadora del MNC para las colecciones del Pacífico Sur. Quiosco educativo (mediateca) con cédulas portátiles, libros, glosario māori, tatuajes temporales y otros materiales interpretativos. Número especial de la revista *Susurros de la historia* y un folleto sobre *tā moko*.

Potiki recuerda el concepto inicial de la exposición como una relaboración en torno a dos tercios de los *taonga* de *Mauri Ora* y la búsqueda "quizás [de] un tercio de objetos nuevos y contemporáneos y sus historias asociadas... para repensarlo totalmente en la forma en que fue presentado para que fuera fresco y también tuviera el elemento contemporáneo":

> originalmente mi sentir era que algunas personas podrían haber pensado "esto es algo bastante fácil porque muchos de los objetos ya están allí y solo se tienen que escoger algunas cosas, ajustarlas y listo". Pero ese nunca fue el caso.

Garrett está de acuerdo en que "todo el concepto fue realmente muy ambicioso":

> ha sido la exposición y el proceso de desarrollo más exigente intelectualmente en el que he estado involucrado, porque el equipo tuvo que pensar a fondo exactamente qué se quería decir y una vez que se pasa a una forma conceptual de describir cosas en lugar de una forma física u objetiva y, especialmente, si no hay mucho que mirar hacia atrás u otros ejemplos de referencia o lo que sea, entonces se tiene que pensar mucho en cómo se va a concretar lo que se está tratando de lograr.

Un desafío adicional surgió del principio de *mana taonga*, según el cual los propietarios espirituales o culturales de los *taonga* tuvieron que ser consultados, como explica Garrett:

> a pesar de que legalmente Te Papa podría poseer objetos, tenemos la responsabilidad de volver al *iwi* [grupo tribal] original. Y no son solo los objetos que poseen, son las historias que también son suyas. Entonces, para contarlas, tenemos que, por así decirlo, tener el permiso, supongo, de las personas sobre las que se cuentan... y algunas historias, algunos objetos están más cargados que otros... Así que una gran cantidad del trabajo consiste en establecer relaciones y construir sobre esas relaciones. Es una cultura viva [risas], que se desarrolla frente a tus propios ojos.

Potiki encontró otro desafío en el desarrollo de una exposición "de amplios ángulos" sin un conocimiento claro del público. Si bien comenzaron con los lugares europeos en mente, "no hubo alguna sede confirmada" durante gran parte del período de desarrollo. Hubiera sido preferible, cree Potiki, tener más certeza sobre el público, y también poder trabajar con alguien de la cultura anfitriona, para tener más orientación sobre cómo traducir los conceptos culturales para esa audiencia en particular:

> creo que, probablemente, algunos de los conceptos podrían haber requerido un nivel de conocimiento demasiado alto para el público [en el extranjero … pero] eso siempre es difícil de adivinar… Tampoco querrás rebajar tu propia cultura, pero tiene que ser accesible para otros.

El reto de cómo retratar la complejidad cultural para un público extranjero también surgió en otros miembros del equipo. Reflexionando sobre este tema, Megan Tamati-Quennell (curadora, arte contemporáneo indígena y māori, TP) describió a *Mauri Ora* como:

> una especie de ABC de la cultura māori… No digo que haya nada malo en atender a tus públicos o en curar muestras para un público en particular, teniendo en cuenta su comprensión —o no comprensión— de los māori… pero no creo que debas reducirlo demasiado… Creo que la gente quiere profundidad, complejidad y obtener una visión real del arte y la cultura que fue y la que es ahora. También creo que es importante cambiar las percepciones de las personas, cambiar las preconcepciones que puedan tener.

Smith también quiso transmitir la "fabulosa complejidad" y la "mejor manera de pensar" sobre la cultura māori al público extranjero; de modo que "el público pueda tener el privilegio de escuchar a alguien que articule una voz poscolonial, incluso pos-poscolonial, y seguir presionando. Vamos a darle al público una voz indígena y así es como se ve".

Un desafío al agregar una dimensión contemporánea fue encontrar objetos para contar estas historias. Algunos de los objetos seleccionados no eran los típicos para exposiciones internacionales, como camisetas e insignias de movimientos de protesta. Otro ejemplo fue una mesa de una comunidad māori que proporcionó *manaakitanga* a los participantes en una marcha de protesta, que incluyó "tazas astilladas y este divertido mantel de plástico". Según Garrett, "parece basura —supongo— en cierto sentido. Y solo cobra valor cuando puedes comprender el concepto que intenta representar".

Se utilizaron medios interpretativos para dar a la exposición el sentimiento de una cultura viva y para mostrar la conectividad entre las personas, sus historias y sus *taonga*, tales como: citas en primera persona, fotografías y audiovisuales con voces y prácticas māori contemporáneas. Smith explica:

dotamos de vida al elemento cultural. Esa fue una de las cosas clave que queríamos mostrarle a la gente, que existe esta dinámica de vida espiritual constante con los *taonga* y que los descendientes contemporáneos son tan válidos como los ancestrales.

Potiki considera que la intención es crear "una serie de historias o encuentros de varias capas, maneras en que los visitantes comprendan algunos conceptos clave que son tan profundamente arraigados e importantes para las personas māori":

creo que la muestra hace mucho hincapié en que los māori son una cultura viva, así que espero que el público en el extranjero entienda eso, que no son solo cosas añejas que la gente hizo hace cien años. Y, también, que tenga la idea de que los objetos aún resuenan y aún tienen una fuerza vital y siguen hablando poderosamente en el presente y a las personas hoy en día y que todavía son valorados. Así que espero que les lleguen este tipo de mensajes.

Garrett piensa que algunas personas dentro del museo encontraron los temas de política indígena y resistencia exitosa "un poco preocupantes" y se preguntaron "cómo reaccionaría la gente en el extranjero [a] una historia de activismo". A los altos directivos les importaba mucho que la exposición no terminara "con una nota levemente beligerante y provocativa", dice, sino con una nota positiva y "optimista". Smith recuerda que le dijeron:

"Vamos a estar golpeando a la gente. Va a ser realmente negativo". Y yo decía: "Bueno, esta es la realidad". No digo que tengamos una realidad negativa. Digo, deberíamos poder hablar sobre lo controvertido y lo difícil sin decir: "No, no, debemos ser capaces de hacer que sea agradable para el público" o "La gente no entenderá eso. Quieren ver el *haka* [danza de guerra] y quieren ver el *hei tiki* [colgantes tallados] y todo ese tipo de cosas".

Además de ser una parte importante de la historia, para Smith se trataba de sentirse lo suficientemente segura como para abordar los aspectos "positivos y negativos" de la historia de Nueva Zelanda. Potiki siente que "el *modus operandi* primario, si se quiere, de la exposición no era golpear a las personas en la cabeza o tratar de hacer que las personas se sintieran culpables, sino que tenía que ver con informar y conectarlas y, de hecho, abrir oportunidades para la comprensión" y que "la exposición en general planteó un futuro esperanzador".

La intérprete de exposiciones y la única no māori en el equipo de desarrollo, Sarah Morris, acogió con beneplácito la decisión de abordar episodios más difíciles en la historia colonial de Nueva Zelanda, y lo ve como un signo de madurez en la institución nacional, pues se aleja del "tono celebratorio" de presentar a Aotearoa Nueva Zelanda como "una nación feliz y brillante de un solo pueblo". Explica que el equipo quería equilibrar los segmentos de protesta, al mostrar que las relaciones entre māori y *pākehā* han recorrido un largo camino y que ha habido éxitos, como la recuperación del lenguaje y la solución de los reclamos de tierras:

> esperamos que haya algunas pausas y algunos momentos de confrontación también. Por lo tanto, hay un espacio para la reflexión y la contemplación, y también algunas imágenes muy frontales de personas que tienen derecho a estar enojadas. Pero también muestra que las cosas están progresando, ya no es solo una nación totalmente dividida. Bueno, hay algo de eso, pero... que estas cosas se están resolviendo lentamente.

La sensibilidad a los contextos políticos y la preocupación por la experiencia general de los visitantes influyeron en las decisiones curatoriales, así como en las discusiones sobre posibles sedes. Se pensó, por ejemplo, que los temas políticos no serían apropiados para algunos países. Otro tema político que acompañó el contexto más amplio de la exposición en Europa y Canadá fue el de la repatriación de restos humanos māori de colecciones de museos en el extranjero. Sin embargo, se decidió no tratar esto explícitamente dentro de la exposición. Tamati-Quennell, a quien se le asignó la tarea de seleccionar el arte māori contemporáneo para ser incluido en la exposición, analiza una obra de arte del artista Shane Cotton llamada *Vee*:

> pensé que debería ir al comienzo de la exposición como una de las primeras obras para darle el *mana* que merecía, pero también porque es una obra que conceptualmente va al corazón de la relación histórica entre los māori y los museos... a nivel nacional e internacional, que tienen colecciones de *mokomokai* [cabezas tatuadas preservadas] y restos humanos māori que viven en su museos... pero Rhonda Paku [curadora ejecutiva māori , TP], que retomó la muestra después de que Huhana [Smith] se fuera, pensó que el trabajo era demasiado deslumbrante, demasiado confrontativo para tenerlo al comienzo de la exposición.

Tamati-Quennell piensa que "era importante que el [arte] contemporáneo estuviera allí para representarnos a nosotros y a ese dinamismo cultural", pero que la exposición falló en su objetivo de establecer una "relación real entre lo contemporáneo y los *taonga*". Siente que no fue lo suficientemente lejos en términos de prácticas innovadoras de museos indígenas: "Realmente creo que el tiempo de exposiciones como esta, generales, sobre la cultura pan-tribal māori, pero sin expresar la profundidad y la complejidad de la cultura, ha terminado; esa es mi opinión". Otros integrantes del mundo del arte de Nueva Zelanda estuvieron de acuerdo en que una exposición más enfocada hubiera tenido más éxito (Ireland 2011).

Para otros, como Garrett, haber desarrollado la exposición fue una experiencia gratificante porque era desafiante y "un poco al límite... llevando toda la experiencia museológica hacia adelante". Potiki siente que, si bien los temas políticos no eran nuevos en términos de exhibiciones en Te Papa, *E Tū Ake* era probablemente una "historia más *abiertamente* asertiva" en ese sentido y "probablemente un buen marcador para Te Papa de cuán lejos estaba preparado a llegar en ese momento". Por ejemplo, el tema del cambio constitucional no se discutió en la exposición, ya que "eso hubiera sido un desafío, hacer que la experiencia del visitante sea amigable".

Sandahl, ahora directora del Copenhagen City Museum, vio la exposición en París. Siente que la muestra logró no exotizar a los māori para un público francés:

creo que es una de las mejores exposiciones que he visto en mucho tiempo. Pienso que fue *realmente* buena. [pausa] Y creo que [pausa] hubo allí algunas posiciones māori realmente valientes al tomar algunos de estos tesoros más sagrados [pausa] y exponerlos a este punto de vista totalmente actual, diferente y bastante extraño.

En un correo electrónico a Hippolite (TP), Sandahl expresa su opinión sobre el éxito de *E Tū Ake* al ir más allá de la representación convencional de las culturas indígenas en los museos etnográficos europeos como "vivir en una especie de pasado ahistórico y atemporal":

E Tū Ake representa otro conjunto de visiones del mundo, otro concepto de conocimiento u otra epistemología. La integración entre lo espiritual y lo cotidiano, o las formas en que lo espiritual está continuamente presente en lo cotidiano, es uno de los mensajes más interesantes e importantes que fueron transmitidos con mucho éxito en la exposición. Esta posición básica impregna toda la exposición... Mi parte favorita podría ser el lugar donde uno ve, al mismo tiempo, la humilde mesa y la vajilla del *marae*, la pieza contemporánea *Némesis*[3] y las *pātaka* [casas de almacenamiento]. Sentí que este era uno de los lugares donde la integración del tiempo, las tradiciones y la vida cotidiana contemporánea hablaban con plena autoridad.[4]

Mana taonga en México: recepción y adaptación

Una vez que la exposición salió de su contexto original, el enfoque de Te Papa sobre la autorrepresentación cultural provocó diversas reacciones, lo que sugiere que efectivamente desafió algunos supuestos museológicos tradicionales (ver, por ejemplo, Rothstein (2011) y Jean (2013). En México, los profesionales de los museos lo vieron como un ejemplo positivo de la práctica de los museos indígenas y las relaciones poscoloniales progresivas. Priscila Medina, (coordinadora de proyectos, CNME) sintió que su importancia se derivaba no solo de ser la primera exposición de Aotearoa Nueva Zelanda en este país, sino porque era raro que el INAH presentara una exposición que abordara "cómo viven los indígenas ahora". Ella sintió que este era "un magnífico ejemplo para nosotros" y esperaba que alentara al INAH a hacer más exposiciones con un enfoque contemporáneo.

Rosa Elba Camacho (MNC) también quedó impresionada por el tema dominante de la continuidad, comentando que *E Tū Ake* fue:

una de las únicas exposiciones que he visto donde tienes continuidad entre las sociedades históricas, la narración del pasado y... lo que está pasando hoy. Porque aquí en México todavía tenemos estas exposiciones de arqueología y nos cuentan sobre la cultura indígena del pasado, anterior al siglo XVI y luego se detiene.

Ana Carolina Abad, quien trabajó en la traducción al español de textos para las cédulas, consideró que su contacto con la exposición fue una experiencia "emotiva" y memorable. Admiraba lo que los māori habían logrado a través de la resistencia y las luchas políticas que se presentaron en la exposición. La exposición se sintió "más humana" para ella y "más cercana" que las exposiciones

---

[3] *Nemesis* (2005), de Reuben Paterson, utiliza polvo de brillo sobre lienzo negro en una exploración de las cualidades ópticas de la creación de patrones, derivado de sus estudios anteriores de los patrones *kōwhaiwhai* māori.

[4] Comunicación personal por correo electrónico, Jette Sandahl, 13 de noviembre de 2012.

internacionales anteriores en las que había trabajado. La sensación de encontrarse con una cultura viva fue un punto de diferencia:

porque estas personas existen. En el otro lado del mundo, pero existen y todavía tienen estas tradiciones, hábitos y se sentían cercanos. No estabas trabajando con objetos, objetos arqueológicos u objetos artísticos. Formaban parte de otra forma de vida. Creo que eso fue diferente.

E Tū Ake itineró como una exposición completa, incluyendo todos los objetos y materiales interpretativos (ver Capítulo 2). Sin embargo, requirió cierto grado de adaptación para los lugares que la recibieron, principalmente en términos de traducción, diseño y recursos educativos. Te Papa proporcionó todo el texto en inglés y en māori. El INAH los mandó traducir profesionalmente al español y, luego, Abad verificó su fluidez y precisión. Un desafío clave fue traducir palabras y conceptos māori para una audiencia mexicana, porque las traducciones literales de explicaciones en inglés no siempre funcionaban bien en español. El título en particular, explica Medina, sonaba "extraño" en español. Enviaron una serie de alternativas a Te Papa para su consideración antes de que se decidiera que *E Tū Ake – Orgullo Māori* [Māori Pride] era la mejor opción.

La versión final en español del texto fue enviada a Te Papa, donde fue revisada por un hablante nativo de español quien había trabajado en el museo como escritor y, por lo tanto, "entendía un nivel de cultura māori y podría ser el puente para que nosotros pudiéramos dar una respuesta exitosa a esa traducción y al trabajo con el curador", explica Hay. Te Papa devolvió el texto con algunas correcciones menores, la mayoría de las cuales estaban relacionadas con palabras y conceptos māori. Hay siente que el INAH "hizo un muy buen trabajo" en la traducción, debido a su compromiso y haber hecho "mucha lectura e investigación previa".

Alberto Limón (diseñador gráfico, CNME) trabajó en los paneles de texto y en la paleta de colores para la muestra en el MNC. Le preocupaba crear un diseño atractivo, dado que Aotearoa Nueva Zelanda es un lugar del que la mayoría de los mexicanos conoce poco. Para lograr esto, incorporó diseños māori en los paneles de texto y cédulas y seleccionó colores que serían atractivos para el público local. Mientras que Te Papa había optado por un diseño blanco y gris y la sede anterior, Quai Branly, había usado blanco, Medina explicó que estos colores se sentían "fríos" y "tristes" para una audiencia mexicana:

porque los mexicanos usan colores [mucho]. [risas … de modo que] muchos colores es mejor para los mexicanos y para llamar su atención.

Mientras que el INAH consultó a Te Papa sobre algunos elementos de diseño, cuando el personal de montaje llegó a México se sorprendió un poco al encontrar el espacio de exposición pintado en colores brillantes que no eran del todo coherentes con una estética māori. Kent (2016) recuerda su reacción:

la sala en México era verde guacamole, color fantástico, no es algo que necesariamente haríamos en Te Papa, pero teníamos que confiar en que nuestros colegas conocían a su público y sabían a qué serían receptivos.

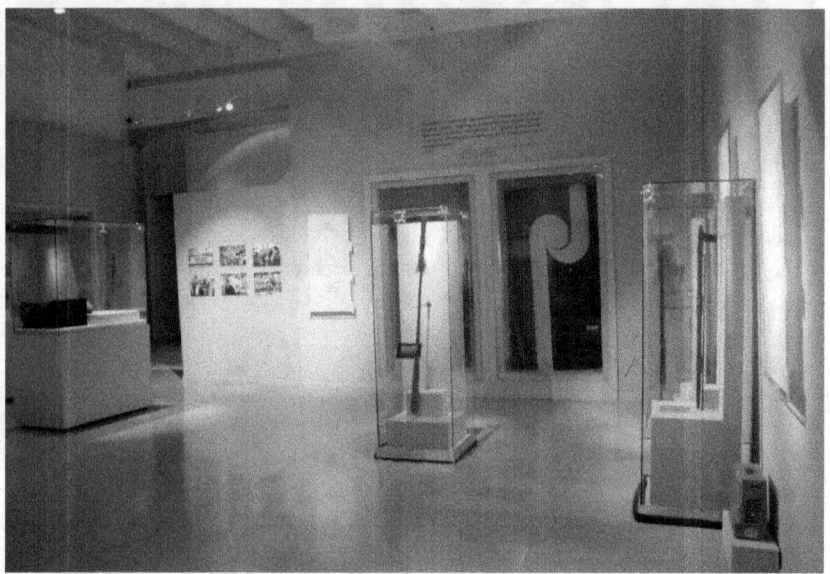

Figura 3.1 *E Tū Ake – Orgullo Māori* en el Museo Nacional de las Culturas, Ciudad de México. Reproducción autorizada por el Instituto Nacional de Antropología e Historia.

La intención original era tener todo el texto interpretativo en español, inglés y māori. Al final, esto se redujo debido a las limitaciones de espacio y la preocupación de que el público mexicano no lee mucho texto. Con el acuerdo de Te Papa, se decidió incluir texto en español y māori en los paneles de texto principales y para términos y conceptos importantes. En la mediateca, una sala separada, se proporcionó el texto completo, con traducciones, para los visitantes interesados en aprender más.

El público objetivo de *E Tū Ake* en México era gente joven, lo cual fue otra sorpresa para Te Papa, quien consideró la exposición como "razonablemente adulta", pero el perfil de visitantes del MNC incluye una alta proporción de estudiantes escolares. El personal de Te Papa trabajó estrechamente con colegas mexicanas para apoyarlas en la organización de recursos y programas educativos apropiados. Hippolite organizó que dos jóvenes māori que hablaban español con fluidez, quienes habían pasado un tiempo en América Latina como parte de un intercambio de televisión māori, visitaran México con un Discovery Centre Manager de Te Papa.[5] Trajeron consigo indumentaria māori y otros accesorios para niños, llevaron a cabo una serie de actividades y programas educativos, y proporcionaron ideas para las educadoras del MNC. Esto incluía, según Hay, "a veces, estar sentado afuera de la puerta de entrada [del museo] tocando la guitarra, cantando *waiata* [canciones māori], con lo que atraían a todo tipo de gente a entrar".

Te Papa también envió recursos de sus Discovery Centres, como libros de cuentos infantiles sobre mitología māori, *kits* de plantillas *tā moko* (tatuajes tradicionales) y folletos educativos preparados por el personal de Te Papa. El personal educativo del MNC se mostró receptivo a esta ayuda y contribuyó con sus propias ideas para involucrar al público mexicano. Diseñaron un diccionario de términos māori, para el cual acuñaron el término 'taonganario', que los visitantes podrían llevar consigo durante la exposición. Crearon una "revista de chismes" llena de "hechos curiosos, divertidos, atractivos" que podrían proporcionar a los visitantes un contexto sobre la cultura māori y crear puntos de conexión, como el actor Russell Crowe, quien nació en Aotearoa Nueva Zelanda, la serie de películas *The Lord of the Rings*, el rugby y la *haka*, una sección de moda sobre *hei tiki* y *poi* (performance), y consejos de viaje para futuros turistas, incluidas palabras y frases útiles. Este material interpretativo estaba disponible en una "estación móvil" que podría desplazarse por la exposición.

La educadora Monserrat Navarro (MNC) quería "evitar que las personas [vieran] a los indígenas como incivilizados [...] y mostrarle a la gente que existen diferencias culturales, pero que tienen algunas similitudes con nosotros y también usan la tecnología, tienen cosas que nosotros también usamos, que los miraran tal como son, sin juzgarlos". El equipo diseñó "libros museográficos" que los visitantes podían consultar para obtener información adicional sobre los objetos y su conexión emocional con los descendientes y un cuadro de genealogía que comparaba a los dioses mexicanos y māori, para mostrar su gran similitud.

---

[5] Los Discovery Centres son espacios interactivos para niños y familias dentro de Te Papa. La televisión māori se lanzó en 2004, como una emisora financiada con fondos públicos para promover la revitalización de su idioma y conectar a todos los neozelandeses con esta cultura.

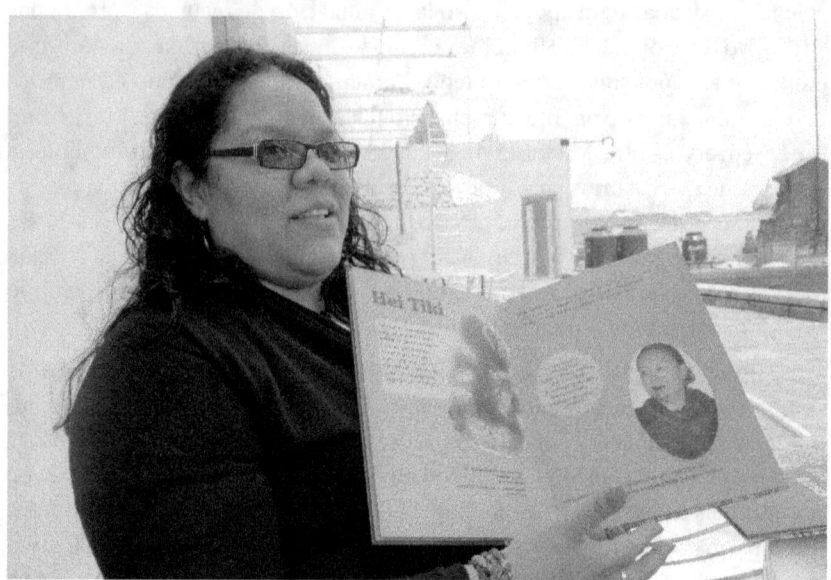

Figura 3.2 Actividades educativas en *E Tū Ake – Orgullo Māori*. Monserrat Navarro con uno de los "libros museográficos". Fotografía cortesía de Lee Davidson.

Todos los materiales educativos fueron aprobados por Te Papa y Navarro agradeció la forma en que el personal de Te Papa "realmente los estaba involucrando y los estaba llevando de la mano durante todo el proceso". Para ella, este fue un punto de diferencia con respecto a otras exposiciones internacionales que habían organizado; la colaboración con Te Papa es "personal" y "mucho más profunda". Este grado de "comunicación y conexión", dice, había "tocado sus almas":

> no sé cómo [explicarte] pero es muy especial. Realmente, realmente nos estamos conectando con la gente, con los *taonga*, con los objetos, con los māori. No sé cómo explicarlo... para el museo y también para los visitantes. Nunca me he sentido así con otra exposición. Es muy, muy especial. He trabajado [en] museos diez años y nunca me he sentido así, nunca. Porque tenemos un proceso diferente y podemos explicar este proceso a los visitantes porque amamos a los māori y creo que podemos mostrar esto [a] la gente.

La producción de *Aztecs*: una historia de ambivalencia

Al igual que con los māori, la cultura mexica tiene una compleja historia de cómo se ha exhibido. El área que ocupa México hoy ha sido testigo de un desarrollo cultural complejo durante miles de años, que vio el surgimiento y el declive de varias culturas. El mexica era uno de los dos imperios más importantes que encontraron los españoles cuando llegaron a Mesoamérica, pero, para ese entonces, innumerables culturas habían dado forma a lo que el antropólogo mexicano Guillermo Bonfil llama "el México profundo". Años de colonialismo desplazaron a estas culturas sin destruirlas por completo y su mezcla ha dado forma a la diversidad étnica del México actual (Bonfil Batalla 1994).

A pesar de esta complejidad cultural, el arte y la cultura mexica fueron apropiados desde, al menos, el siglo XIX, para construir un nacionalismo mexicano basado en nociones de un glorioso pasado prehispánico (Braun 1993; Vackimes 2001). La imagen central de la bandera mexicana, un águila en la parte superior de un nopal, deriva del mito de la peregrinación y del asentamiento mexica en el lago Texcoco, que se convirtió en la moderna ciudad de México. La Sala Mexica ocupa el área central y frontal del MNA. Los aztecas —como se les conoce en los museos de todo el mundo— han sido de los temas más populares de las exposiciones internacionales en la historia mexicana. Entre 1992 y 2010, dieciséis sedes —como Londres, Berlín, Roma, Nueva York, Chicago, Madrid, Bilbao, Tokio, Viena y Denver— han acogido exhibiciones aztecas (ver Tabla 3.2). Esta cultura también ha sido incluida en exposiciones más generales sobre temas mexicanos y precolombinos (Wilson 1991; Mewburn 1998; Bilby 1993). Bilby (1993) cuestiona la tendencia de las exposiciones internacionales a centrarse en culturas como los aztecas, a menudo con la intención de transmitir el "tamaño, la complejidad y el poder" de la sociedad indígena, mientras ignora a muchas otras pequeñas sociedades, no centralizadas, de la región. Sugiere que las narrativas del imperio y el poder económico son las que el público occidental "entiende" y respeta. De hecho, el mundo occidental ha tenido una larga fascinación con la cultura mexicana. En su libro *The Aztec image in Western thought*, el historiador estadounidense Benjamin Keen analiza la aparente contradicción entre su "culto feroz de la guerra y el sacrificio humano, por un lado, y la celebración de las cualidades de benevolencia, humildad y misericordia", por el otro. Esta "escisión en el alma azteca", argumenta, ha atraído un intenso interés occidental desde los primeros encuentros en el siglo XVI (Keen 1971, 41).

La primera exposición sistemática de colecciones mexicas en el mundo fue *Ancient Mexico*, de William Bullock, inaugurada en 1824 en su Egyptian Hall en Londres (Medina González 2011). Una exposición complementaria, titulada *Modern Mexico*, abrió al mismo tiempo en el mismo edificio. Las dos muestras se fusionaron al año siguiente para crear el *Ancient and Modern Mexico*. Bullock, un coleccionista privado británico y empresario de museos, adquirió la colección el año anterior durante una visita de seis meses a México, la cual incluía moldes de yeso de cuatro esculturas precolombinas gigantes, una variedad de mapas e imágenes que había recogido o copiado, así como cincuenta tallas, vasijas y herramientas (Pearce 2008).

Tabla 3.2 Exposiciones anteriores sobre la cultura azteca

AÑO	EXPOSICIÓN	LUGAR	CIUDAD	PAÍS
1992	Azteca - Mexica	Museo Arqueológico	Madrid	España
1992	Aztecas: El mundo de Moctezuma	Denver Museum of Natural History	Denver	Estados Unidos
1994	El Quinto Sol: Tenochtitlan-Tlatelolco Recent Findings	Mexican Fine Arts Center Museum	Chicago	Estados Unidos
2002	Aztecs	Royal Academy of Arts	Londres	Reino Unido
2003	The Aztecs	Martin-Gropius-Bar	Berlín	Alemania
2004	The Aztecs	Art and Exhibition Hall of the Federal Republic of Germany	Bonn	Alemania
2004	The Aztec Empire	Guggenheim Museum	Nueva York	Estados Unidos
2004	I Tesori degli Aztechi	Palazzo Ruspoli	Roma	Italia
2005	El imperio azteca	Guggenheim Museum	Bilbao	España
2007	The three great civilizations of Mesoamerica and the Central Andes: The World of Maya, Aztec and Inca	Kobe City Museum	Kobe	Japón
2007	The three great civilizations of Mesoamerica and the Central Andes: The World of Maya, Aztec and Inca	National Museum of Nature and Science	Tokio	Japón
2008	The Aztec World	The Field Museum	Chicago	Estados Unidos
2008	The three great civilizations of Mesoamerica and the Central Andes: The World of Maya, Aztec and Inca	Digital City Museum of Okayama	Okayama	Japón
2008	The three great civilizations of Mesoamerica and the Central Andes: The World of Maya, Aztec and Inca	City Museum of Fukuoka	Fukuoka	Japón
2009	Moctezuma. Aztec ruler	British Museum	Londres	Reino Unido
2010	The Aztec Pantheon and the Art of Empire	Getty Villa	Los Ángeles	Estados Unidos

La exposición de Bullock presagió estrategias de gran éxito del siglo XX. Lo promovió con un "paquete publicitario integral", que incluía una amplia cobertura mediática, mientras que sus guías "adoptaron un tono coloquial" para mejorar la accesibilidad a sus contenidos (Medina González 2011, 105). Al combinar educación y un espectáculo entretenido, Bullock distinguió su muestra de otros espacios de esparcimiento de la época, al tiempo que ofrecía un punto de diferencia con respecto al museo contemporáneo (Medina González 2011). En otra innovación para su época, Bullock reconstruyó una casa y un jardín mexicanos y un joven procedente de México brindó algún tipo interpretación a los visitantes (Pearce 2008). Pearce (2008, 30-31) argumenta que, al introducir nuevas técnicas de exhibición, incluida la "reconstrucción de la cultura local traída a la vida por la gente local", Bullock "ayudó a fomentar en la conciencia pública la sensación de que las personas, a diferencia de ellos, existían no solo como un espectáculo, sino también como cultura para ser experimentada... mostró el material recolectado no como extraño o extravagante, sino como un espacio para la empatía y la comprensión".

La cultura mexica se exhibió en los pabellones mexicanos en las ferias mundiales del siglo XIX, incluida la recreación en 1889 de un "palacio" azteca en París (Tenorio-Trillo 1996). Los debates más recientes sobre la representación de la cultura mexica se han centrado en su tratamiento desde el punto de vista de la historia del arte o desde el antropológico de las culturas "antiguas", dependiendo del tipo de instituciones en las que se exhibieron. *Aztec: The World of Moctezuma* (1992-93) fue una colaboración entre el Denver Museum of Natural History (DMNH), el MTM en la Ciudad de México y la University of Colorado. Desarrollado conjuntamente por el personal del museo y académicos universitarios de ambos países, los arqueólogos mexicanos abogaron por una exposición contextual, con piezas artísticas importantes y objetos cotidianos que cuentan una "historia completa" (Day 1994, 31). La exposición incluyó una amplia gama de medios, incluyendo dioramas, murales, modelos de varios tamaños, videos y un recorrido en audio, así como ilustraciones de códices mexicanos, obras originales, citas de poesía y literatura mexicana, así como relatos de conquistadores españoles a manera de testigos presenciales, y objetos adquiridos a personas hablantes de náhuatl[6] en la actualidad (Nein 1993; Berdan 1993).

El personal del DMNH trató de abordar cuestiones de representación cultural en su exposición, a través de una fuerte participación de la comunidad, no solo con la comunidad hispana local, que constituía casi el 20 % de la población de la ciudad, sino también con los nativos americanos, quienes se sentían

---

[6] El náhuatl es un idioma indígena de Mesoamérica, hablado por alrededor de 1,376,000 personas en México actualmente.

estrechamente relacionados con los mexicas (Day 1994). Se consultó a un consejo, que representaba una variedad de voces de la comunidad, sobre diversos temas y se capacitó a un equipo de casi quinientos intérpretes voluntarios, aproximadamente el 40 % de los cuales tenían herencia latina y muchos de ellos eran bilingües (Nein 1993). Más de 720 000 personas visitaron la exposición durante los cinco meses que estuvo abierta, con interpretación en diferentes niveles y programación diseñada para promover un alto grado de visitas repetidas (Day 1994). Un crítico elogió, en general, la forma en que la exposición presentó la complejidad de la cultura, incluida la vida cotidiana, a un público amplio y señaló que la exposición no abordó cuestiones más controvertidas, como la identidad étnica contemporánea (Berdan 1993, 73).

La celebrada *Aztecs* (2002-2003) en Londres fue una exposición muy diferente. Una colaboración entre el INAH y la Royal Academy of Arts, esta muestra contó con casi 400 objetos y fue un éxito en términos del número de visitantes. Al atraer a más de 430 000 visitantes, fue la exposición más popular en Londres en 2003 y realizó una gira por Alemania, España y Nueva York, donde también convocó a grandes multitudes.

La exposición, que tenía un enfoque de historia del arte, fue criticada por su incapacidad para abarcar la vida residencial y la falta de comentarios para contextualizar los aspectos de la religión mexica. El antropólogo George F. Lau quedó asombrado por la "impresionante variedad" de objetos, pero le preocupaba que "persistan los estereotipos de una cultura salvaje y de ceremonias oscuras y espeluznantes" (Lau 2003). El folleto de la exposición atrajo a los visitantes con la espeluznante promesa de encontrarse con "una civilización tallada en sangre y piedra". Lau (2003, 625) concluyó que "El ritual de sacrificio, como era de esperar, emerge como un tema destacado en los aztecas y sin duda es una parte importante de la atracción de la exposición". La respuesta pública más amplia hizo eco del sensacionalismo evocado por la exposición y sus textos promocionales, describiéndola como "escalofriante", "bárbara", "un teatro de sangre" y "lo más extraño del arte" (Gorji 2004, 48).

Esta mezcla de fascinación y horror refleja la conclusión de Keen (1971, 567) de que la raíz de la ambivalencia de la cultura occidental hacia la civilización mexica ha sido el hecho de que "refleja nuestras propias contradicciones y dilemas, ya que la mezcla azteca de humanismo y barbarie y su personalidad introspectiva, atormentada por dudas y miedos, no nos es desconocida". Esto plantea preguntas difíciles para los museos, particularmente, en relación con la representación del sacrificio humano como práctica cultural de los mexicas.

El DMNH había abordado este tema a través de la discusión con grupos hispanos e indígenas, ofreciendo visitas anticipadas a *Aztecs* para mostrar que, en lugar de ser el foco, era solo un componente dentro del contexto general de la cultura (Day 1994). La curadora en jefe Day considera que fue un éxito que hubiera pocas quejas sobre "aspectos controvertidos de la exposición" y señala que la mayoría de las preocupaciones no estaban relacionadas con la representación cultural, sino que "podría asustar a los niños o ir en contra de los principios fundamentales de la moral cristiana" (Day 1994, 29). Berdan (1993, 73) consideró que los "atisbos" al sacrificio humano dentro de la exposición se abordaron con "sensibilidad y cuidado" a través de explicaciones "desde el punto de vista nativo" y concluyó que "su tratamiento aquí permite una visión equilibrada de esta cultura multifacética y enigmática".

La representación de la cultura mexica a través de obras maestras con un enfoque en las cualidades estéticas en lugar del contexto cultural, aunque atractivo como *blockbuster*, sigue siendo profundamente problemático. Los artefactos presentados inevitablemente "reflejan las experiencias y preocupaciones privilegiadas de sus patrocinadores de élite, en su mayoría hombres", lo que lleva a una "visión estrecha y estereotipada de la sociedad y cultura azteca" (Brumfiel y Millhauser 2014, 6-7). *Aztec World*, presentada en el Field Museum de Chicago en 2008-2009, trató de abordar este tema y evitar el sensacionalismo asociado con algunas exposiciones anteriores, presentando "un entendimiento empático de la cultura azteca" y, como Denver anteriormente, ser sensible a la relevancia de la exposición para la considerable población local con ascendencia mexicana (Brumfiel y Millhauser 2014, 7).

Si bien la cultura mexica ha sido glorificada y demonizada en el país y en el extranjero, los grupos indígenas contemporáneos en la sociedad mexicana han permanecido marginados y estigmatizados (Acosta-García y Martínez-Ortiz 2015; Alonso 2004). Esta "ambivalencia poscolonial" ha sido controvertida en términos de la representación de los pueblos indígenas en los museos mexicanos, donde generalmente se han exhibido como parte de la arqueología anterior a la Conquista o en exhibiciones etnográficas que los ubican "en los márgenes rurales de la nación" (Alonso 2004, 478; Liffman 2007; Morales Moreno 2011). Del mismo modo, las exposiciones internacionales de colecciones mexicas han tendido a omitir narrativas de "subyugación y explotación colonial de las poblaciones indígenas que son sus legítimos herederos" (Braun 1993, 46).

Aztecs en Australasia: involucramiento y sensibilidad

La revisión anterior de las exposiciones sobre los aztecas muestra las formas en que las tradiciones de exhibición y selección de objetos pueden desempeñar un papel crítico en la representación de una cultura, con diversas implicaciones para la comprensión intercultural o su incomprensión. Durante las negociaciones de la gira por Australasia de *Aztecs*, el concepto, los objetos, el diseño, el texto y las imágenes de promoción, produjeron relaciones complejas y significados controvertidos.

La selección de los objetos para *Aztecs* en Te Papa implicó un largo proceso de negociación que duró aproximadamente dos años. Fox (TP) comenzó la búsqueda con catálogos de exposiciones anteriores, como el de la Royal Academy of Arts, para ver lo que se había hecho antes y familiarizarse con las colecciones mexicanas. Luego viajó a México, visitó los museos más importantes para examinar los objetos e inició conversaciones sobre cuáles podrían incluirse y "lo que querían que [la exposición] lograra". Cuando Barrera fue nombrado co-curador, Fox presentó una lista preliminar de obras. Luego se revisó la lista y se tuvieron en cuenta algunas consideraciones prácticas, incluidas la conservación, el transporte y otras cuestiones políticas y administrativas, así como las implicaciones presupuestarias. Esto fue una negociación de cuatro vías entre Barrera, la CNME, los museos prestatarios y el equipo de Te Papa, cada uno de ellos tratando de representar sus intereses de la mejor manera.

En lugar de una exposición de arte con "obras maestras", como muchas exposiciones aztecas anteriores, el INAH quería que la exposición mostrara objetos que representaran una variedad de aspectos de la cultura Mexica, incluida la religión, el sacrificio humano y la vida cotidiana. También era importante para el INAH que la exposición presentara piezas descubiertas recientemente, junto con objetos almacenados que nunca antes habían viajado. Barrera explica su enfoque:

> la sociedad mexica en su conjunto no se había mostrado antes, era una sociedad perfectamente estructurada, así que creo que la importancia radica en que fue vista desde sus orígenes, cómo nació la ciudad de Tenochtitlán y cómo se desarrolló, cómo conquistó diferentes partes de Mesoamérica y cómo colapsó con la llegada de los españoles.

Fox agradeció el deseo de Barrera de centrarse en los hallazgos arqueológicos recientes y en la vida cotidiana, pero también quería asegurarse de que la exposición incluyera algunas "piezas espectaculares" de la "fascinante" escultura monumental, que podrían contar la historia de la vida religiosa de los mexicas y la conquista de su imperio. Como Smith-Kapa (TP) recuerda:

> Jeff fue apasionado y muy ambicioso y no iba a conformarse con un par de pequeñas cosas redondas de color marrón [ambos ríen], quería el tipo de objetos monumentales y más importantes que México tenía en sus colecciones... Así que hizo un viaje e identificó los objetos que esperaba poder pedir prestados... y había algunos objetos notables que esperaba obtener y que no logró, mientras que obtuvo otros que no esperaba asegurar, así que fue muy ambicioso desde el principio.

Según Smith-Kapa, Fox y Barrera trabajaron juntos en el concepto "durante un período bastante largo":

creo que fue complejo porque no se trataba de un paquete, ya prescrito... no dijeron "esto es lo que te vas a llevar". Fue un intercambio del tipo "esta es la narrativa y esto se ajusta a la narrativa".

La propuesta inicial de Te Papa de 400 objetos finalmente se redujo a 266, siendo el MTM el principal prestatario. Algunos miembros del personal del museo, que actuaron como comisarios posteriormente, expresaron su preocupación por la selección de objetos. Gallardo (MTM) siente que prestar la mayoría de los objetos del principal recinto sagrado mexica significaba un predominio de los objetos rituales. Otros comentaron sobre la selección de piezas relacionadas con el sacrificio humano.

Según Barajas (MTM), el tamaño y la naturaleza de los objetos seleccionados para viajar fue un desafío para el personal de MTM. En particular, los objetos recientemente descubiertos requerían "tratamientos específicos y también trabajar de la mano con el personal de Te Papa para organizar embalajes muy específicos para algunas obras, porque era la primera vez que salían del museo, así como también hacer montajes especiales para algunos de los objetos". Greene (MM) sintió que la lista final de objetos "era una selección de absoluta primera clase". Kent (TP) estuvo de acuerdo:

El tipo de objetos que el INAH envió para la itinerancia eran de categoría A, por lo que no recibimos una exposición de reproducciones, eran los objetos históricos originales. Creo que eso juega un papel muy importante para que las personas salgan diciendo "*wow*, he visto algo que es muy antiguo y que tiene una historia increíble". Lo cual es difícil de hacer con una exhibición de réplicas.

Te Papa tomó la iniciativa en el desarrollo de la exposición, con los dos museos australianos aportando contribuciones (ver Capítulo 2). Era una situación inusual para Te Papa, por su énfasis en que las personas "contaran sus propias historias", en lugar de representaran otra cultura. Además, ninguno de los museos de Australasia tenía un especialista sobre temas mesoamericanos en su equipo para ayudar con el desarrollo del contenido de la exposición. Se hicieron intentos para obtener el apoyo de un experto en alguna universidad en Australia, pero no hubo éxito. En términos del guion, Fox explica que Te Papa se aferró "más o menos a una cronología" en la que se resaltaron varios temas (ver Tabla 3.3). En línea con el enfoque de Te Papa, de tratar de desafiar las construcciones etnográficas y presentar "culturas vivas" para "hacer que la historia sea relevante para la gente hoy en día", Fox quería incorporar un ángulo contemporáneo a la exposición en Te Papa, extendiendo la historia de los mexicas hasta nuestros días. *E Tū Ake* claramente había causado una impresión al respecto y, a través de las relaciones establecidas por Hippolite (TP), sintió que había apoyo para este enfoque desde el INAH. Sin embargo, después de consultar con los museos australianos, esta idea se consideró poco práctica porque hacía que el rango temporal de la exposición fuera demasiado amplio. Por lo tanto, se decidió limitar el guion desde el surgimiento del Imperio Azteca hasta la Conquista española, con solo una pequeña sección final que abordaba el 'legado azteca'.

Tabla 3.3 Resumen de la exposición – *Aztecs: Conquest and Glory*

Título de la exposición	*Aztecs: Conquest and Glory*
Lugares / Periodo de exhibición	Museum of New Zealand Te Papa Tongarewa 29 de septiembre de 2013 - 9 de febrero de 2014 Melbourne Museum, Melbourne, Australia 9 de abril de 2014 -10 de agosto de 2014 Australian Museum, Sydney, Australia 13 de septiembre de 2014 - 1 de febrero de 2015
Organizado por	Museum of New Zealand Te Papa Tongarewa, en colaboración con el Instituto Nacional de Antropología e Historia (INAH) y en asociación con el Melbourne Museum y el Australian Museum.
Curadores	Raúl Barrera (INAH) Lynette Townsend (TP)
Resumen	

"Esta exposición es sobre el Imperio azteca y el pueblo mexica; un pueblo que hace 500 años dominaba Mesoamérica. Eran personas complicadas, creativas, feroces y amorosas. Eran un imperio de guerreros, poetas y arquitectos ingeniosos. Esta exposición lo llevará a un viaje por la historia del Imperio azteca. Explorará los orígenes y la mitología, las personas y sus vidas cotidianas, los gobernantes, la religión y las creencias. Aunque la exposición termina con la caída del Imperio azteca, también celebra la capacidad de recuperación de los mexicas y su continua influencia en México hoy en día".

La exposición fue diseñada de acuerdo con el mundo de los mexicas, con el Templo Mayor como el centro del universo y la alineación de objetos y temas de acuerdo con su asociación con dos de los dioses más influyentes de los mexicas, Tláloc y Huitzilopochtli, cuyos templos se recrean en el parte superior del Templo Mayor.

Presenta seis temas:

1. Orígenes y migración
2. Gobierno y sociedad
3. Economía y vida cotidiana
4. Dioses y rituales
5. Conquista y expansión militar
6. Caída del imperio

ORÍGENES Y MIGRACIÓN

Esta sección explora los orígenes y la migración de los mexicas con un enfoque particular en el período anterior a 1325 y una exploración de la historia y los mitos asociados con el comienzo del Imperio. Una línea del tiempo pictórica destaca las civilizaciones pasadas en Mesoamérica y el desarrollo del Imperio azteca, junto con otros eventos históricos en otras partes del mundo. También hay un cortometraje en la línea del tiempo. Esto introduce la arqueología en curso en el Templo Mayor y demuestra cómo las excavaciones pasadas han descubierto la historia de los mexicas.

GOBIERNO Y SOCIEDAD

Esta sección explora la estructura de la sociedad, el gobierno y el sistema político de los mexicas y cómo estos afectan la vida cotidiana de los nobles y la gente común. Al contrastar los objetos de la élite gobernante con la loza doméstica, los visitantes pudieron comparar la vida de los gobernadores con la vida cotidiana de la gente común. Los instrumentos musicales como silbatos, tambores y escofinas dan una visión de las actividades realizadas por niños y adultos, durante festivales y ceremonias rituales. Tanto la educación formal como la informal de los niños se abordan en esta sección.

Otro tema clave explorado en esta sección es el sistema de tributos altamente organizado de los mexicas. Los mexicas exigieron que los pueblos conquistados les enviaran grandes cantidades de maíz, granos de cacao, paquetes de ropa, uniformes de guerreros, oro, jade y plumas.

ECONOMÍA Y VIDA COTIDIANA

Esta sección de la exposición explora la alimentación y los recursos del imperio e incluye la agricultura y la producción de alimentos, los mercados y el comercio, así como una mirada a la filosofía mexicana sobre los animales y el medio ambiente que los rodea. Con el fin de obtener tierras para la vivienda y la agricultura dentro del lago de Texcoco, los mexicas construyeron *chinampas*, un ejemplo sorprendente de cómo las personas adaptan su entorno a sus propias necesidades.

Los mercados fueron otra característica importante de la vida diaria de los mexicas que sobrevive hasta nuestros días. Los visitantes ven una reproducción del magnífico mural de Diego Rivera, *La gran ciudad de Tenochtitlan*, que retrata un enorme mercado bullicioso, donde personas de todas las clases se reunían para intercambiar bienes y socializar. El tema fue mejorado por una escena tridimensional del mercado que incluye modelos de personas, productos y animales.

DIOSES Y RITUALES

Aquí, el visitante se encuentra con el Templo Mayor, el centro del universo mexica. Ubicado en el corazón de Tenochtitlán, la capital mexica, y, según la cosmología de los mexicas, el centro del tiempo y el espacio, un gran conjunto teatral de este templo piramidal también domina el espacio de exhibición. A través del templo y los objetos colocados dentro de él, el visitante aprende sobre los dioses, los rituales y la cosmología.

En el templo y en los alrededores hay esculturas de piedra y cerámica de los dioses e instrumentos esenciales para las prácticas religiosas aztecas; braseros, cuchillos de pedernal y receptáculos que recibieron la comida de los dioses: corazones de sacrificio. Los visitantes aprenden sobre el poderoso papel que los sacerdotes desempeñaron en todos los aspectos de la sociedad, trabajando de la mano de los gobernantes.

El visitante puede elegir ingresar al Templo Mayor interior. En la entrada del templo, se enfrentan a Mictlantecuhtli (dios del inframundo), sonriendo de forma maníaca a pesar del hecho de que su hígado se está cayendo de su cuerpo. Su imponente presencia hace guardia en la entrada del templo interior, donde pueden cruzar el umbral en un viaje a Mictlán, el inframundo. Dentro del templo interior, el visitante experimenta un cambio de tono y una sensación de los desafíos y el misterio que se encuentran en el inframundo de Mexica.

CONQUISTA Y EXPANSIÓN MILITAR

El poder militar era esencial para dominar las tierras circundantes, para ganar prisioneros para el sacrificio y bienes para el tributo. Los visitantes pueden explorar las historias detrás del rápido ascenso del Imperio azteca y la formación de la Triple Alianza. Para esto era fundamental una estrategia de conquista y la fuerza del ejército. Había dos clases de guerreros de élite: los guerreros águila y los guerreros jaguar. Las águilas representaban las fuerzas del día, la luz y el cielo, mientras que los jaguares representaban las fuerzas de la noche, la oscuridad y el inframundo. Las elaboradas vestimentas que usaron en la batalla evocaron sus *alter egos* animales e imbuyeron a los guerreros con los poderes sobrenaturales de sus guías espirituales. Aquí los visitantes pueden ver una figura de cerámica de tamaño natural de un guerrero águila y explorar otros emblemas increíbles e historias de guerra y conquista. También se presenta un facsímil del Codex Borgia, con pictografías de colores brillantes que proporcionaron orientación para rituales, sacrificios y guerras.

En el juego, los mexicas también pueden ser feroces y conquistadores. Un juego de pelota, en el que participaban las clases dominantes, tenía un profundo significado ritual. Este antiguo juego mesoamericano, el primero en usar una pelota de goma, fue empleado por los mexicas para jugar la eterna batalla entre el día y la noche. La cancha de pelota fue percibida como una entrada al inframundo. Se exhiben dos aros de piedra sobre postes a cada lado de una cancha en forma de 'I', recreada gráficamente en el piso, y los visitantes pueden sentir el peso de una réplica de la pelota.

CAÍDA DEL IMPERIO

En oposición a la salida del sol sobre el templo, hay un espacio dedicado a la llegada de los conquistadores y la caída de los mexicas. Actuando como telón de fondo, es una espectacular imagen proyectada de la puesta de sol detrás de la catedral católica que se encuentra hoy donde alguna vez estuvo el Templo Mayor. Cuando el sol se pone detrás de la catedral proyectada, los visitantes son testigos de un meteorito que se dispara a través del cielo nocturno como lo predijo la antigua profecía.

Los visitantes pueden reconocer que la historia, la cultura y el idioma de los mexicas siguen inspirando avivamientos culturales y sociales en la actualidad. Estas dos tradiciones opuestas encuentran una síntesis en el México contemporáneo, donde el catolicismo español se practica junto con el Día de Muertos, una celebración que se remonta a un festival mexicano dedicado a la reina del inframundo, Mictecacíhuatl. Un millón y medio de personas hablan hoy el idioma náhuatl de los mexicas. Y, como se puede ver en el simbolismo de la bandera mexicana, el orgullo por el legado mexica sigue vivo.

Instituciones prestatarias	Obras
Museo del Templo Mayor, INAH	149
Dirección de Salvamento Arqueológico, INAH	33
Fundación Televisa	20
Museo Nacional de Antropología, INAH	9
Museo de las Culturas de Oaxaca, INAH	8
Museo Arqueológico del Estado de México "Román Piña Chan"	8
Museo Nacional de Historia, INAH	7
Museo Regional de Puebla, INAH	4
Museo Baluarte de Santiago, INAH	4
Biblioteca Nacional de Antropología e Historia, INAH	4
Zona Arqueológica de Teotihuacán, INAH	3
Museo Regional de Guadalajara, INAH	3
Museo Regional Michoacano, INAH	3
Museo Nacional del Virreinato, INAH	3
Patrimonio Artístico, BANAMEX	2
Museo Regional de Chiapas, INAH	1
Museo de la Escultura Mexica "Eusebio Dávalos Hurtado", INAH	1
Museo de Antropología del Estado de México	1
Museo Arqueológico de Tula, INAH	1
Museo Universitario de Ciencias y Arte, UNAM	1
Centro Regional Cultural Apaxco	1
TOTAL	266 obras

Fecha de apertura	28 de septiembre de 2013
Asistentes importantes	Embajadora mexicana Leonora Rueda
	Paola Albert, subdirectora de Exposiciones Nacionales, INAH
	Carlos Javier González, Museo del Templo Mayor, director del Museo
	Alto Comisionado Australiano
	Robin Hirst - Museums Victoria - Director, Collections, Research and Exhibitions
Número de visitantes	Museum of New Zealand, Te Papa Tongarewa – 39 861
	Melbourne Museum – 88 000
	Australian Museum – 65 970
Catálogo	Jimson, Kerry. 2013. *Aztecs: Conquest and Glory*. Wellington, NZ: Te Papa Press.

Cuando Townsend se hizo cargo de la curaduría de la exposición a la partida de Fox a finales de 2012, comenzó la tarea de finalizar el diseño y desarrollar los paneles de texto y cédulas, trabajando a partir de la narrativa temática proporcionada por Barrera, así como de la consulta de otras fuentes confiables. El contenido y los diseños de la exposición se enviaron a México para su verificación y aprobación, y también a los dos museos australianos en "un sistema de retroalimentación de tres vías". A lo largo de este trabajo, Townsend adoptó un enfoque que se basó en su experiencia previa desarrollando exposiciones colaborativas con diferentes grupos étnicos para la Community Gallery de Te Papa. Su intención era desarrollar una exposición que "hablara [por] o representara a los mexicas" de una manera que fuera "una celebración de quiénes eran y cómo vivían su vida cotidiana" y una exposición de la que "los mexicas hubieran estado orgullosos".

Si bien nunca sería la historia que los mexicas habrían contado sobre sí mismos, ni la historia que podría contar un museo o estudiosos mexicanos, el equipo de Te Papa se esforzó por contar una historia "en nombre de" ellos, que cumpliera con los objetivos del INAH de presentar la cultura "completa" y adoptar una perspectiva que ofreciera, en la medida de lo posible, su particular visión del mundo. Este proceso implicó extensas discusiones sobre la representación, particularmente sobre las sensibilidades en torno a la representación del sacrificio humano y la Conquista. Aunque el sacrificio se identificó como el tipo de narrativa emotiva e intensa que los desarrolladores de la exposición podrían destacar, para atraer a los visitantes y mantener su atención, el equipo de Te Papa sintió que era importante resistir la tentación de sensacionalizar este tema para lograr un efecto dramático. Las discusiones también se centraron en su idoneidad para el público objetivo de los grupos intergeneracionales.

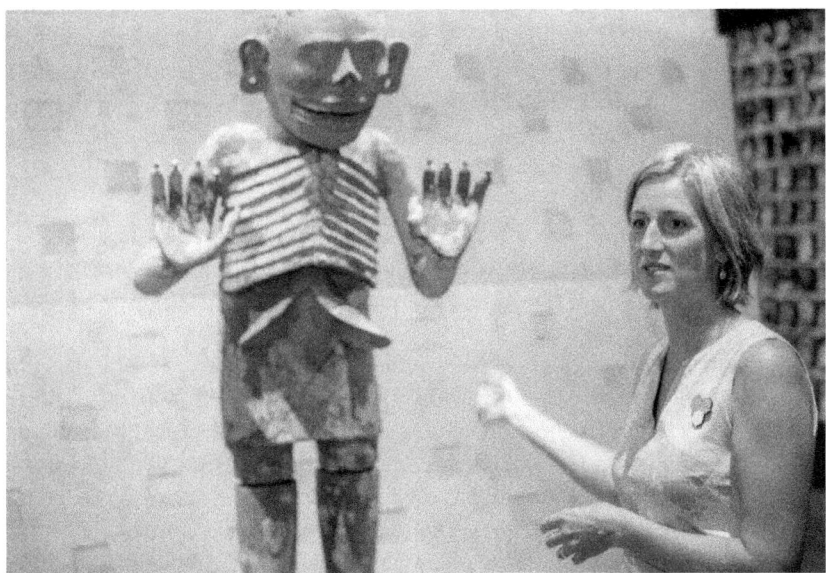

Figura 3.3 La curadora de Te Papa, Lynette Townsend, da un recorrido por *Aztecs* en Te Papa. Fotografía cortesía de Te Papa.

El personal de Te Papa se esforzó por aplicar la sensibilidad cultural, que consideraban una práctica institucional central en el museo. Hablaron de ser lo más "imparciales", "respetuosos" y "equilibrados" posible; de evitar palabras emotivas como 'sanguinaria', 'cruel' o 'brutal'; y de negociar en torno a su compleja historiografía, llena de interpretaciones contradictorias, y de utilizar solo aquello que consideraran hechos corroborados. En relación con el sacrificio humano, Townsend lo describió como "sacar ese lado absolutamente fascinante de su cultura, pero no hacerlo todo en torno a eso" y, en cambio, equilibrarlo con aspectos de la vida cotidiana y el hecho de que los mexicas también eran poetas, oradores y artistas.

En sus encuentros con el material mexica al trabajar en la exposición, el equipo del museo, tanto en Aotearoa Nueva Zelanda como en Australia, respondió con la ambivalencia que Keen (1971) identifica como típica de las respuestas occidentales a la cultura mexica. Demostrando su respeto y curiosidad, el personal se refirió a ella utilizando palabras descriptivas como "bello", "civilizado", "elegante", "altamente desarrollado/evolucionado", "sofisticado", "extático", "avanzado" y "magnífico". Al mismo tiempo, algunos también describieron aspectos de la cultura como "escalofriante", "brutal" y "desgarrador", y dieron ejemplos en los que se utilizó el humor negro como un medio para tratar algunos de los aspectos más difíciles.

La capacidad de tolerar la ambivalencia o la contradicción se ha relacionado con una perspectiva cosmopolita (ver Capítulo 1). Alchin (TP) describe en detalle su sentido de ambivalencia acerca de estas paradojas de la cultura mexicana y demuestra cómo una perspectiva cosmopolita podría aplicarse a este aspecto de la práctica del museo. Mientras estaba fascinado por muchos aspectos de la cultura, Alchin experimentó "*fuertes* respuestas negativas" a otros elementos:

> cuando lees sobre esa cultura en detalle, y supongo que cuando lees sobre… cualquier cultura militar dominante, te vas a horrorizar e incluso podrías estar muy enojado con ellos.

Al mismo tiempo, Alchin buscó cercanía y empatía a través de esfuerzos por comprender las complejas motivaciones de los mexicas y los conquistadores españoles, incluidas la ambición económica y política, así como una profunda convicción religiosa. Trazó paralelos entre el tipo de trabajo intercultural requerido en *Aztecs* y el trabajo que ha realizado sobre el contenido neozelandés, reconociendo la complejidad y los múltiples puntos de vista al tratar de "reconstruir el marco de referencia de los demás" (Bredella 2002, 237):

> fue la experiencia más increíble trabajar en un proyecto como ese y realmente sumergirse en él, y ver el mundo a través de los ojos aztecas, ver el mundo a través de los ojos de los conquistadores y el rey español, pero también ver el mundo a través de los ojos de los mexicanos de hoy en día, porque ciertamente puedes entender que… en el México de hoy en día existe, como en Nueva Zelanda, quiero decir… cuando hablamos de nuestra historia colonial, sabes que hay… delicadeza y negación y son historias muy complicadas… Y hacemos mucho de eso en Te Papa porque realmente nuestra propia historia también es muy de *rock and roll* [risas], en términos de lo que se conoce como militarismo y violencia, pero también pasión religiosa y todo ese tipo de cosas.

Cuando se le preguntó cómo las exposiciones como *Aztecs* podrían promover el entendimiento entre culturas, Alchin respondió:

> es una cuerda floja realmente interesante, quiero decir, quieres ser honesto y… quieres que cada visitante sienta lo mismo que tú con esa cultura, que es "*wow*" y "eso es fantástico" y es una cultura interesante y es completamente digna de un profundo respeto; y sin embargo, al

mismo tiempo, quiero decir, escribir sobre cualquier cultura importante del mundo, escribir sobre los romanos, y vas a conseguir arte hermoso, arquitectura hermosa, poesía, literatura y también vas a obtener el circo, vas a obtener el dominio y vas a obtener la crucifixión y vas a obtener el Coliseo ¿sabes?... Pero solo tienes que encontrar la manera... de poder explorar y reflejar honestamente una cultura, con toda su belleza, glorias y magnificencia, pero también poder decir que la vida tampoco era perfecta. Pero poder decir eso con respeto, y dentro de un contexto realmente equilibrado, ese es el truco... Y para mí personalmente, eso fue difícil con la cultura azteca.

Cautivando al público

El público local tenía muy poco conocimiento previo de la cultura mexica como demostraron los resultados de una serie de grupos focales y dos encuestas realizadas vía web, hechas a fines de 2012 y principios de 2013 (Te Papa Visitor & Market Research Unit 2013; Owen y Svendsen 2012). A menudo, lo que la gente pensaba saber acerca de los mexicas era inexacto, ya que se les confundía con los mayas y/o los incas, ubicados "en algún lugar de América del Sur" y se creía que vivían alrededor del año 1000 a. C. Al mismo tiempo, los participantes en la investigación expresaron un gran interés en saber más sobre los mexicas (Owen y Svendsen 2012, 6).

Si las personas no tienen conocimiento previo de una cultura, explica Dorey (AM), no tienen "nada contextual" sobre lo cual construir un entendimiento. Con esta apreciación de sus públicos, los desarrolladores de *Aztecs* buscaron involucrar a los visitantes a través de varios componentes de la exposición (disposición y diseño, textos, modelos, interactivos y medios audiovisuales), así como de la promoción, programas y actividades educativas, para ayudar a los visitantes a conectar con la exposición mediante relevancia contemporánea, interactividad e inmersión.

Cuando le dijeron a Morris (TP) que la exposición se dirigiría a un público familiar, su reacción inicial fue "¿cómo colocamos esta clavija cuadrada en este agujero redondo? Este contenido no es para familias". Trabajando junto a Fox, buscó formas de despertar el interés de los visitantes y ayudarlos a relacionarse con el contenido, sin sentirse abrumada por su complejidad. En particular, destacó el contenido con el que las familias podían participar, como el hecho de que todos en la sociedad mexica tenían algún tipo de educación. Al mismo tiempo, era consciente de que las familias se relacionarían de manera diferente y que tratar de "encontrar el punto medio, puede no satisfacer a nadie". Mientras que la evaluación previa descubrió que algunas personas no querrían exponer a sus hijos al sacrificio humano, Morris sintió que otros niños estarían fascinados por "lo *gore*".

Hubo mucha discusión en los museos de Australasia sobre cómo los visitantes responderían al contenido sobre el sacrificio humano —que algunos lo encontrarían fascinante y lo considerarían una razón para visitar, mientras que para otros sería brutal y aterrador. Existía especial preocupación sobre si el sacrificio humano era apropiado para un "público familiar". Si bien el equipo, en general, estaba muy contento con la exposición final, había frustración sobre hasta qué punto era posible establecer conexiones contemporáneas y atraer a los visitantes. Algunos miembros del equipo comentaron que el tema del sacrificio humano fue quizás "subestimado" en la exposición final. Aunque hubo una sensación general de que se trató con "buen gusto" y de forma "apropiada", varios miembros del personal pensaron que —en algunos aspectos— se había perdido la oportunidad de crear una exposición más atractiva desde el punto de vista emocional, particularmente en términos del uso del sacrificio para exaltar el drama y la teatralidad del diseño de la exposición y que tuviera más protagonismo en la promoción para "atraer a la gente". Aaron Maestri (diseñador 3D, AM) comentó que, generalmente, "hubiera trabajado duro para jugar con las emociones de las personas", en torno a temas como el sacrificio humano, para "crear una exposición mucho más atractiva... pero sí, puedo entender por qué, tal vez, no sea lo correcto llegar a eso todo el tiempo".

Diseño y disposición

El diseño de exposiciones se ha comparado con la escenografía (Roppola 2012) y cada vez es más común que los diseñadores se esfuercen por crear entornos inmersivos, donde los sentidos de los visitantes se involucren con una "pedagogía del sentimiento" (Witcomb 2015), en lugar de confiar únicamente en los textos para contar historias. Fox (TP) quería desarrollar la exposición en torno a la visión que los mexicas tenían de sí mismos de vivir en el centro del universo. La clave para lograr esto fue la construcción de un modelo a escala 1:10 del Templo Mayor, que dominaría el espacio de exhibición para crear una experiencia inmersiva. El Templo Mayor, el edificio principal del recinto sagrado de Tenochtitlán, era una estructura piramidal monumental, construida en varias etapas por sucesivos gobernantes mexicas. Fox esperaba que, junto con la monumentalidad de los objetos más grandes, el modelo hiciera la visita más memorable y le diera a la exposición una sensación diferente a la de otros espectáculos itinerantes.

La distribución de la exposición se inspiró en el diseño del MTM, realizado por el reconocido arquitecto mexicano Pedro Ramírez Vázquez, con sus dos alas, cada una para reflejar aspectos de los dioses mexicas preeminentes: Huitzilopochtli, dios de la guerra, y Tláloc, dios de la lluvia. Sin embargo, el concepto tenía algunas dificultades en la práctica. Como dice Maestri (AM), la idea era "fácil de entender en el plano de la sala, pero no tanto cuando se estaba parado en la exposición". Townsend (TP) lo consideró "una buena manera de organizar [la exposición] y fue bueno poder hablar de eso en la sala y explicarlo a la gente, aunque no creo que gran parte del público en general lo haya captado, a menos que se le indicara específicamente".

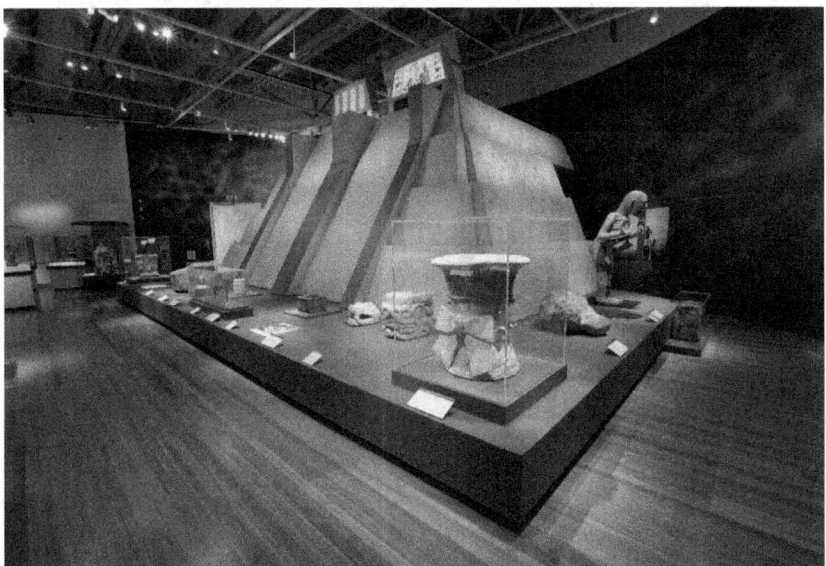

Figura 3.4 La maqueta del Templo Mayor en *Aztecs*, en Te Papa. Fotografía cortesía de Te Papa.

El espacio limitado era un problema con el que los diseñadores debían lidiar. Te Papa disponía de unos 750 metros cuadrados, en los que tenían que incluir una taquilla y la tienda de la exposición. El diseño era muy abierto debido a la forma del espacio, que tenía una pared curva y solo un punto de entrada/salida. Esto planteó algunos desafíos para encontrar la manera de seguir la cronología de la exposición. El diseñador de Te Papa, Ben Barraud, tuvo que usar "cada pulgada" del espacio debido al tamaño de los objetos y al modelo de templo.

Para ahorrar espacio y lidiar con las sensibilidades culturales en torno a la exhibición de restos humanos, el interior del templo se utilizó para crear una experiencia del inframundo mexica, a pesar de que "el templo real no tenía interior, por lo que fue un poco estresante", explica Barraud. "Pero ¿sabes?, si íbamos a ocupar la mitad de la galería con el templo, necesitábamos utilizar el interior y necesitábamos un espacio privado en el que tuvieras la opción de entrar o no".

La creación del modelo del templo fue "definitivamente la parte más desafiante de esa exposición" para Barraud, debido a su tamaño, al hecho de que se veía tanto desde adentro como desde afuera y "también a que debía ser modular para que pudiera desarmarse y ser enviado a Melbourne y a Sídney". Para desarrollarlo, se basó en su experiencia previa, su trabajo en la industria del cine, para crear un entorno inmersivo multisensorial, utilizando efectos de iluminación, proyecciones y paisajes sonoros. El desafío con las exposiciones, explica, es que:

> tienes que romper completamente la ilusión todo el tiempo. Pero tienes que confiar en que la gente deje a un lado su incredulidad y, simplemente, supere ciertas cosas, mientras que en una película sabes que no tienes que poner un pasamanos en medio de tu set.

En el Melbourne Museum, el diseño de Te Papa fue reacondicionado para adaptarse a un espacio más grande y, como explica Greene (MM), darle "un aspecto muy diferente". Con una "sala de exposiciones tipo caja negra", de alrededor de mil metros cuadrados, sin incluir la taquilla y la tienda —que estaban fuera del espacio de la sala—, pudieron estructurar la exposición de una manera que les dio a los visitantes acceso al contenido "en una forma mucho más controlada", señala Sartori (MM). Su sala de exposiciones también era más alta, lo que permitió a Naomi Fogel (diseñadora 3D, MM) crear "un poco más de drama", usando colores oscuros y explotando la altura extra en su espacio, además de agregar una proyección sobre la estructura del templo:

> el trabajar con nuestra narrativa en la que todos van a atravesar el espacio y ver esa proyección en la parte de atrás... esa era la visión principal hacia la que estábamos trabajando y luego... lo enmarcamos con un jaguar y el guerrero águila [para] hacer que fuera un momento muy dramático y memorable.

Las respuestas al diseño fueron mixtas, particularmente con respecto al modelo del templo. Fogel admite que "hubo quienes no estaban muy entusiasmados. Entiendo por qué lo tuvimos allí y si no hubiera estado allí, no estoy segura de con qué lo hubiéramos reemplazado... y creo que funcionó en contexto... que lo hayas visto desde muy lejos para que no te importaran demasiado los detalles".

Para varios profesionales mexicanos no era un estilo de diseño de exposición que les atrajera demasiado. González (MTM) sintió que el modelo del templo era "controvertido" y "le dio a la exposición un toque de Hollywood, en ese sentido, eso es algo que no hubiéramos hecho en México". Albert (CNME) lo encontró "desproporcionado, excesivo, vulgar", pero después de mirar alrededor de Te Papa se dio cuenta de que "así es como hacen las cosas, es lo que los visitantes esperan". Barrera, con quien Fox había consultado sobre el concepto y diseño de la exposición desde sus primeras etapas, fue más flexible y quizás más diplomático en su enfoque de las diferencias museográficas entre México y Australasia. Entendió que "era necesario adaptarse a otros lugares, a otras personas y mantener los aspectos académicos de una exposición y el discurso de los objetos, pero también hacerlo accesible a un público extranjero".

Las limitaciones de espacio y la contextualización de los objetos también generaron comentarios de algunos de los comisarios mexicanos. Carmona (MNA) sintió que muchas de las piezas monumentales, como Mictlantecuhtli, no tenían el espacio que merecían, que debieron aislarse del público y estar fuera de la distancia de contacto. Carrizosa (MTM) compartió sus preocupaciones, comentando que el guerrero águila requería un "lugar especial", sin las otras piezas cercanas que "minimizaban" su impacto.

Del mismo modo, Carmona (MNA) se molestó mucho al descubrir, durante el montaje, que una obra que consideraba una de las más importantes de la exposición, un corazón de jade, estaba "mezclada con otros objetos, como si fuera una piedra más". En su opinión, la CNME debió haber involucrado más a los curadores institucionales en el desarrollo de la exposición: "Debería haber una estrecha colaboración con los que están familiarizados con la colección, para poder decir: 'Esto debe exhibirse solo', 'esto podría ir aquí o allá' o 'esto no es tan importante, puede estar en una pantalla', y seguir estas instrucciones". Después de sus experiencias positivas con el personal de Te Papa en Wellington, Carmona siente que "si hubiéramos discutido la falta de espacio de antemano, habrían entendido y reducido la cantidad de objetos o hubieran encontrado una solución porque fueron muy atentos, muy amables".

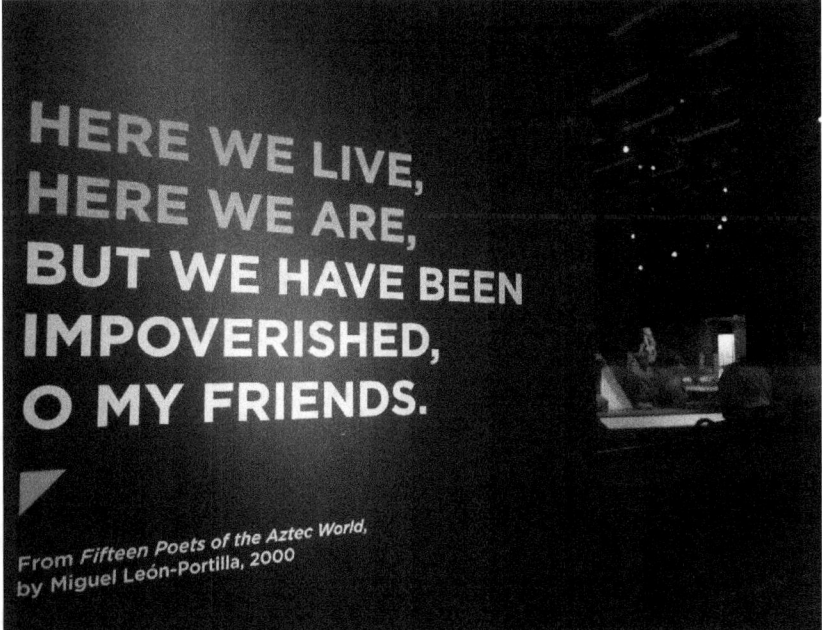

Figura 3.5 La voz de los mexicas. Texto a muro en el Australian Museum. Fotografía cortesía del Australian Museum.

El diseño gráfico fue otro componente a través del cual los diseñadores buscaron crear una exposición atractiva. La diseñadora 2D del Australian Museum, Amanda Teer, tenía como objetivo "ayudar a comunicar más" las ideas de la exposición y crear "diferentes puntos de entrada" para atraer a los visitantes, de modo que "no entraran en un espacio y se sintieran completamente perdidos", sino que se llevaran una "comprensión general". Las citas de poesía mexicana en las paredes tenían la intención de permitir a los visitantes "escuchar esta voz continua, supongo", mientras que las imágenes ampliadas de los códices proporcionaban un "contexto general" para entender los objetos y ayudarte "si estás tratando de transportarte en el tiempo".

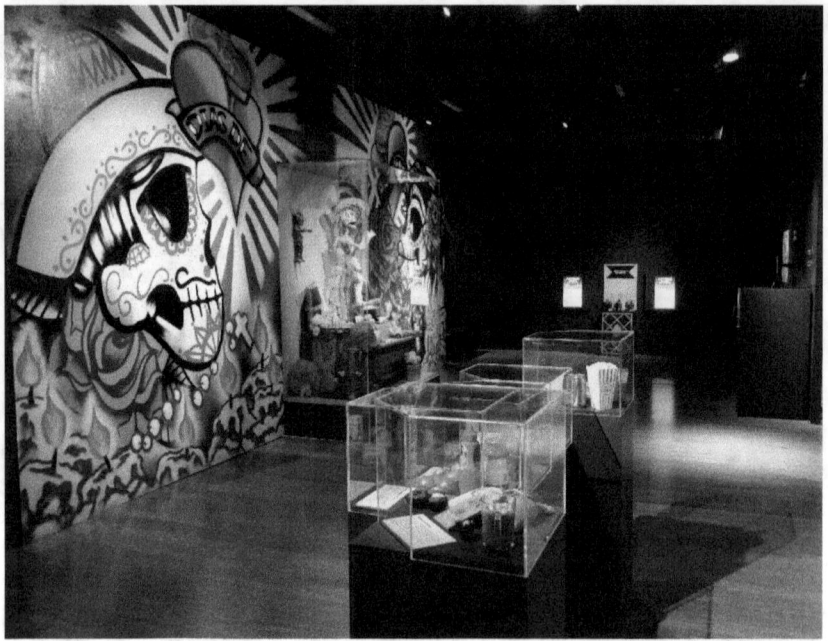

Figura 3.6 Sección del legado, Australian Museum. Fotografía cortesía del Australian Museum.

Si bien hubiera preferido trabajar más estrechamente con los otros diseñadores para crear más "gráficos inmersivos", Teer reconoce que "porque soy la última persona [risas] en la cadena de producción realmente solo podía hacer ciertas cosas". Estaba particularmente preocupada por despertar interés con un diseño gráfico que captara la atención de las personas al tener "algo que es viejo y algo que es nuevo y no estar seguro de lo que está pasando y por qué". Teer disfrutó, especialmente, trabajar en la sección del legado e introdujo la idea de una galería *pop-up* como parte de la tienda a la salida de la exposición. A través de su participación en las redes sociales, se le ocurrió la idea del cráneo como "un motivo realmente interesante que se ve en la moda y en diferentes áreas". Si bien observa una gran fascinación de la cultura pop por los íconos mexicanos, Teer cree que las personas no entienden los antecedentes históricos y "dónde está la conexión":

> tratamos de no decir que era una galería *pop-up* centrada en los aztecas. Se trata del arte de la calavera y la calavera es un motivo que puedes encontrar en los artefactos aztecas de la exposición, que puedes ver el Día de Muertos, … y luego en la moda y el arte de hoy, lo ves aquí con estas personas locales que crean esto en su trabajo.

La galería *pop-up* también trataba de involucrar a artistas locales y llevar a sus seguidores al museo, "si no habían pensado en el museo de esta manera antes".

Textos

En contraste con un enfoque de historia del arte, en el que el texto puede ser mínimo, el enfoque de Te Papa para una exposición sobre "la vida de los aztecas" —como explica Townsend— era "contar muchas más historias alrededor de los objetos", conectando paneles temáticos con las cédulas de los objetos. Te Papa emplea un equipo de redactores para trabajar con el curador y, en esta ocasión, se hizo un gran esfuerzo para refinar el contenido y lograr el estilo y el tono deseados.

Al igual que los diseñadores de la exposición, Williams (redactor en jefe, TP) quería sumergir a los visitantes en otro mundo a través del texto, para "llevar a la gente en un viaje", poniéndolos "desde el inicio en un estado mental" y alentar su curiosidad haciendo a la cultura azteca "lo más interesante posible". Además de hablar sobre los objetos, quería dar a los visitantes "un sentido de la gente de la época", pero sin romantizar. "Así que estábamos tratando de caminar por esa delgada línea de ser respetuosos, pero también dinámicos y atractivos", explica. Demostrando una sensibilidad cosmopolita, describe su enfoque como el tratar de:

> conectarse contigo también emocionalmente, porque esa sensación de que puedes empatizar o de que puedes mirar al mundo —incluso momentáneamente— desde una perspectiva diferente, son el tipo de cosas realmente precursoras del aprendizaje, creo.

En el texto de la cédula "El más allá", por ejemplo, como una forma de superar el "defecto conceptual" de tener un templo al que puedes ingresar, "cambiamos la conjugación a presente y lo hicimos como un viaje al inframundo" (ver Tabla

3.4). Otro texto, "Réplicas de armas" (ver Tabla 3.5) —reconocido en la premiación de la American Alliance of Museums a los mejores textos de exposiciones—, invita al visitante a ponerse "en los zapatos" de un guerrero azteca frente a los invasores españoles.

Tabla 3.4 Texto de la cédula "Bienvenido al más allá"

BIENVENIDO AL MÁS ALLÁ

Has muerto y estás a punto de entrar a una de las otras vidas. Pero ¿cuál? Si fue muerte natural, viajarás al Mictlán, el inframundo. Una vez ahí, tu alma descenderá nueve niveles, enfrentando terribles pruebas en el camino. En el nivel final, te estará esperando la paz con Mictlantecutli, dios de la muerte.

Tal vez hayas sido más afortunado. Si fuiste sacrificado o moriste en batalla o al nacer, ascenderás a los cielos para acompañar al sol. La muerte por ahogamiento te lleva a un nivel más allá: un paraíso rebosante de flores en donde reina Tláloc.

Los aztecas nunca entraban al Templo Mayor, ya que todas las ceremonias se llevaban a acabo en el exterior. Sin embargo, tú si puedes entrar a nuestro modelo de templo, un portal al otro mundo. Entra y descubre tu destino.

Tabla 3.5 Texto de la cédula "Réplicas de armas"

RÉPLICAS DE ARMAS

Basado en piezas originales de 1250 a 1521

Madera, obsidiana, fibras

Los aztecas utilizaban armas con cuchillas, puntas, palos, arcos y flechas de obsidiana, todas altamente efectivas en las manos de hábiles guerreros entrenados desde niños, contra adversarios igualmente armados. Pero las armaduras y espadas españolas, respaldadas por cañones, cambiaron todo. Imagínate a tí mismo en el campo de batalla. Empuñas un arma de madera mientras un soldado español te ataca a caballo, blandiendo su espada. Estás sorprendido por este nuevo estilo de batalla, que implica matar en vez de capturar. Ahora que tus enemigos locales se han aliado con los invasores, tus oportunidades son casi nulas.

Alchin (TP) encontró difícil dar una "visión equilibrada de la historia" dentro de un límite de palabras muy estricto: "tienes mucho que decir… incluso para explicar la motivación detrás de un acto de un jugador clave en la historia". Otro desafío fue hacer que los textos fueran interesantes y "fáciles de absorber al mismo tiempo". Aunque el guion termina con la Conquista, en la sección final del legado, el personal de Te Papa quería mostrar cómo los *taonga* mexica se conectaban con las personas vivas, "como hacemos aquí en Te Papa" (Smith-

Kapa). Townsend quería revelar que "los indígenas viven en México hoy y son parte de quienes son los mexicanos ahora, esta combinación de azteca y español y todo eso".

James Brown (escritor, TP) trabajó en el texto de esta sección y recuerda la reacción del INAH ante la intención de Te Papa de aplicar *mana taonga* a la herencia mexicana:

> [la cédula] intentaba resumir la presencia azteca continua en el México de hoy… que el legado de los aztecas sigue vivo, que todavía hay personas descendientes de los aztecas que hablan náhuatl y, ya sabes, saben quiénes son sus antepasados… pero cuando intentamos poner esa inclinación sobre el tema… no pudimos hacerlo de la manera que se haría si estuviéramos hablando de *iwi* y como si todavía tuvieran un vínculo muy fuerte con su pasado y sus costumbres particulares y cómo sus antepasados todavía están muy presentes para ellos hoy… eso no era lo que el INAH quería y así no es cómo lo ven, los aztecas no están allí hoy.

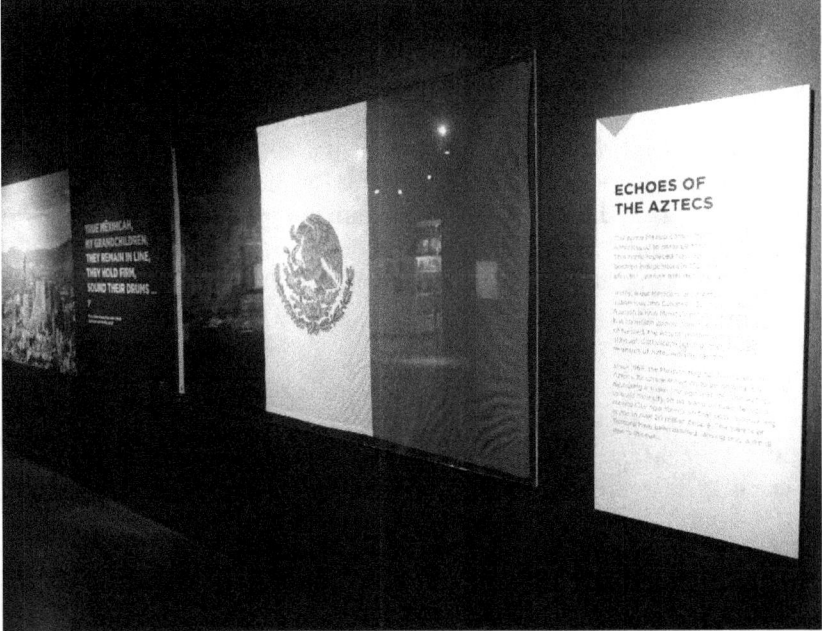

Figura 3.7 Bandera mexicana en la sección del legado en el Australian Museum. Fotografía cortesía del Australian Museum.

Para el INAH, este enfoque simplificaba en exceso la compleja diversidad étnica de México, tanto en el contexto contemporáneo, como en términos de rastrear un linaje directo a los tiempos prehispánicos (Good Eshelman 2005; Bonfil Batalla 1994), una complejidad que no podría explicarse fácilmente en un pequeño segmento de exhibición o en una sola cédula.

Mientras Te Papa trabajaba en el texto, el personal de los museos australianos envió comentarios sobre la precisión de los hechos, el tono de voz, la longitud de las palabras y la superposición de contenido para la comprensión de los visitantes. Cada uno de los tres museos tenía diferentes enfoques sobre el estilo de texto, de acuerdo con su enfoque institucional y las percepciones de sus públicos. El Australian Museum, según Dorey, favorece "un estilo narrativo más informal, conversacional", mientras que el Melbourne Museum prefiere un estilo "académico". Townsend describe lo que fue tratar de equilibrar la preferencia de los museos de Australia por un estilo de texto "más optimista" con el enfoque "más conservador" del INAH. Al final, las tres sedes anfitrionas pudieron llegar a un acuerdo sobre un texto final, al que el Melbourne Museum y el Australian Museum solo hicieron pequeñas adaptaciones.

Modelos e interactivos

Además de los más de 200 artefactos culturales, incluida una impresionante escultura de piedra, la exposición presentó modelos del mercado de Tlatelolco, de las *chinampas*, de una cancha del juego de pelota con una réplica de pelota de goma, que los visitantes podían tocar, y de un guerrero águila con réplicas de armas. Tenían la intención de complementar la narración de las historias alrededor de los objetos originales retratando la "experiencia vivida" y el "rostro humano" de la cultura mexica, junto con murales y citas de su poesía en las paredes que transmitían su "voz". Estos modelos no fueron tan controvertidos para los comisarios mexicanos como la réplica del Templo Mayor, y Carrizosa (MTM) señala que la reproducción del mercado de Tlatelolco fue "muy similar a lo que mostramos en nuestros museos".

Los interactivos fueron otro componente utilizado para la interpretación. Estos incluían interactivos de cómputo, audiovisuales, una audioguía y una actividad llamada *Character Trail* (Sendero de personajes). Fox obtuvo los interactivos de cómputo del MTM, así como una película que "explica las cosas muy bien en términos de lo que era la cultura mexica... conceptos que pueden ser bastante difíciles de transmitir". El *Character Trail* fue desarrollado por Te Papa para atraer a niños de ocho a doce años y, así, satisfacer al público "familiar" al que apuntaban. Esta actividad lúdica también propiciaba una inmersión imaginativa en otro mundo, basada en descubrir quién podrías haber sido tú y en qué podrías convertirte, si hubieras vivido en ese momento y lugar. Alchin quería ser "peculiar y divertido" y ayudar a los niños a "entrar en ese mundo" y ver los objetos "a través de unos ojos sintonizados ligeramente diferente a que si hubieran estado deambulando aleatoriamente siguiendo a su mamá". Morris, quien dirigió su desarrollo, explica: "trabajamos muy duro en el humor y en los diferentes niveles, para que los adultos pudieran disfrutarlo tanto como los niños... era algo que se podía hacer en una cita".

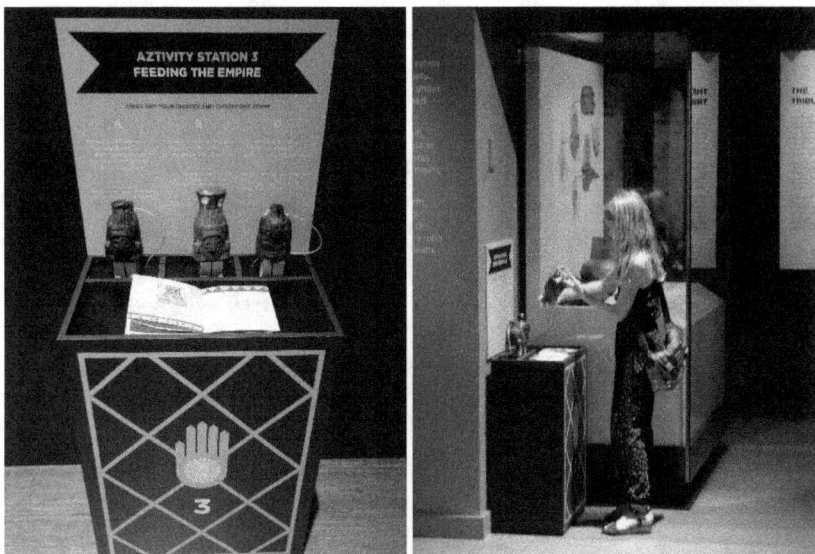

Figura 3.8 *Character Trail* o Sendero de personajes. Australian Museum. Fotografías cortesía del Australian Museum.

Programas educativos y públicos

Cada una de las tres sedes diseñó y dirigió sus propios programas educativos y públicos. Te Papa trabajó estrechamente con la Embajada de México y se centró en eventos familiares que fueran festivos e inclusivos. El festival del Día de Muertos incluyó una procesión callejera, talleres de decoración de calaveras de azúcar con un artista mexicano, instalaciones de *Tape Art*,[7] una ofrenda colectiva y pintura facial. Otro evento fue el *Family-Fun Day* (Día de Diversión Familiar), que tuvo lugar durante las vacaciones escolares y ofreció artesanías y recorridos interactivos. También se realizaron recorridos en español y lenguaje de señas. Browne (TP) ayudó a desarrollar dos programas educativos, uno para niños de primaria (de tres a ocho años) y un programa de *Early Years* para niños de cuatro a siete años. Kent, cuyos hijos participaron en el programa *Early Years* ofrecido en el jardín de niños con el que cuenta Te Papa, piensa que fue "fantástico":

---

[7] Arte hecho con cintas adhesivas.

los niños regresaron muchas veces, iban al salón de clases y reproducían los diseños aztecas que se colocaron en el techo del jardín de niños, así que comenzaron a convertir ese espacio en una especie de templo... haciendo todo tipo de observaciones realmente interesantes, lo disfrutaron muchísimo.

Browne siente que este programa trató de "hacer relevantes a los aztecas" y fue un gran ejemplo de "lo que los niños pueden hacer con una gran exposición cultural como esta, hicieron cosas realmente sorprendentes". Manejaron objetos contemporáneos y luego buscaron objetos similares en la exposición y los compararon. Browne también diseñó un recorrido estudiantil destinado a explorar las similitudes y diferencias entre las culturas azteca, māori y las del Pacífico. El programa para escuelas primarias se basó en habilidades más que en el contenido y se centró en "pensar a través de la arqueología" con un involucramiento activo. Las imágenes de objetos en la exposición fueron cortadas en pedazos y escondidas en contenedores de arena. Los niños fijaron cuadrantes en la arena y cavaron con cucharillas. Cuando encontraban un objeto, formulaban una hipótesis sobre lo que podría ser:

luego fuimos a la exposición y encontramos el objeto que estábamos buscando e... [hicimos] dibujos de observación todos juntos, a esto le llamamos 'conseguir su atención' ... quería que pensaran por sí mismos y no solo leyeran las cédulas y dijeran "ah, eso es una canasta", sino que dijeran "ok, ¿qué podría ser?, parece que está hueco o... tiene agujeros o tiene puntas o está junto a todas estas cosas que parecen relacionadas con la guerra, así que tal vez tenga algo que ver con eso", para hacer que usaran su mente.

En el Melbourne Museum, Georgie Meyer (programas públicos y educativos) también se ocupó de crear un programa sustancial y diverso, que incluyera programas para las vacaciones escolares. Los académicos latinoamericanos de una universidad local dieron conferencias, al igual que Greene (director general, MM), quien realizó un recorrido impartiendo conferencias por los museos regionales. La Embajada de México apoyó la visita de Carlos González (MTM) y de dos chefs mexicanos para un evento de cocina. El museo encargó a un grupo de músicos que compusieran música inspirada en los aztecas, que se presentaría durante el fin de semana inaugural. Un grupo local de "danza azteca" también participó el primer fin de semana. Como explica Meyer, sabían que "la cultura mexicana es muy popular en este momento, pero al mismo tiempo no querían volver a los clichés culturales como los mariachis, donde no hay un vínculo obvio con la cultura mexica. Sin embargo, se asociaron con el Immigration Museum—también parte del consorcio Museums Victoria—para producir un festival comunitario que exhibiría la cultura mexicana contemporánea en Melbourne.

El Melbourne Museum no usó el *Character Trail*, porque preferían llevar a cabo actividades infantiles fuera de la exposición. Para *Aztecs*, llevaron a cabo un "experimento" para hacer que algunos de los contenidos "contundentes" de la exposición fueran accesibles para los niños, creando una presentación animada de veinte minutos que se mostraba en una sala separada:

> es una hermosa presentación sobre la belleza y la naturaleza civilizada de la ciudad azteca, pero también hablamos de cómo la sangre y el sacrificio formaban parte de la cultura cotidiana, el miedo a los dioses era una parte importante del día a día. Hemos hecho de esa presentación un PG, es decir, un tipo de programa recomendado solo con la guía de los padres, hicimos una advertencia al principio diciendo que hay una escena en esta animación donde una mujer comente autosacrificio (cortándose a ella misma) y donde hay algunas escenas de sacrificio. No mostramos el sacrificio como tal, sino dibujos animados subiendo al templo y la sangre corriendo, así que tratamos de ser honestos sobre la cultura y honestos sobre la exposición, pero de una manera que los niños puedan relacionarse con ella, y también estamos haciendo una pequeña advertencia de que podría verse como... un poco agresivo para algunas personas. Pero la experiencia ha sido más para los adultos que para los niños... [y] hasta ahora están respondiendo bastante bien.

El equipo mexicano tenía un conocimiento limitado de los programas y eventos públicos ofrecidos en los lugares sede, más allá de lo que experimentaron los fines de semana de apertura. Mientras que las sedes se centraron en actividades festivas, interpretaciones contemporáneas y representaciones de la herencia mexicana para sus eventos, algunos profesionales mexicanos criticaron aspectos de los programas públicos, como representaciones erróneas de la cultura mexicana. Albert (CNME), por ejemplo, recibió fotografías del festival del Día de Muertos en Wellington. Si bien señaló que "la gente parecía estar muy emocionada de asistir y hacer estas cosas como pintarse la cara, tomarse una fotografía", su reacción a la decoración de calaveras de azúcar fue que estaban "distorsionando la cultura azteca, parecía más huichol o tarahumara, o del restaurante Arroyo".[8]

Carmona (MNA) estaba preocupada por los carteles promocionales que vio anunciando un desfile callejero en Sídney: "En el póster había una niña vestida

---

[8] Un restaurante tradicional muy popular con un estilo principalmente turístico en la Ciudad de México.

con un taparrabos y un enorme penacho [tocado de plumas]. Parecía una bailarina de cabaret... Y yo dije: 'Oh, Dios mío, las mujeres aztecas nunca se vestirían así'. Nunca". Siente que el INAH debería ejercer más influencia sobre estas representaciones para garantizar su autenticidad:

> Pero también ahí debería de estar cuidando el INAH, ¿no? Oye no, no me puedes poner así. Ellas no... sí bailaban y sí participaban, pero cierto tipo de mujeres, y no así de desnudas. Iban con huipiles. Las tenemos en los códices bailando, en bodas, por ejemplo. Y están vestidas, llevan penachos, sí, sí llevan, pero están vestidas. Nunca... Ese era [el] traje de guerrero. Un guerrero andaba vestido así.

Marketing

> No existe un "campo de los sueños" en el que construyas este tipo de exposiciones y la gente venga.
>
> Glenn Ferguson (AM)

La clave para atraer a un gran número de visitantes a una exposición internacional es tener una marca que sea bien conocida e inmediatamente reconocible. La "magnitud" de la marca — asociada con una persona, un tema, un período, una película, una institución o una colección —, junto con un programa diverso de eventos, ayuda a garantizar una gran audiencia (Gorchakova 2017, 189). Como señala Meyer (MM), hubo "mucha presión sobre *Aztecs*" para atraer un público considerable.

El personal de los tres museos de Australasia consideraba que *Aztecs* era una exposición difícil de comercializar para el público local, principalmente debido a su limitado conocimiento de esta cultura. El tema "no crea una imagen en la mente de las personas", como dice Fogel (MM), y, por lo tanto, no fue una "venta fácil", como los dinosaurios, Pompeya o Tutankamón, donde "solo dices el nombre y vienen". Las imágenes de las ollas, bromea Ferguson (AM), no iban a "hacer que la gente se levantara de la cama un domingo por la mañana y entrara a ver la muestra, por lo que necesitábamos transmitir la emoción que sentimos por la exposición". El desafío, como él lo ve, era crear un sentido de relevancia para el público, al "darles una visión ligeramente diferente" que despertara un interés en el tema. Para él, encontrar el "tono" para una exposición internacional es "el verdadero fin creativo o el tope de la producción de la exposición".

Explica cómo la campaña de promoción de su exposición anterior, *Alexander*, había logrado crear conexiones contemporáneas:

Justin Bieber tenía tantas ¿cómo es eso?: fans de Facebook, Alejandro [Magno] había conquistado el mundo conocido y gobernado a millones de personas, así que solo fue encontrar esa conexión allí... un tema que la gente pensaba que era historia antigua y un poco irrelevante y lo acercamos a un contexto contemporáneo, al pensar en este tema y esta persona de esta manera particular.

Una idea para *Aztecs,* discutida en el Australian Museum, fue llamar la atención de un público más joven a través de la serie de libros y películas *The Hunger Games,* que vinculaba la exposición con "la idea de los tributos que se envían desde las provincias a la ciudad para el sacrificio", como Dorey explica. Meyer (MM) vio la posibilidad de capitalizar la popularidad actual de la cultura mexicana contemporánea —como Frida Kahlo o el Día de Muertos— para captar la atención de la gente, pero le preocupaba permanecer "fiel a quienes eran los aztecas", en lugar de recurrir a los estereotipos culturales. Algunos abogaron por un enfoque más sensacionalista. Dorey (AM), por ejemplo, sintió que el sacrificio era una imagen que sería reconocida y "atraería a la gente". Sin embargo, otros sintieron que desanimaría a un público familiar. Hubo una percepción, entre el equipo de los dos museos de Australasia, de que el INAH era muy sensible en cuanto al ángulo del sacrificio humano. Según Sartori (MM), el INAH no favoreció el ángulo de la "cultura de sangre" en el material promocional y en las relaciones públicas donde no estuviera rodeado de más información contextual.

Una propuesta inicial de Te Papa para la imagen promocional fue usar una de un hombre mexicano parado frente a una gran piedra solar, cubierto con pintura corporal que replicaba los patrones de escultura. El objetivo era representar, como dice Townsend, "el legado continuo de los mexicas y [mostrar] que es una cultura viva en el sentido de que pervive en las personas que conforman el México actual". Los museos de Australasia estaban entusiasmados con el concepto, como explica Ferguson:

había una resonancia muy fuerte con ese tipo de imagen de *Apocalypto,* del guerrero y la pintura de la cara y pensé "esto funciona, funciona en muchos niveles", en el tipo de imagen del guerrero de la cultura māori, e incluso en Australia, sabemos mucho de la historia, tiene una fuerte resonancia, ya sabes, como una imagen que sería deslumbrante, incluso si no tuvieras un interés particular, te detendrías frente a una valla publicitaria y pensarías "espera un momento, ¿qué fue eso?" y te capturaría.

La respuesta de INAH, recuerda Townsend, "fue que 'No, los aztecas no están vivos hoy' y que la imagen era demasiado literal":

estábamos bastante sorprendidos porque sinceramente pensamos que era una muy buena imagen y que era bastante convincente. Sentimos que mostraba el lado humano de la cultura azteca y el lado humano de la exposición.

Junto con los problemas asociados a las insinuaciones de que los aztecas siguen siendo una cultura viva, una preocupación clave para el INAH fue la inexactitud, en términos de atuendo, pintura corporal y características físicas de la imagen de prueba que se envió. También se le explicó al personal de Te Papa que la imagen parecía un gánster mexicano tatuado, tal vez reflejando mayor sensibilidad entre los mexicanos sobre su imagen en el extranjero (ver Capítulo 5). Roberts-Thompson (TP) y Hakaraia (TP) describen la interacción con México sobre la imagen de una manera humorística, como un ejemplo del tipo de malentendido intercultural que puede surgir con exposiciones internacionales:

> La enviamos a México y dijeron "¡Oh, eso es lo que usan los pandilleros!" [risas]
>
> Sí, dijeron "no"
>
> "No puedes hacer eso".
>
> Y pensamos, "caray".
>
> Así que algo que pensamos que se veía increíble...
>
> "Pero es hermoso, mira, tienes ese hermoso patrón azteca en la parte posterior y esta figura enmascarada aquí", y ellos decían "¡Quéeeeee!"

Te Papa enfrentó problemas similares con las imágenes de promoción desarrolladas, por primera vez, por el Tokyo National Museum para *Mauri Ora*, así como las propuestas iniciales para *E Tū Ake* por el Quai Branly. Hay (TP) señala que "a menudo, con sus ideas de promoción, por ejemplo, recibías una propuesta de cartel y nosotros decíamos: '¿Qué diablos?' [risas]". Evitar estos problemas, sugiere Hakaraia, requiere una buena comunicación y la confianza para transmitir "mensajes clave" muy temprano en las negociaciones, de modo que puedas "llevar contigo a la institución anfitriona" y que más adelante en el proceso "no digan 'caray, ojalá hubiera sabido esto antes'". También se requiere tiempo suficiente en el proceso, para llegar a un acuerdo negociado, como explica Roberts-Thompson:

> el hecho de poder tener esas conversaciones con las personas adecuadas, a menudo, significaba que los procesos llevaban mucho más tiempo y, por lo tanto, realmente tenía que pensar en estas cosas con mucha anticipación para detectar si podría haber un problema allí, por lo que debemos tener

tiempo para solucionarlo. Porque esa es la otra cosa, si se tiene un plazo de dos días para que comience una campaña de *marketing* o una línea de producción para la promoción, no hay forma de cumplir con los plazos porque se está tratando de explicar cuán inapropiado puede ser algo. Entonces, si no se tiene en cuenta ese período de tiempo, en realidad no se puede tener esa conversación.

Encontrar las imágenes promocionales correctas, que sean convincentes y resonantes para el público del país anfitrión, a la vez que sean sensibles a la cultura y la política del país de origen, significa comprender que las instituciones de otros países interactúan de manera muy diferente con sus visitantes. "Al final del día, entienden a su público", reflexiona Hay, "y esto es lo que estamos aprendiendo".

Sin tiempo para largas discusiones cara a cara para resolver el malentendido sobre la imagen del "guerrero" y encontrar una solución intercultural, Te Papa finalmente adoptó imágenes basadas en objetos para su campaña promocional, que era el enfoque preferido del INAH, haciendo eco de los comentarios de los comisarios, quienes se inclinaban por una exposición más estética y centrada en los objetos en oposición al diseño narrativo de Te Papa.

Campbell (MM) sintió que esta desconexión creó una idea errónea de que el INAH era conservador sobre la promoción, lo que luego desanimó al personal de las otras sedes a ser más creativos para establecer vínculos entre los mexicas y el México moderno con el fin de atraer a los visitantes:

creo que esa decisión planteó un mito que nunca detuvimos, de que "los mexicanos son un poco delicados". Cuando escuché eso y seguí ese proceso de pensamiento pude ver de dónde venían, ya sabes, hombres tatuados, pandillas o cárteles de la droga en México, lo entiendo, lo entiendo. Y no creo que signifique que fueran delicados, sino que, creo que lo que eso nos impidió realmente fue crear ese vínculo con el México moderno. Era una verdadera barrera y, de hecho, creo que esa era la forma de contar la historia de los aztecas y traerla de regreso a algo importante e interesante.

Estos ejemplos resaltan la forma en que las exhibiciones internacionales pueden ser un acto de equilibrio entre permanecer "fieles a la cultura" y respetuosos de las sensibilidades contemporáneas y, al mismo tiempo, atraer a los visitantes, tanto emocionalmente como a través de enlaces a la cultura contemporánea/popular. Lo que estos ejemplos revelan es la importancia de tener discusiones sobre la representación cultural al principio del proceso y expandir estas conversaciones para incluir no solo el contenido, el concepto y el diseño de la exhibición, sino también la promoción y los diversos programas públicos producidos. Para crear una zona de contacto móvil, la cultura pasa por un proceso de traducción y mediación para ser entendida por una audiencia, que se conectará de manera diferente y encontrará diferentes significados. Barrera (INAH) piensa que encontrar soluciones interculturales requiere un intercambio de ideas desde ambas perspectivas y una apertura a diferentes formas de involucrar al público, y siente que esto fue lo que hizo el personal de Te Papa. "Lo importante de la exposición", enfatiza, es que "puede llegar a esa audiencia".

El desarrollo de exposiciones interculturales implica formas de trabajar juntos que se equiparan con el concepto de diálogo de Bohm (1996, 2-3), como pensamiento participativo o "pensamiento conjunto":

> cuando una persona dice algo, la otra persona, en general, no responde exactamente con el mismo significado al visto por la primera persona. Más bien, los significados son solo *similares* y no idénticos. Por lo tanto, cuando la segunda persona responde, la primera persona ve una *diferencia* entre lo que quiso decir y lo que la otra persona entendió. Al considerar esta diferencia, puede ser capaz de ver algo nuevo, que es relevante tanto para sus propios puntos de vista como para los de la otra persona. Y así puede ir y venir, con la emergencia continua de un nuevo contenido que es común para ambos participantes. Por lo tanto, en un diálogo, cada persona no intenta *hacer comunes* ciertas ideas o elementos de información que ya conoce. Más bien, se puede decir que las dos personas están haciendo algo *en común*, es decir, creando algo nuevo juntos.

El diálogo, aquí, es "una corriente de significado que fluye entre y a través de nosotros y entre nosotros [...] del cual puede surgir una nueva comprensión [...] Es algo creativo. Y este significado compartido es el 'pegamento' o 'cemento' que mantiene unidas a las personas y a las sociedades" (Bohm 1996, 6).

Capítulo 4.

Visitando las fronteras: la creación de significado intercultural y de las imaginaciones cosmopolitas

Las exposiciones internacionales se promocionan por su potencial para avanzar en la comprensión intercultural, pero también han sido criticadas como formas políticamente seguras de autopromoción nacional, que reducen nuestra visión de una nación o cultura —más que expandirla— creando malentendidos interculturales (Wallis 1994; Gorji 2004). Si el objetivo de las exposiciones internacionales es el involucramiento constructivo y significativo de los públicos, ¿qué lo facilita y qué lo inhibe?, ¿pueden conducir a la comprensión y al diálogo interculturales o están confinados a las narraciones estereotipadas y superficiales, reafirmantes de diferencias y otredad?

Existen pocos estudios publicados sobre la experiencia de los visitantes en exposiciones internacionales (ver Capítulo 1). La investigación sugiere una falta de evaluación y/o estudios sistemáticos de visitantes; cuando se llevan a cabo, a menudo, se realizan en lugares sede para fines internos, sin retroalimentación para la institución prestataria (Pérez Castellanos 2013). La mayoría de estos estudios son de naturaleza cuantitativa, realizados con el propósito de hacer proyecciones de audiencia, mercadeo y reportes. Probablemente a este problema contribuye la marginación general de los estudios de públicos en las instituciones culturales y la falta de planeación y presupuesto destinados a esta investigación dentro de los acuerdos de colaboración (Davidson 2015). Como señala McDonald (2014, 28), "necesitamos maneras efectivas de registrar la forma en que el público internacional responde a las exposiciones [internacionales] y hacer públicos esos datos".

El MNC en la Ciudad de México no tiene capacidad interna de investigación de visitantes, sino que los servicios se reciben esporádicamente desde un área central en la CNME. En el caso de *E Tū Ake*, no se realizaron estudios de públicos formales. En el MNC, los visitantes, en general, están constituidos en un 90 % por ciudadanos mexicanos, predominantemente estudiantes en visitas escolares, seguidos por jubilados. La entrada a la exposición y al museo fue gratuita. La asistencia total para *E Tū Ake* fue de 39 066 personas, lo que Medina describió como un número "fantástico", especialmente considerando la falta de conocimiento previo de Nueva Zelanda entre los mexicanos y el bajo perfil del

MNC en comparación con los museos más grandes. Por ejemplo, la exposición *Moana*, del Field Museum, tuvo menos visitantes en el MNA. También señaló que, debido a su proximidad al Palacio Nacional, donde se encuentra el ejecutivo federal mexicano, el MNC a menudo está cerrado por motivos de seguridad durante manifestaciones políticas. Esto afectó las visitas a *E Tū Ake*, cuyo período de exhibición coincidió con el período previo a las elecciones federales e incluyó un cierre de calles en su último fin de semana de exhibición.

El personal que trabajó en *E Tū Ake* en México informó de un nivel muy alto de involucramiento y satisfacción con la exposición. Navarro (MNC) recuerda a muchos visitantes recurrentes que participaron en todos los talleres y conferencias que se ofrecieron, que estuvieron "a reventar". Cree que hubo un alto nivel de promoción de boca en boca, ya que los visitantes estaban "entusiasmados e inspirando a los demás" y que la exposición fue "definitivamente un gran éxito".

Las sedes para *Aztecs* llevaron a cabo investigaciones de públicos estándar, incluidas evaluaciones sumativas o finales. Cada sede realizó encuestas de salida utilizando un formato de cuestionario y métodos de muestreo consistentes con sus prácticas internas, diseñados principalmente para informes y para proporcionar datos comparativos para otras exposiciones itinerantes que habían organizado. Todas las sedes pusieron a disposición sus hallazgos para nuestro proyecto; sin embargo, las diferencias de diseño dificultaron la comparación directa de los datos de cada lugar. No obstante, son reveladores en términos de lo que eligieron recolectar; es decir, datos cuantitativos estándar para identificar los perfiles de los visitantes, satisfacción, tiempo promedio en la sala, cambios autoinformados en el conocimiento, cómo supieron de la exposición y la motivación para asistir, así como respuestas a algunas preguntas abiertas. Te Papa y el Melbourne Museum compararon información de visitantes y no visitantes a *Aztecs*; el Australian Museum fue el único que realizó un estudio de seguimiento de visitantes[1] en la sala.

En todos los museos, *Aztecs* recibió una calificación muy alta en términos de satisfacción del visitante. Te Papa, con una calificación general del 96 %, reportó una satisfacción particularmente alta con la calidad (99 %) y con la diversidad de los objetos (98 %). Los datos sobre quienes no visitaron la exposición en Te Papa sugirieron que el precio de la entrada fue uno de los aspectos que desalentaba las visitas, en un museo normalmente es gratuito. En el Melbourne Museum, la satisfacción también fue alta, con un 99 %, la calificación más alta jamás vista para una exposición itinerante—incluidos los éxitos más grandes como *Bond*, *Tutankhamun*, *Titanic* y *Dinosaurs*—y muy por

---

[1] Técnica conocida como *Timing and Tracking*.

encima del promedio general del 92 % de las exposiciones itinerantes y de la visita global. Los datos de los visitantes del museo que no vieron *Aztecs* sugieren que muchos lo percibieron como no apto para niños.

La satisfacción general con *Aztecs* en el Australian Museum fue del 97 %, con calificaciones particularmente altas para la "calidad de los artefactos y objetos en exhibición" y el "nivel de información proporcionada". En esta sede, casi un tercio de los visitantes estaban acompañados por menores de dieciocho años, más alto que en el Melbourne Museum, con un 13 %, pero la edad promedio de los niños en ambas sedes fue mayor que en otras exposiciones itinerantes (como *Tyrannosaurs*).

Si bien son útiles para dar una imagen general del comportamiento de los visitantes y las percepciones sobre las exposiciones internacionales, los estudios cuantitativos están limitados en lo que nos pueden decir sobre la creación de significado y el impacto, incluida la comprensión intercultural. Por esta razón, nuestro estudio incluyó entrevistas cualitativas con los visitantes para obtener una visión más profunda de sus encuentros culturales en las exposiciones internacionales. Este aspecto de la investigación fue alimentado por una literatura teórica en rápida expansión sobre la experiencia del visitante, que se basa cada vez más en métodos cualitativos para explorar las formas en que ellos participan en actos complejos de interpretación y creación de significado cuando visitan museos y otros sitios patrimoniales (ver Capítulo 1). La imaginación y la emoción o el afecto han sido el foco reciente de la literatura sobre el tema, por ejemplo, en las experiencias patrimoniales (Bagnall 2003): cómo estas facilitan la empatía (Gokcigdem 2016), el "involucramiento profundo" y los "momentos transformadores" (L. Smith 2016; Dudley 2017) o las "experiencias numinosas" (Latham 2007; Cameron y Gatewood 2012) y si esto conduce o no a una reflexión crítica y a la creación de nuevos entendimientos y relaciones morales con los demás. El éxito relativo de estos actos interpretativos se ve afectado por diversas habilidades y competencias por parte del visitante, que incluyen: alfabetización cultural (Bagnall 2003), inteligencia emocional (L. Smith y Campbell 2016) y afecto o perspectiva cosmopolita (Schorch, Waterton y Watson 2016). Estas teorías no han sido retomadas previamente en estudios sobre exposiciones internacionales y diplomacia cultural, a pesar de su evidente relevancia.

Nuestro análisis se basa en entrevistas a profundidad con cuatro visitantes de *E Tū Ake*, uno de los cuales realizó posteriormente visitas guiadas a la exposición y, por lo tanto, también comenta sus observaciones sobre otros visitantes. Debido al momento en el que se encontraba el proyecto de investigación en relación con la itinerancia de la exposición, los entrevistados fueron reclutados, a través de los contactos del personal del museo, un año después de que *E Tū Ake* abandonara la Ciudad de México. Por lo tanto, deben considerarse como informantes clave más que como visitantes típicos del museo. Sus impresiones a largo plazo ayudan a revelar muchos de los aspectos más impactantes y memorables de la exposición y las formas en que estos llevaron a la reflexión crítica en casos específicos. También complementan las opiniones de los visitantes de *Aztecs* de manera reveladora, pero no pueden considerarse como una descripción completa de las impresiones de los visitantes de *E Tū Ake* en México.

La temporalidad en la que se desarrolló nuestro proyecto nos permitió realizar un estudio mucho más sistemático de los visitantes a *Aztecs*. Se efectuaron 57 entrevistas cualitativas posteriores a la visita en las tres sedes y veinticinco entrevistas de seguimiento varios meses después de la visita. Los entrevistados fueron reclutados cuando salían de la exposición —o de boca en boca, en algunos casos— y las entrevistas tuvieron lugar, más tarde, y en un espacio conveniente para ellos, cara a cara si era posible, o usando Skype y teléfono. En la mayoría de los casos, esto fue unos días después de la visita, pero a veces transcurrieron varias semanas.

Las entrevistas siguieron una estructura de narrativa biográfica (Wengraf 2001). Primero invitamos a los visitantes a que nos contaran sobre ellos, antes de pedirles que hablaran con el mayor detalle posible sobre lo que pudieran recordar de su visita, con la intención de identificar, sin preguntarles explícitamente, los aspectos de la exposición más memorables e interesantes para ellos. Estas narraciones iniciales de los visitantes fueron seguidas por una serie de preguntas abiertas y entradas, que se refieren a aspectos específicos de la visita, sus sentimientos e interpretaciones y lo que los impulsó. El entrevistador que toma este enfoque biográfico valora mucho la riqueza de los datos que se pueden lograr por este medio, junto con el potencial de atender y aprender de las contradicciones e inconsistencias que pueden estar contenidas en una historia (Hollway y Jefferson 1997). Además de la experiencia vivida, lo que las entrevistas narrativas biográficas pueden proporcionar es una idea de las "culturas en movimiento" (Gergen y Gergen 1993, 2000), es decir, las formas en que las personas contribuyen a las narrativas culturales que, a su vez, les dan forma.

Si bien no podemos afirmar que nuestros entrevistados son representativos de la generalidad de los visitantes a *Aztecs*, nos esforzamos por hablar con una amplia gama de personas en términos de demografía y antecedentes (ver Tabla 4.1 y 4.2), con la esperanza de que esto garantice un rango tan amplio de perspectivas como sea posible.

Varios estudios han demostrado que la construcción de significado de los visitantes puede rastrearse días, meses e incluso años después de una visita y que es necesario un enfoque de largo plazo para capturar estos impactos (Falk y Dierking 2012; Anderson 2003). Los participantes para las entrevistas de seguimiento fueron seleccionados después de un análisis inicial de las primeras entrevistas. La intención era seleccionar entrevistados que representaran una variedad de experiencias y percepciones sobre la exposición.

Tabla 4.1 Entrevistas a visitantes de *Aztecs* por institución, género y origen

Museo	Total de participantes	Número de entrevistas de seguimiento	Masculino	Femenino	Local	Nacional	Extranjero
TP	23	11	12	11	15	7	1
MM	23	9	10	13	17	4	2
AM	11	5	2	9	7	4	0
Total	57	25	24	33	39	15	3
% del total	100 %	44 %	42 %	58 %	68 %	26 %	5 %

Tabla 4.2 Entrevistas a visitantes de *Aztecs* por institución y grupo de edad

Museo	Grupo de edad						
	20	30	40	50	60	70	Total
TP	7	3	4	2	6	1	23
MM	2	5	5	2	3	2	19
AM	2	4	2	2	1	0	11
Total	11	12	11	6	10	3	53
% del total	21 %	23 %	21 %	11 %	19 %	6 %	100 %

Aunque intentamos proporcionar la mayor cantidad de detalles sobre quiénes fueron nuestros entrevistados y lo que nos dijeron, lamentablemente solo podemos ofrecer una instantánea de la riqueza de los datos que recopilamos. Utilizamos seudónimos y ofrecemos un vistazo ocasional de los intereses más amplios de los visitantes y de sus circunstancias la vida, para transmitir parte del contexto relevante de los significados que encontraron en las exposiciones. Comenzamos explorando las formas en que pudieron conectarse con su 'otro' cultural, antes de ver cuáles estrategias usaron para negociar la diferencia y la medida en que estas sugerían perspectivas cosmopolitas. La penúltima sección considera cómo los significados persistieron y evolucionaron después de la visita. Finalmente, discutimos los puntos de vista de los visitantes sobre el valor de las exposiciones internacionales.

Conectando con el otro cultural

Un enfoque cosmopolita nos anima a conectarnos con otra perspectiva cultural e incorporarla a la nuestra. Esto requiere empatía, apertura y "compromiso imaginativo" (Appiah 2006), de modo que podamos comenzar —o continuar—

una conversación sobre igualdad y diferencia. En la relación dinámica entre uno mismo y el otro se crean nuevas capas de significado intercultural.

En las exposiciones, el 'otro' con el que nos conectamos, en general, no está físicamente presente. En cambio, este encuentro se ve facilitado por las estrategias estéticas y las prácticas interpretativas de los profesionales de museo, la cultura material en exhibición y las propias subjetividades de los visitantes, influenciadas biográfica y culturalmente. Juntos, producen una experiencia corporal compleja y desencadenan los procesos interpretativos mediante los cuales los visitantes "piensan" y "sienten" su relación con el otro.

Objetos, sentidos, atmósfera y emoción

Schorch (2012, 1) argumenta que el involucramiento del visitante comienza en un "nivel sensorial, emotivo y encarnado" que se entrelaza con procesos intelectuales e interpretativos. Una experiencia sensorial en una exposición puede ser muy sugerente, ayudando a "traducir" una idea cultural y promover un sentido de conexión. Un elemento muy popular de *E Tū Ake* para los visitantes mexicanos fue una gran "piedra de *mauri*" colocada en la entrada de la exposición. Hecha de *pounamu* (piedra verde o jade), la piedra es el ancla espiritual de la exposición y los visitantes están invitados a tocarla. Tamati-Quennell explica la intención:

> es una cosa muy simple, pero está vinculada a una idea cultural. Es una piedra de toque conceptual, no solo literalmente, para algo mucho más profundo, mucho más antiguo, mucho más fundamental. [...] La gente tal vez entenderá, en un nivel intuitivo u otro nivel, esa idea de *mauri* o fuerza vital. Tal vez no puedan decirlo en esos términos, [pero] tal vez haya sido traducido.

Al principio, Jorge sintió "un shock" cuando vio la piedra de *mauri*. Le sorprendió poder tocarla porque en los museos de México "no se permite tocar". Por lo tanto, le causó "una gran impresión" y, desde ese momento, al comienzo de la exposición, le quedó muy claro que una voz māori estaba hablando en la exposición, que fue realizada por personas con una experiencia real y directa, con una comprensión profunda de los objetos, una perspectiva que él siente que falta en muchas exposiciones de museos. Le dio una fuerte sensación del orgullo māori en su cultura:

Por lo que él[2] ha experimentado en su vida, al ver exposiciones y lo que sabe sobre otros grupos étnicos, etcétera, siente que no hay otro grupo étnico en el mundo que pueda estar tan orgulloso de sí mismo como lo están los māoris.

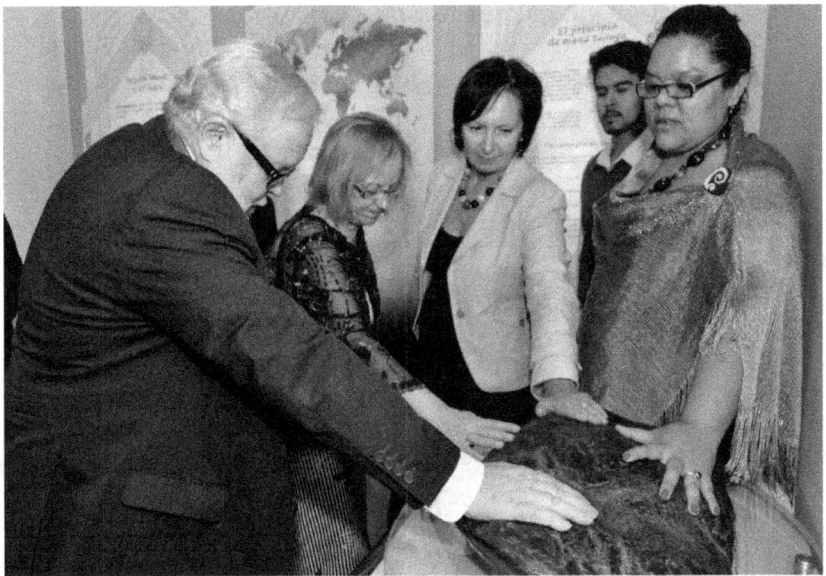

Figura 4.1 Entrada a *E Tū Ake – Orgullo Māori* con la piedra de *mauri*. Museo Nacional de las Culturas. Reproducción autorizada por el Instituto Nacional de Antropología e Historia.

La piedra es lo primero que le viene a la mente a Javier cuando se le pregunta qué recuerda sobre la exposición. La visitó tres veces y recuerda "un sentimiento diferente" de cada vez que tocó la piedra. La primera vez fue emocionante "porque no estamos acostumbrados a tocar los objetos". Comprendió que "supuestamente te estás conectando con el espíritu de los māoris a través de este toque de la piedra" y la conexión se sintió más fuerte con cada visita. Piensa que fue porque "probablemente estaba más abierto" al "sentimiento de los māoris y su conexión con la naturaleza", una experiencia que encontró "atractiva e interesante".

Ricardo describe otro tipo de experiencia encarnada en *E Tū Ake* que ayudó a las personas a alcanzar una comprensión cultural. Muchos mexicanos

---

[2] Estas entrevistas fueron realizadas por Davidson, en inglés, con la ayuda de un intérprete. Las citas corresponden a la traducción del intérprete de las respuestas del entrevistado y, por lo tanto, usan pronombres en tercera persona.

encontraron interesantes las casas de reunión o *wharenui* (casa grande) debido
a su tamaño y a la talla "meticulosa" y Ricardo explica cómo transmitió su
significado en sus visitas guiadas:

> En la casa de reunión, con el antepasado en esta posición [con brazos
> estirados], hice que la gente [tomara] la posición del antepasado y vi que
> sus caras cambiaban frente al objeto, era como "Dios mío, es una
> persona" y tú estás dentro del estómago de ese antepasado. Así que casi
> podía ver el cambio en su mente sobre lo que estaban viendo.

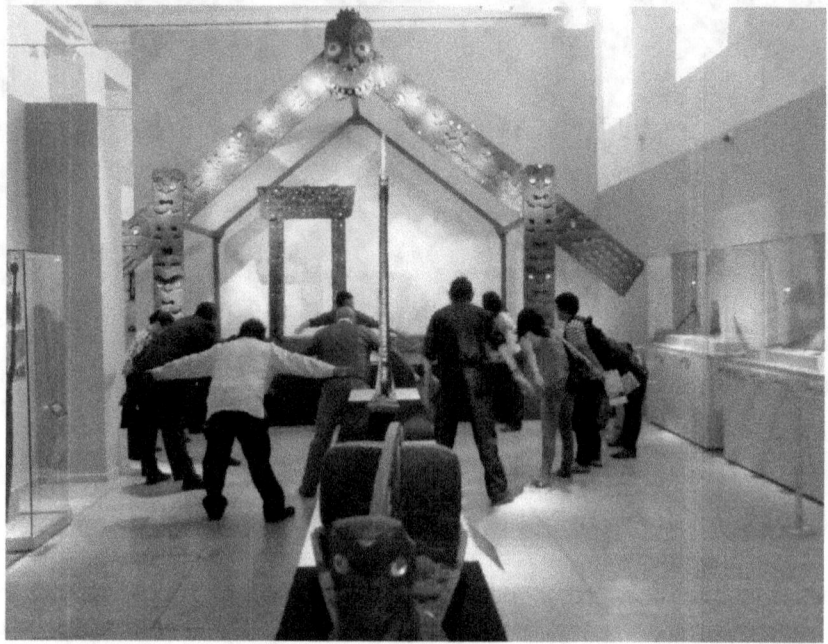

Figura 4.2 Guía del museo con visitantes en *E Tū Ake – Orgullo Māori*. Museo Nacional
de las Culturas. Reproducción autorizada por el Instituto Nacional de Antropología e
Historia.

Las "caras" que vio en *E Tū Ake* —tanto de los *taonga* como de "personas
reales"— fueron sorprendentes e impresionantes:

> El tamaño de los objetos, la mirada en los ojos de los objetos, de las caras
> talladas. Ver las fotos y videos de personas reales, de los verdaderos
> māoris… Es algo que no esperas ver en un museo… esta es una realidad.
> Algo viviente.

En sus visitas guiadas, Ricardo tuvo la impresión de que los "objetos modernos" causaban una profunda impresión en las personas porque están acostumbrados a ver "objetos del pasado" en una exposición y "estaban muy sorprendidos al ver cómo se siguen usando las cosas o cómo siguen existiendo":

> Por ejemplo, ver al príncipe de Inglaterra con una capa māori, las canoas actuales... esto fue realmente impresionante y dio una buena impresión. Y ver una canción de Michael Jackson cantada en māori.

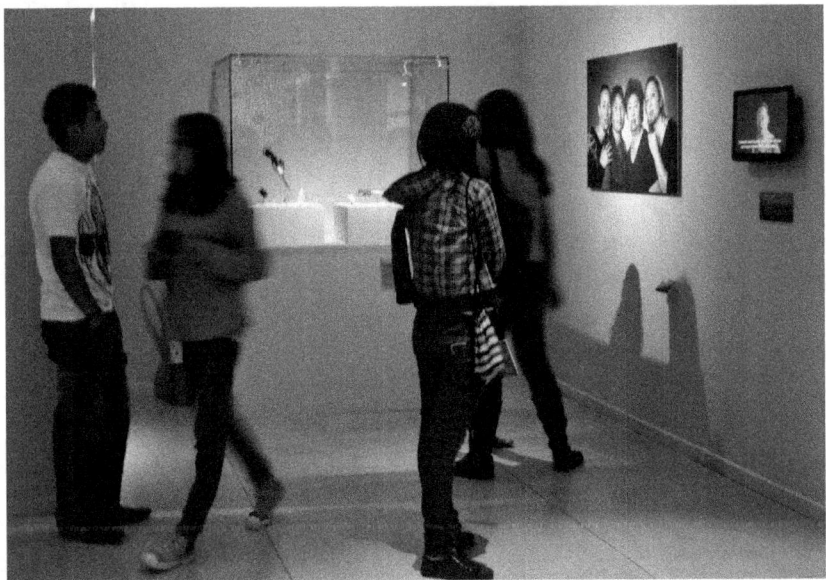

Figura 4.3 Visitantes en *E Tū Ake – Orgullo Māori*. Museo Nacional de las Culturas. Reproducción autorizada por el Instituto Nacional de Antropología e Historia.

Schorch (2013a) argumenta que la sensación de estar cara a cara con el 'otro' cultural es importante para ayudar a los visitantes a pasar de conceptos abstractos de la cultura al contacto real y al diálogo interpersonal entre seres humanos 'culturales'. Esto, afirma, abre la posibilidad de comprensión al unir al yo y al otro y avanzar hacia una integración de perspectivas. *E Tū Ake* brindó a los visitantes esta oportunidad a través de la autorrepresentación, el *mana taonga* y contando la historia de una cultura viva.

En *Aztecs* no había la misma posibilidad de conectarse con personas vivas. Sin embargo, muchos visitantes encontraron maneras de humanizar la diferencia cultural, utilizando habilidades de juego e imaginación, facilitadas por objetos, modelos, diseño y medios interpretativos que crearon una atmósfera que ayudó a comunicar ideas, emociones y sensaciones a los visitantes y les permitió crear una liga empática con personas del pasado. Los objetos no solo eran algo para maravillarse por su antigüedad, sino que eran una ventana al sufrimiento percibido de los demás. Los visitantes hablaron de sentimientos de incomodidad, tristeza, angustia o incertidumbre, que a veces se manifestaron de manera corporal, como "escalofríos" o sentirse "un poco asqueado". Para algunos visitantes, la exposición funcionó como si el tiempo fuera un paisaje emocional, en el sentido de que se desencadenaron procesos evocadores a medida que se movían entre los objetos, su aura de tiempos pasados les hizo reflexionar sobre las vidas y los procesos históricos a los que estaban vinculados.

La materialidad jugó un papel clave en este proceso, ya que el paisaje emocional de la exposición funcionó como mediador entre el pasado y el presente, poniendo en contacto a cuerpos de diferentes períodos históricos. Para algunos visitantes, la "realidad" de los objetos facilitó su asociación con vidas pasadas, desencadenando un tipo especial de empatía desplazada al imaginar al "otro" ausente. Grace, una artista, recordó la sensación de "casi entrar o ver cómo un artista habría podido crear, en algunos casos, la delicadeza de los cuencos y las herramientas para comer que estaban allí". Imaginó "ese sentimiento de deleite y cierto grado de alegría por parte del artista".

Dave quedó "impresionado" por la oportunidad de tener tantos objetos "reales" "al alcance de la mano":

> De repente te da esa sensación extra al caminar y mirar las cosas que la gente ha creado… está justo frente a ti, tienes una gran escultura de piedra casi tocándola, sintiéndola, pensando que alguien ha tallado esto, cientos y cientos de años atrás, es realmente sorprendente.

Saber que "todo aquí era real" le dio a la exposición "mucho más significado" al pensar en las personas que hicieron los objetos:

> Por un momento, te sientes bastante humilde al saber que potencialmente la vida de alguien estaba comprometida con esa escultura y hacerla, así que supongo que la energía de la exposición se intensificó mucho más.

Aunque estos objetos tienen una materialidad inerte, cuando los visitantes los veían como testigos del pasado, agregaban un aura extra y un toque de fascinación de que "en realidad estoy viendo algo que ha presenciado estas cosas". Este fue el caso particular de los objetos relacionados con temas cargados de emociones, como las prácticas de sacrificio, lo que los hizo más "memorables". Para Mark, "ver algunas de las cosas utilizadas para llevar a cabo el sacrificio humano… resonó más en cierta forma". Él recuerda haber visto "algo como una cuchara o cucharón gigante que tenía agujeros para que la sangre pudiera drenar, creo que se usó para sostener órganos como el corazón o algo así". Encontró esto "más perturbador" que haber leído previamente sobre el sacrificio.

Las réplicas y los modelos también conectaron con los visitantes de *Aztecs*, ayudándolos a imaginar las vidas y los sentimientos de los demás y a incorporar ciertos conceptos culturales. Al encontrarse con el modelo de tamaño real de un guerrero águila, uno de los objetos más comúnmente mencionados en *Aztecs*, Isaac imaginó que "podría ser bastante intimidante verlo en la vida real, en una batalla o algo así, un tipo mitad águila o algo así...". Cuando Marcus vio "al tipo con sus plumas", recuerda haber pensado "'esto es increíble', es como un momento impresionante, piensas 'guau', el nivel de sofisticación de eso, absolutamente increíble". Para Kelly, "esa tangibilidad con el hombre emplumado fue fantástica, sabes, toda la armadura, de tamaño real, al principio de la muestra, fue muy dramático". Morgan encontró interesante al guerrero águila porque "parecía simbolizar la idea de asustar al enemigo o de intimidarlo, en lugar de tratar de luchar contra él, lo que, por supuesto, era aprovechado en sus guerras entre tribus para capturar personas para el sacrificio humano".

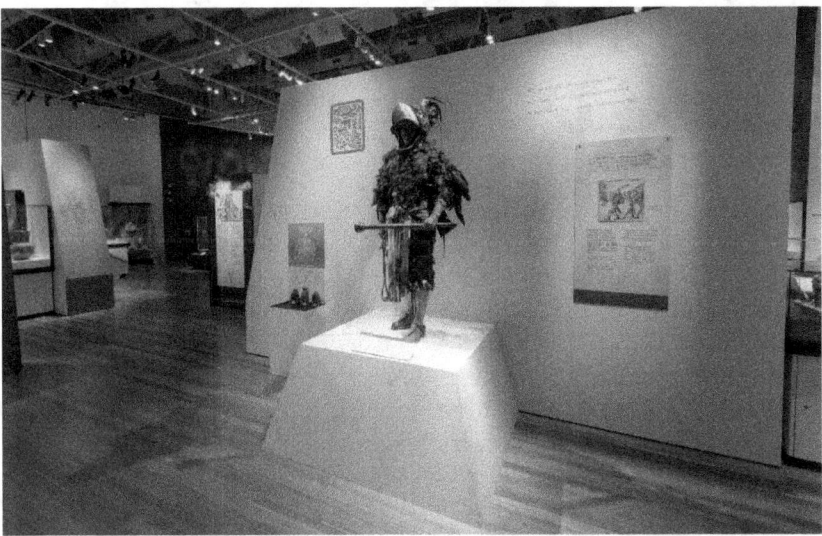

Figura 4.4 Guerrero águila. Te Papa. Fotografía cortesía de Te Papa.

Quizás menos dramático, pero también memorable y significativo, fue el modelo completo del mercado con un paisaje sonoro grabado en un mercado en México con voces contemporáneas en náhuatl, que ayudó a los visitantes a comprender, como lo expresa Gemma, "la forma exacta en que habrían vivido". Hana descubrió que "es tan visual... hace que sea más fácil sentir cómo era".

Una réplica de una pelota de goma, parte de una sección sobre el juego de pelota o *tlachtli*, también se comentó a menudo. Los visitantes podían tomar la pelota y sentir su peso. Uno de los recuerdos más fuertes de la exposición para Gemma fue sostener la "bola pesada… tratando de imaginar cómo sería jugar ese juego y pensar que sería casi imposible".

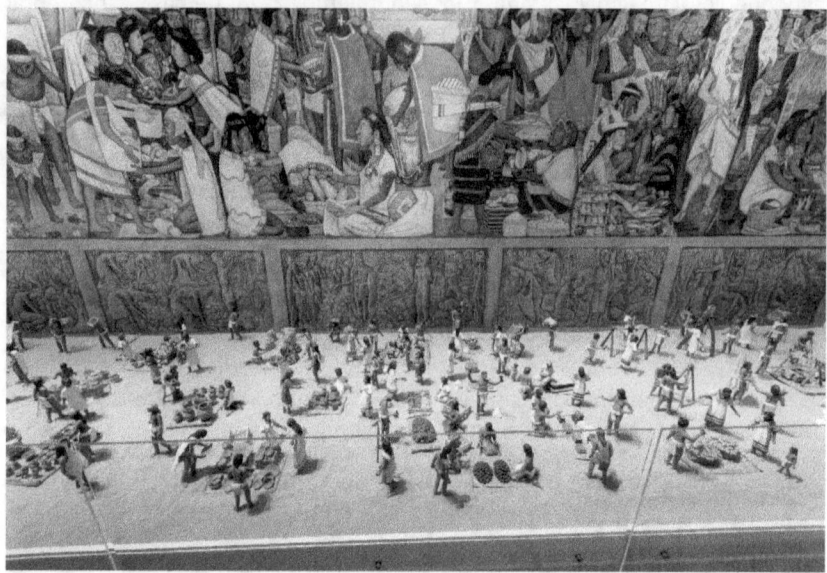

Figura 4.5 Modelo de mercado azteca. Te Papa. Fotografía cortesía de Te Papa.

A menudo, lo que afectó más profundamente a los visitantes —y, por lo tanto, fue más memorable— no fueron tanto los objetos particulares como las agrupaciones o combinaciones de estos que, junto con la iluminación y los paisajes sonoros, crearon una atmósfera o sentimiento general que llevó a los visitantes "en un pequeño viaje" o hizo "tangible" algo que anteriormente era "conceptual". En *E Tū Ake*, Jorge disfrutó de la combinación de *pātaka* [almacenes], *waka* [canoas], fotos y videos, pues sintió que había sido "transportado a un lugar diferente". Después de visitar *Aztecs*, Kelly no pudo recordar "cada pieza", sino que tuvo una "impresión general de ver los artículos de hormigón [sic] muy antiguos al principio":

> y eso te remite inmediatamente a… supongo que a la historia de lo que usted está a punto de encontrarse y qué tan atrás va y cuán tangible es. Creo que siempre es realmente notable cuando piensas, bueno, yo pienso en los aztecas en un nivel conceptual y siempre pienso en ellos como algo bastante intangible.

Kelly describió esta impresión como "probablemente lo mejor para llevarse de toda la exposición".

La intención particular de Te Papa fue que la maqueta del Templo Mayor creara una experiencia inmersiva para los visitantes (ver Capítulo 3). La gran réplica dominaba el espacio y, por lo tanto, era muy relevante para el paisaje sensorial de la exposición. Para algunos visitantes, sin embargo, esto no fue un éxito. Encontraron el templo "un poco grotesco" o poco impresionante, "solo parecía plástico". Para otros fue: "impresionante", "llamativo", "espectacular" o "espeluznante, pero de una manera interesante". Para aquellos que respondieron positivamente, el templo tenía un aura particular, incluso siendo una reproducción. Estos visitantes usaron su imaginación, conectándose en un nivel emocional y permitiéndose ser transportados. Alex sintió que la iluminación y los efectos especiales creaban una "vibra de otro mundo". A Kim le pareció "un poco un viaje", como viajar "a Machu Picchu o a otro lugar". Natalie recordaba estar frente al templo y sentir cómo podría haber sido para un plebeyo azteca. Ella pasa de los sentimientos a la reflexión y la especulación:

> Creo que se supone que debe hacerte sentir la enormidad de todo y creo que realmente hace eso, de pie frente a él y leyendo un poco sobre... ya sabes, cómo a la gente nunca se le permitió entrar al templo y sentí esta asociación, como un extranjero que no puede ser parte de eso, y me hizo preguntarme si no solo el sacrificio que la gente hizo fue por motivos religiosos, sino también [por] poder experimentar este nivel del que nunca podrán ser parte.

El "interior" del templo fue muy evocador para muchos visitantes. Diseñado para transmitir las creencias aztecas sobre la muerte y el más allá, incluyó una proyección que abarca los nueve niveles del inframundo mexica, con un paisaje sonoro e imágenes sombrías de búhos y arañas que se mueven a través de las paredes. Dentro del espacio había objetos funerarios, estatuas y una máscara hecha con un cráneo humano. A Lyndal le encantaba el hecho de que pudieras entrar. Pensó que podría haber resonado con ella porque "es muy diferente de mi propia realidad" y porque "me lleva de vuelta a todos los templos que visité en América del Sur, me encantó".

Andrés encontró la experiencia muy conmovedora y sugerente. En su primera entrevista, describió su impresión de que "respetan a los muertos... puedes sentir que, en el templo, ves todo y entiendes que siempre viven más allá de la realidad". En la entrevista de seguimiento, siete meses después de su visita, recordó en detalle la experiencia sensorial, cómo lo hizo sentir parte de una "ceremonia" y profundizó su comprensión encarnada de la sociedad azteca:

Hay algo de música de fondo, algo de percusión, música, y eso te afecta visualmente, porque sientes ese sonido, esa vibración, esa música… y te das cuenta de que todo lo que sucede a tu alrededor era parte de un sistema social que existía, y ese sistema social funcionaba con elementos como la música y ese tipo de cantos guturales, ruidos… entiendes que hay una ceremonia y el sonido circundante te incluye en la ceremonia.

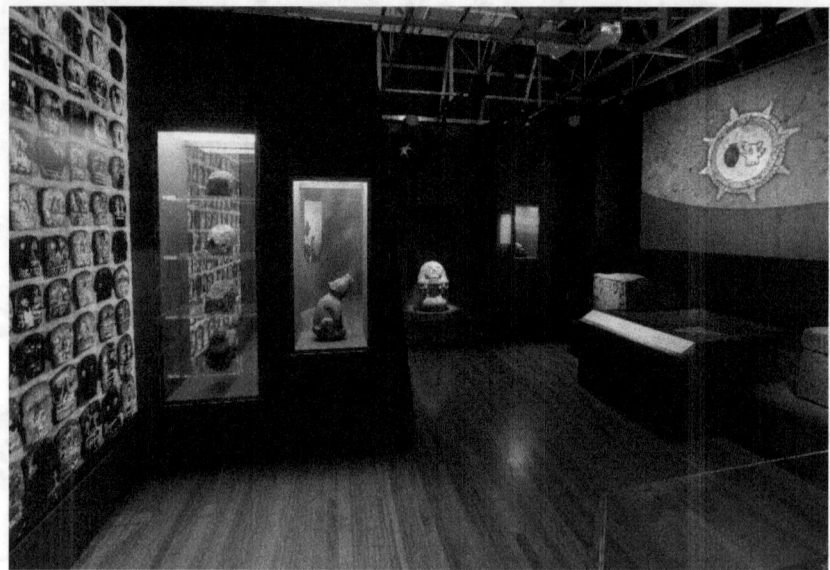

Figura 4.6 El interior del templo. Te Papa. Fotografía cortesía de Te Papa.

Otros describieron la atmósfera como "misteriosa" y "espeluznante". Para algunos fue un sentimiento muy incómodo, ya que resonó con cosas que personalmente encontraron "desafiantes", "trágicas" o "sombrías". Dylan se sintió "incómodo" y la imagen de la araña que se arrastraba "me puso nervioso". Marcus también lo encontró "extraño" y quería salir rápidamente, pero fue retrasado por los amigos con los que iba. Tenía una "sensación inquietante que revolvía el estómago". Su abuela había muerto recientemente y se sentía incómodo con "enfrentarse a la muerte, algo a lo que no estamos acostumbrados". Intentó "meterse en la cabeza de [los aztecas], lo cual no puedo entender… No estoy tan acostumbrado a eso, fue un poco impactante". Sally encontró el espacio del templo "muy sombrío, muy triste" porque "veo mucho de eso en mi trabajo".

En comparación, Harry encontró sus emociones en el templo "realmente evocadoras" y útiles para transmitir una "perspectiva diferente" sobre la muerte:

Ir al inframundo y tener una sensación de temor, simplemente te da escalofrío... fue realmente muy bueno... eso fue una experiencia positiva, a pesar de que fue algo... supongo que dirías que eran emociones oscuras, pero que en ese momento fue sereno y misterioso, pero fue bueno, lo disfruté.

Las variaciones en estas respuestas emocionales y sus interpretaciones demuestran que las estrategias de la exhibición pueden resonar de manera muy diferente en los visitantes individuales, dependiendo de sus preferencias particulares, preocupaciones, estados mentales existentes y, como sugieren L. Smith y Campbell (2016), del tipo de inteligencia emocional en términos de su capacidad para gestionar identificaciones imaginarias y sus emociones resultantes.

Harry, un joven estudiante de sociología, parece tener una habilidad e inclinación particularmente bien desarrolladas para asumir las identidades y sentimientos de los demás de una manera lúdica. Teniendo un antiguo interés en la "naturaleza guerrera" y en cómo se "manifestaba en diferentes culturas", cuando Harry vio el modelo del guerrero águila sintió que "reforzaba todo eso en lo que ya estaba pensando". También se sintió atraído por su experiencia de los guerreros águila como "una unidad con la que puedes luchar" en el popular videojuego *Age of Empires*. Pensaba que eran "tan inspiradores", con "toda su creencia de que al usar las plumas en realidad tienen como el espíritu del animal". En su entrevista de seguimiento, once meses después de su visita, Harry recordó vívidamente este encuentro:

Fue tan grande... que realmente podría tener la sensación de que cientos de estos tipos venían hacia mí... y el terror que habría provocado. O incluso ser uno de ellos y tener el honor de encarnar ese espíritu.

En lo que Harry se involucra —como otros que cruzan las fronteras temporales y culturales para imaginarse a sí mismos como aztecas— es una forma de juego categorizada por Caillois (1961) como mimetismo; es decir, la aceptación temporal de una ilusión y/o universo imaginario, en el que nuestra intención es hacer creer que somos alguien distinto de nosotros mismos; olvidamos, nos disfrazamos o nos despojamos de nuestra personalidad para fingir otra. Esta forma de juego está presente en muchas prácticas culturales, incluidos los juegos de niños, pero igualmente en el juego de los adultos al usar disfraces, en el teatro y cuando se lee ficción. El mimetismo implica una "invención incesante" a través de la imaginación, la identificación y la interpretación (Caillois 1961, 23). Esto pone de relieve la naturaleza creativa, hábil e intrínsecamente placentera de esta interpretación, que "radica en ser o hacerse pasar por otro" (Caillois 1961, 21). También destaca hasta qué punto es una transacción entre los desarrolladores de la exposición y el visitante. En el mimetismo, el "actor", en nuestro caso el diseñador/intérprete/curador, debe "fascinar" al espectador/visitante y evitar errores que rompan la ilusión (ver Capítulo 3); el "espectador debe prestarse [sic] a la ilusión sin desafiar la decoración, la máscara o el artificio en el que, durante un tiempo determinado, se le pide que crea como más real que la realidad misma" (Caillois 1961, 23).

Si bien nuestra investigación afirma la importancia de la imaginación, identificada por autores anteriores, al aplicar la lente analítica del juego podemos identificar una comprensión más matizada de cómo una conexión empática exitosa se basa en una combinación de las habilidades de los jugadores y la creación de una ilusión por desarrolladores de exposiciones.

¿Terreno común? En busca de similitudes

Según Schorch (2013a), usualmente nos embarcamos en un "viaje intercultural" utilizando nuestro propio entorno interpretativo o "historial de contactos" para hacer conexiones y comparaciones, buscando similitudes y diferencias. Los antecedentes, intereses y experiencias previas de los visitantes, claramente los atrajeron a objetos con los que podían relacionarse e influyeron en la forma en que respondieron a ellos en ambas exposiciones. El geólogo Geoff, por ejemplo, tomó nota de los "objetos tipo obsidiana" en *Aztecs*, particularmente el armamento, que comparó con "armas tradicionales de tipo europeo o incluso armamento māori y pasifika", encontrándolo muy diferente y "bastante llamativo".

Como sugiere Mason (2013), los visitantes necesitan "puntos de reconocimiento" desde los cuales pueden explorar territorios de diferencia cultural. Reflexionar sobre lo que se comparte entre las culturas y lo que las hace peculiares es otro medio de explorar las relaciones dinámicas entre uno mismo/otro, aquí/allá y pasado/presente. Medina sentía que los mexicanos encontraron una "entrada" en la cultura māori a través de su herencia azteca, como sus deidades similares, su amor por la música y el hecho de que "el jade era muy importante para nuestros antepasados". Al comentar sobre la exhibición de la mesa del *marae* (ver Capítulo 3), Sofía tuvo la impresión de que la hospitalidad era algo que los māori y la cultura mexicana compartían.[3] Ricardo estaba impresionado por hasta qué punto "podía

---

[3] Ver discusión acerca de *manaakitanga* y *tequitl* en el Capítulo 2.

asociar su propia vida" a *E Tū Ake* y es algo que encontró que los visitantes hicieron en sus recorridos: "La gente realmente diría, 'ah, esto es como en México'".

Las experiencias comunes dieron a los visitantes la sensación de que sabían cómo se sentían los demás y, por lo tanto, los conectaron con el otro cultural a través de la empatía. Los temas de protesta y afirmación cultural afectaron particularmente a los visitantes mexicanos. Ricardo dijo que los mexicanos se identificaron con los māori como personas que habían sido colonizadas

En realidad, tenían esta asociación inmediata al ver a los ingleses que venían y colonizaban. Inmediatamente pensaron en, ajá, los españoles. Entonces sintieron empatía y asumieron el papel de los māoris de inmediato... como pueblos que fueron colonizadas y sufrieron la guerra y los asesinatos.

Jorge sintió que los māori "han sufrido exactamente lo mismo que los mexicanos" a través de la colonización.

Estas interpretaciones de otra cultura, filtradas a través de lentes biográficos y culturales, se utilizan para reflexionar sobre la propia herencia, identidad y política del visitante, lo que a veces conduce a evaluaciones críticas. Sofía también observó un "sentimiento común" de "opresión", que debido a "nuestro pasado colonial... podemos identificarnos con todas las historias de dominación... todas las injusticias del poder colonial en Nueva Zelanda". Como antropóloga, familiarizada con "muchas personas que son indígenas aquí en México", sin embargo, es crítica con esta identificación:

[La] población mexicana habla sobre cómo la colonización puso fin a las culturas de los pueblos indígenas y cómo destrozó nuestro patrimonio, nuestro legado, ¿sabes? Es muy divertido porque la gente aquí siempre habla de la Conquista en primera persona: vinieron y nos conquistaron. Y sufrimos mucho, como diciendo... "¡eres blanco!" como una victimización. Pero la parte divertida es que, en medio de esta victimización, algunas personas no se dan cuenta de que aún persisten los grupos indígenas, ¿sabes? Todavía están ahí. Se las arreglaron para mantenerse con vida, tal vez no en las mejores condiciones. Sufrieron a través del proceso colonial, pero también sufrieron a través del devenir nacional desde el siglo XIX, cuando finalmente fuimos independientes, una nación, lejos de esos malvados españoles. En realidad, la peor parte para los pueblos indígenas comenzó [en ese entonces] y eso no es algo de lo que se hable a menudo, ¿sabes? Tiendes a pensar en la historia como una de personas malvadas —españoles— contra personas buenas. Y la gente buena tiene dos representaciones: en el pasado, los pueblos indígenas; en el presente, los mexicanos. Así que olvidas que los pueblos indígenas todavía están allí. Es como minimizar sus esfuerzos, sus peleas y su reivindicación.

En *Aztecs*, cuando se les preguntó cómo se compara la cultura azteca con su propia cultura u otras culturas con las que estaban familiarizados, la reacción inicial de la mayoría de los visitantes fue que era "completamente diferente". Sin embargo, incluir aspectos de la vida cotidiana en la exposición los ayudó a imaginar cómo podría haber sido su vida y a conectarse con ellos como personas "normales". Para Louisa, una estudiante del Reino Unido, "la parte de la vida cotidiana fue mi favorita":

> Me pareció fascinante imaginar cómo fueron sus vidas... creo que realmente me gusta porque los hace menos remotos, porque ellos simplemente tenían vidas normales, como nosotros [risas]. Y los niños van a la escuela y comen y van a los mercados y eso es algo que los hace parecer mucho más cercanos que cuando los ves como guerreros.

Los dioramas, como la concurrida escena del mercado ya descrita, animaron estos saltos imaginativos. Por ejemplo, ayudaron a Aaron a ver más allá de los "aspectos dramáticos" y "a apreciar que la vida continúa para las otras decenas de miles de personas, tienen que comer, dormir y comerciar... y todo ese tipo de cosas".

Varios visitantes a *Aztecs* tenían identidades culturales "híbridas", lo que les permitía ver los temas de la exposición reflejados en múltiples superficies culturales. Sasha es trabajadora social y profesora universitaria, originaria de Ucrania que ahora vive en Winnipeg, Canadá. Vio la exposición en Melbourne mientras asistía a un congreso. Comparó la cultura mexica con las culturas tradicionales de Ucrania, así como con las Primeras Naciones canadienses. Dina es una antropóloga cultural treintañera, actualmente vive en Darwin y trabaja en los derechos indígenas a la tierra. Al visitar Melbourne durante el fin de semana con su madre, que era originaria de Filipinas, Dina pudo encontrar paralelismos con otra antigua colonia española, además de contemplar nuevos temas para los pueblos indígenas.

Andrés es colombiano y vive en Nueva Zelanda con su esposa "*kiwi*"[4] y sus dos hijos pequeños. Ver una exposición sobre "cultura mexicana en *Aztecs*", "mostrada desde el punto de vista de los neozelandeses" tuvo "un buen impacto en mí". Sintió que la exposición "me regresó en el tiempo para

---

[4] Así se autodenominan los neozelandeses, el nombre proviene de un ave endémica de esa isla.

acercarme a cosas de nuestras culturas latinoamericanas" y ayudó a su familia a entender "por qué nos gustan los colores, por qué somos un poco ruidosos a veces".

Las perspectivas de estos visitantes resaltan la naturaleza *policentral* de la identidad en nuestras sociedades globalizadas y el efecto que esto puede tener en las respuestas de los visitantes en exhibiciones internacionales. Nuestras identidades "líquidas" necesitan ser "continuamente negociadas, ajustadas, construidas sin interrupción y sin perspectiva de finalidad" (Bauman, 1988, 41; 2001, 87). Para negociar con éxito este terreno, debemos aceptar cierto nivel de ambivalencia y fluidez en las relaciones entre uno mismo y el otro, entre la proximidad cultural y la distancia. Lo que vemos aquí son visitantes que, en virtud de sus circunstancias personales, pueden hacer múltiples comparaciones culturales, al moverse entre los diferentes "centros" de sus identidades en la forma en que ven la exposición. Esto requiere imaginación, sensibilidad, autorreflexividad y la voluntad de explorar fronteras flexibles, similares a los visitantes que exploraron diferentes centros de identidad a través del mimetismo intercultural.

Negociando la diferencia: creando significados cosmopolitas y contra-cosmopolitas

La coexistencia no puede construirse sobre ilusiones de igualdad, homogeneidad o armonía fácil. (¿Podría ser alguna vez?) La cohesión tiene que estar arraigada y ser capaz de absorber los desacuerdos, los conflictos y las diferentes visiones del mundo.

(Sandahl 2012, 471)

En los encuentros con diferentes formas de dar sentido al mundo hay dos opciones: un proceso de aprendizaje o una regresión (Delanty 2006). Tanto *Aztecs* como *E Tū Ake* intentaron desafiar, en cierta medida, las percepciones de la gente acerca del otro cultural. La investigación sugiere que los momentos de transformación son raros para los visitantes del museo, que en su mayoría buscan reforzar las narraciones de sí mismos y de otros (L. Smith 2016; Dudley 2017).[5] L. Smith (2016) argumenta que pocos visitantes, cuando se enfrentan a emociones difíciles, utilizarán la empatía y la imaginación para transformar su comprensión del pasado. En cambio, los sentimientos incómodos los llevan a desconectarse emocionalmente utilizando lugares comunes (L. Smith 2016),

---

[5] Vale la pena mencionar que estas conclusiones se basan en entrevistas a visitantes a la salida de las exposiciones, por lo que capturan respuestas iniciales y no procesos de reflexión y construcción de significados, que tienen lugar con el paso del tiempo.

"declaraciones básicas y poco elaboradas" (Dudley 2017) o "malos entendidos etnocéntricos y tolerancia indiferente" (Schorch, Waterton y Watson 2016).

En ambas exposiciones hubo aspectos de la diferencia cultural que fueron un *shock* o una sorpresa para los visitantes, desafiando sus perspectivas culturales. Entonces, ¿qué sucedió cuando los visitantes se encontraron con prácticas y conceptos culturales que les parecieron desafiantes e incómodos?, ¿todavía podrían conectarse a través de la diferencia? Y, de ser así, ¿cómo?, ¿o es demasiado pedir la transformación de las percepciones de uno mismo y de los demás en una visita a la exposición?

E Tū Ake incluyó una sección sobre *tā moko* (tatuajes māori) como práctica habitual. Según Medina, esta fue una diferencia cultural que cautivó a los visitantes mexicanos. Se sorprendieron y se asombraron "al ver a las personas con tatuajes en la cara, en los brazos… Los tatuajes aquí no están en la cultura, no tienen pasado, es decir, con los antepasados".

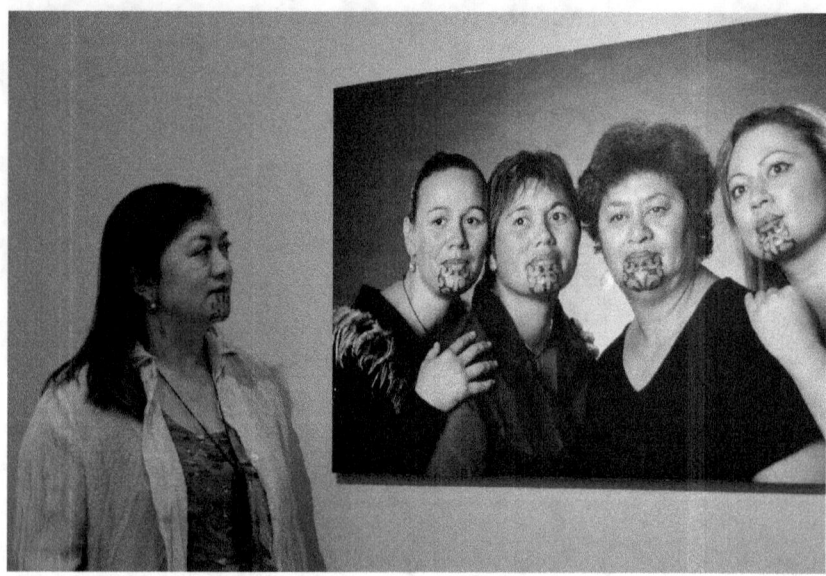

Figura 4.7 Exhibición de *tā moko* en *E Tū Ake – Orgullo Māori* con la curadora de Te Papa, Rhonda Paku. Museo Nacional de las Culturas. Reproducción autorizada por el Instituto Nacional de Antropología e Historia.

Jorge explicó que muchos mexicanos tienen "ideas equivocadas sobre qué es el tatuaje y para qué sirve" y "piensa que la gente juzga las cosas sin saberlas". Ricardo estimó que "el 80 % de los visitantes tenía esta idea convencional y tradicional de un tatuaje como algo para personas de clase baja". Los visitantes mexicanos se sorprendieron al ver los instrumentos reales utilizados para hacer *tā moko* y que se realizara sobre partes sensibles del cuerpo, como los labios: "decían 'oh' y sentían el dolor". Sin embargo, sintió que la exposición "cambió las mentes de las personas" y "realmente estaban entendiendo una perspectiva diferente". El equipo educativo de MNC había desarrollado varios recursos para ayudar a explicar los diseños y el simbolismo de *tā moko* y también ofreció a las personas la oportunidad de 'usar' *tā moko* con una almohadilla de rodillo y tinta. Esto fue muy popular entre los visitantes, Navarro recuerda largas filas de niños y adultos esperando la oportunidad de asumir juguetonamente una identidad māori.

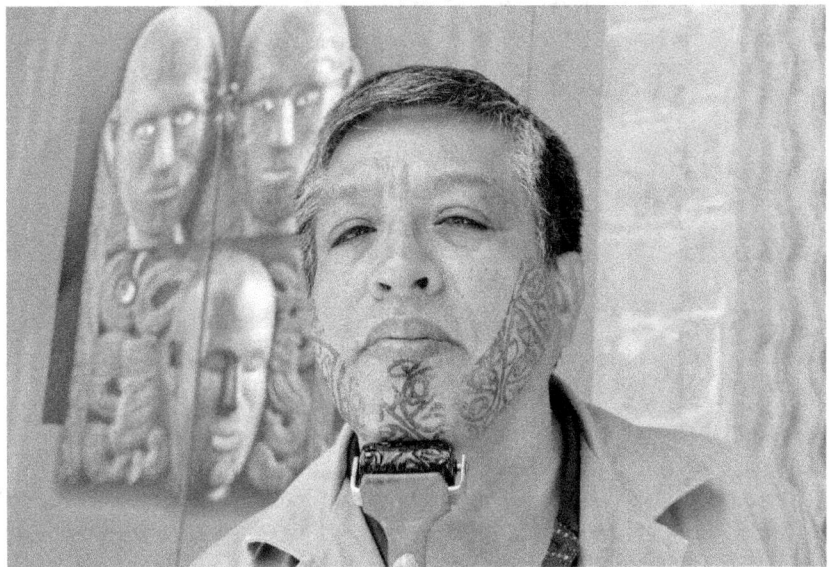

Figura 4.8 Un visitante participando en la actividad sobre *tā moko*. Museo Nacional de las Culturas. Reproducción autorizada por el Instituto Nacional de Antropología e Historia.

A Javier le impactó la máscara de vida del jefe Wiremu Te Manewha, hecha por el artista europeo Gottfried Lindauer en la década de 1880. Ese *taonga*, que reproduce perfectamente el *moko* facial completo de Te Manewha, se colocó junto a fotos de sus descendientes vivos, para quienes es muy valioso, lo que ilustra la importancia de las relaciones familiares, la identidad y la interconexión de las generaciones (H. Smith 2011; Te Papa 2009). Fue sorprendente para Javier ver "un hombre mayor que se había tatuado toda la cara y su expresión". Sin embargo, después de leer sobre el significado de los *tā moko*, entendió que transmitían *mana* y "esto es algo que le llamó mucho la atención: la forma de respetar y honrar a los jefes muertos o personajes importantes para una tribu". Relaciona esto con la "veneración por las personas mayores" de varios grupos étnicos en México, así como con el ritual de Día de Muertos que es "una de las pocas tradiciones que mantenemos".

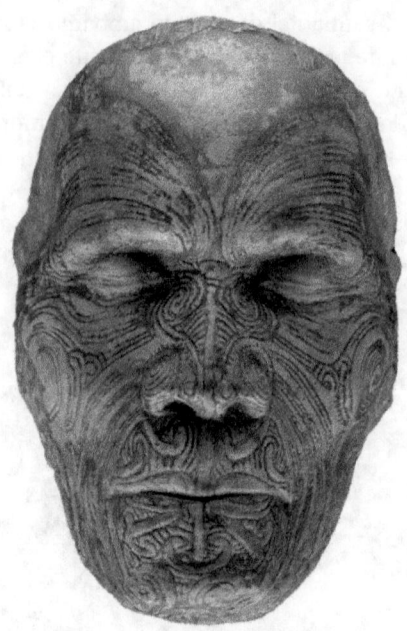

Figura 4.9 Máscara de vida de Wiremu Te Manewha (Ngāti Koroki, Ngāti Raukawa), realizada por Gottfried Lindauer y Sir Walter Buller alrededor de 1885. Fotografía cortesía de Te Papa.

Los temas de protesta y afirmación en *E Tū Ake* también causaron un "choque cultural" para algunos visitantes, lo que condujo a una autocomprensión crítica, una de las evidencias de una visión cosmopolita (ver Capítulo 1). Como lo explicó Jorge, al comparar "el orgullo de los māoris" con la "cultura mexicana, nuestra tradición y nuestra historia", y piensa que "no nos sentimos así y deberíamos":

> No nos sentimos tan orgullosos y realmente no lo conservamos como lo hacen los māoris… Es triste que realmente no peleemos y realmente no nos sintamos tan orgullosos de nuestras raíces como ellos.

Se sintió "conmovido y emocionado" por la forma en que los māori "se respetan mutuamente" y reflexiona que los mexicanos "no nos vemos como un grupo de personas que pertenecen a la misma cultura" y que "necesitamos ese tipo de espíritu, más un sentimiento de grupo, de comunidad, de crecer, aprender, desarrollarse juntos como grupo y como uno solo". Javier también se conmovió y se sintió inspirado por la forma en que los māori "han estado luchando pacíficamente" y cómo han logrado "permanecer y persistir y resistir en esta sociedad moderna". Pensaba que los mexicanos "estaban tan reprimidos en algún momento que deberíamos luchar más"; este fue un ejemplo de cómo hacerlo "de manera pacífica".

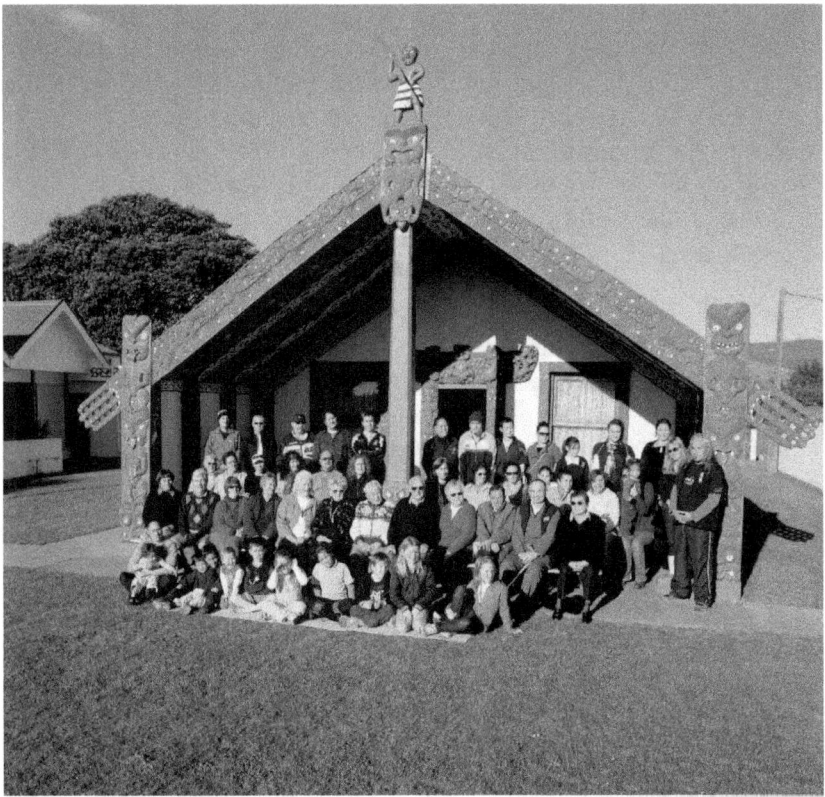

Figura 4.10 Gráfico de la exposición *E Tū Ake*: Descendientes de Wiremu Te Manewha. Fotografía cortesía de Te Papa.

Ricardo también notó que las personas en la exposición se conmovieron por los māori "luchando por el derecho a vivir" y se sintió "triste" porque en México "realmente no tenemos ese espíritu de mantener viva nuestra cultura y tradiciones". Al ver la diferencia entre los māori y ellos mismos, resaltaron su propia identidad cultural ambigua en que "no nos sentimos identificados con los indígenas y tampoco nos sentimos identificados con los españoles… hemos perdido la identidad".

Medina cree que la exposición llevó a los mexicanos a pensar en "nuestra cultura" y les recordó que muchas personas en la sociedad mexicana están en desventaja y "no tienen oportunidades". A este respecto, consideró que "Nueva Zelanda es un magnífico ejemplo para nosotros" y lo que la gente aprendió de *E Tū Ake* fue "no solo fechas históricas", sino cómo "los indígenas māoris siguen adelante e intentan conservar sus raíces" y "eso es muy importante para nosotros".

La exposición llevó a Javier a reflexionar que los grupos indígenas podrían "sobrevivir" a la colonización "sin perder su identidad, como sucedió aquí... Aunque [los māori] han adoptado cierta modernidad, no han perdido sus tradiciones, sus orígenes"; reflexiona sobre por qué los grupos étnicos en México no son "parte de la vida moderna". Según Ricardo, otros visitantes a la exposición "en realidad estaban cambiando su perspectiva de los pueblos indígenas":

> Porque quedaron impresionados nuevamente al ver a los māoris o indígenas neozelandeses tener cierta modernidad dentro de su cultura, como tener un canal de televisión o usar algunos objetos modernos. Y siente que la gente quiere que los indígenas aquí en México se exhiban en un escaparate sin ser tocados por ninguna modernidad. Entonces reflexionaban que tal vez, al ver a los māoris mezclarse con la modernidad sin perder sus raíces, tal vez los indígenas mexicanos puedan hacer eso también. En realidad, pueden evolucionar sin perder sus tradiciones y mezclarse con la modernidad y las sociedades modernas.

Las diferencias culturales significativas que el público de Australasia encontró en *Aztecs* fueron, quizás, más difíciles de superar, ya que, sin una dimensión contemporánea, necesitaban conectarse no solo entre sí mismo/otro, sino también entre pasado/presente. Lawrence, un sacerdote anglicano retirado, expresó su frustración porque "el problema con las exposiciones, [es que] solo abren una lata para ti... idealmente me gustaría conseguir un sacerdote azteca de esa época y sentarlo y hablar con él".

La cultura azteca[6] se sentía "extraña" y "muy diferente" para Louisa, pero trató de imaginar cómo se sentiría si pudiera regresar en el tiempo y vivir allí. "¿Qué pasaría si fuera allá?, ¿qué pasaría si pudiera experimentarlo? Quiero decir que sería diferente, pero... eran personas normales... Y estoy segura de que se sorprenderían si vinieran aquí ahora y sería diferente". "Puede que no sea más extraño", continúa, "que vivir en la Inglaterra de los Tudor o en la España del siglo XVI... las dos serían igualmente diferentes a nosotros, pero también... son

---

6 Hemos estado usando el término 'mexica' como el nombre adecuado para el grupo cultural prehispánico y 'azteca' para su representación cultural en exposiciones internacionales. Sin embargo, en esta sección, mantenemos 'aztecas' en todas las referencias porque vienen del relato de los visitantes de la exposición.

puntos interesantes desde los que te puedes relacionar". De cualquier manera, se requeriría adaptación: "no se puede simplemente salir y ser el mismo".

Los creadores de *Aztecs* querían ofrecer una visión "equilibrada" y "completa" de la cultura mexica a través de temas como la música, la educación, la agricultura y el arte para obtener una comprensión más amplia y completa, en lugar de una percepción negativa centrada en el sacrificio humano (ver Capítulo 3). Las impresiones de la cultura mexica variaron ampliamente. Mientras que se usaron palabras como "salvaje", "bárbaro", "mórbido", "macabro", "brutal", "sediento de sangre", "primitivo", "espantoso" y "ajeno" para describir a los aztecas, también se utilizaron "avanzados" y "sofisticados". Muchos visitantes mantuvieron ambas impresiones en relación con diferentes aspectos de la cultura, lo que sugiere que fueron capaces de tolerar un nivel de ambivalencia y contradicción, o mostraron incertidumbre sobre la formación de opiniones firmes, estableciéndose en un enfoque 'ambos/y' en lugar de 'uno/otro'. Cora, por ejemplo, pensaba que las vidas de los aztecas eran "horripilantes" y "brutales" en comparación con otras culturas, pero admitió que "hay dos lados en realidad, de alguna manera tenían su sociedad, sabes y sus..., las cosas que parecían ser bastante... muy avanzadas, no avanzadas-avanzadas, pero avanzadas en comparación con sus creencias, sus creencias eran bastante básicas y sí, eso es todo lo que puedo decir".

Kelly describe su experiencia como "muy vívida":

> Porque inicialmente pensé que los aztecas eran una horda sedienta de sangre, para ser honesto [risas], y creo que lo fueron, realmente, pero fue maravilloso tener esos niveles de conocimiento cultural, historias y dioses y —como dije— sabes, tener una mayor comprensión de su vida cotidiana y de lo que era importante para ellos y por qué fueron diezmados tan rápido como lo fueron.

Ciertas partes de la sociedad azteca impresionaron particularmente a los visitantes, como el sistema educativo y su agricultura, y varios sintieron que se podría aprender de ellos. Isaac recordó estar "impresionado" por el "ingenio" de las *chinampas*, que fueron representadas en la exposición por una maqueta que fue muy popular. Basilio los describió como "asombrosos" y "tremendos" y sintió que los aztecas eran "una civilización bastante avanzada". Otros los describieron como "muy inteligentes" y "bastante sofisticados". Aunque al leer sobre el dios desollado Xipe Tótec le dio a Marcus la impresión de que "estas personas son asquerosas", se sorprendió de "cómo se les ocurrió esta cosa perfecta [*chinampas*] y el hecho de que estaban enraizadas con sauces, como ancladas, bueno, estos tipos son geniales, podríamos aprender mucho".

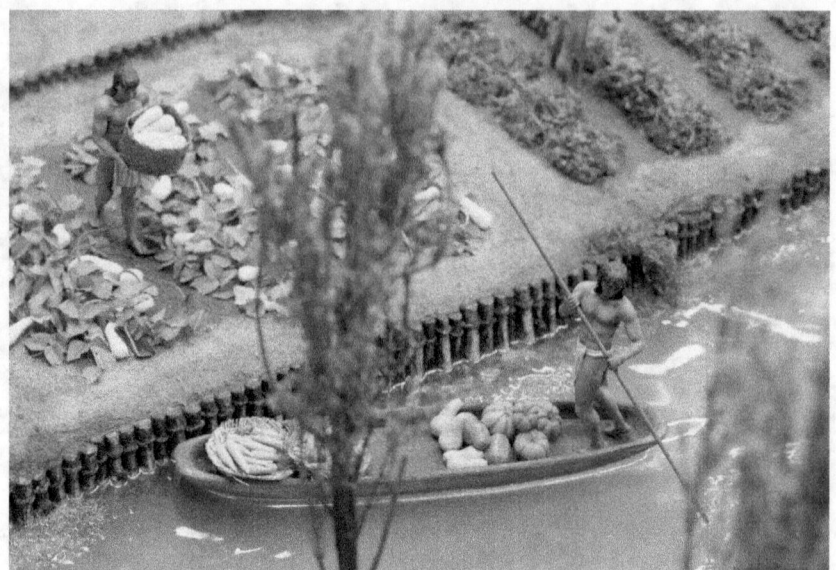

Figura 4.11 Modelo de chinampas. Te Papa. Fotografía cortesía de Te Papa.

El aspecto artístico de la cultura azteca ayudó a cambiar las percepciones de algunos visitantes y a generar respeto. Las esculturas de piedra le dieron a Jill, una artista a quien impactó su "sociedad violenta", la impresión de que estaban "tecnológicamente avanzados". Gemma, que se formó en joyería, quedó impresionada por lo "anatómicamente correctas que eran muchas de sus esculturas", lo que estaba en conflicto con su anterior "percepción de ese período de tiempo" como "todo muy primitivo". Grace, también artista, estaba "sorprendida por la profundidad del desarrollo técnico en gran parte de la cultura material", dado que "se hizo con un equipo muy básico".

Jenny sintió que la principal diferencia cultural con los aztecas era que "veneraban la muerte". Si bien la mayoría de los visitantes se sentían incómodos con este aspecto de la cultura azteca, para algunos, lejos de ser morbosos, los temas de la muerte, e incluso el sacrificio, brindaban la oportunidad de contemplar las "preocupaciones fundamentales" de la condición humana; oportunidades que son raras en la sociedad contemporánea (Cameron y Gatewood 2012). Harry, que estaba fascinado por las diferentes perspectivas culturales sobre la muerte, pensó que Mictlantecuhtli, el dios de la muerte, era "algo que no creo olvidar jamás". "[Con] sus enormes manos como emergiendo", Harry lo encontró "un poco inquietante, pero… de una manera hermosa", "una encarnación de toda esa ideología, de todo el sacrificio".

Diez meses después de su visita, el recuerdo de la experiencia de Harry permaneció intenso:

Fue algo así como... una sensación como la que tienes cuando vas a visitar la tumba de un ser querido años después, así que es algo así, no es aflicción ni pena, pero es ese tipo sombrío de tristeza tranquila que envuelve la muerte. Y solo tenía esa aura, tenía ese efecto... era aterrador, pero tenía cierta belleza... era algo así como despojado de lo que todos seremos, en un sentido y es, fue muy... evocador... fue muy conmovedor... Y pensar que eso fue adorado realmente... es aún más poderoso, reforzó todo, porque en realidad era ese tótem, como si la gente realmente lo hubiera adorado como un símbolo de la muerte y por eso le confería aún más poder debido a esto, y una sensación de conexión con las personas que se han ido ahora. Así que sí, eso fue muy poderoso.

El de Harry es un momento cosmopolita: impulsado por una fascinación con diferentes perspectivas culturales, se encuentra con Mictlantecuhtli como la encarnación de las actitudes aztecas hacia la vida y la muerte. El resultado no es simplemente una aceptación de la diferencia, sino un nivel de admiración y respeto que no es común entre los visitantes:

[el enfoque azteca] era espiritual... [la práctica/aceptación del sacrificio] va completamente en contra... de la ideología que nosotros tenemos de la muerte, como finalidad, como algo a lo que hay que temer, en lugar de algo que solamente debe aceptarse.

Myles, un estudiante de filosofía, encontró a Mictlantecuhtli, con su "hígado hacia fuera" y el cráneo humano, "bastante interesante"; "que ilustra la actitud azteca hacia la muerte". Los compara con "las actitudes de nuestra sociedad donde la muerte está marginada" y "las personas que están cerca de morir son enviadas a casas de reposo u hospitales o lo que sea... y realmente no hablamos de la muerte, como si no fuera parte de la vida... intentamos ignorarlo". Pensó que "era realmente interesante cómo la muerte se incorporaba de manera bastante fuerte a su visión del mundo... porque demuestra un aspecto de su cultura que es muy diferente al nuestro".

Para Dave, las actitudes aztecas hacia la muerte son una fuente de inspiración: "su respeto por la muerte era tanto como por la vida. Entonces, si algo te anima a vivir tu vida con un propósito... y cómo se relaciona eso conmigo, ¿estás viviendo una vida que vale la pena vivir y por la que vale la pena sacrificarse?" Ve su cosmología como un propósito social, ayudar a las personas a dar significado a sus vidas, ya que al morir en la batalla o en el parto "irás directamente al cielo", mientras que "si vives una vida normal... te será más difícil dejar tu cuerpo". Reflexiona que el enfoque en "la vida después de la muerte" y en que "todo era tan sagrado" era "algo que hemos perdido… tal vez en el mundo moderno la gente tenga miedo o no quiera hablar de eso porque es un tema morboso".

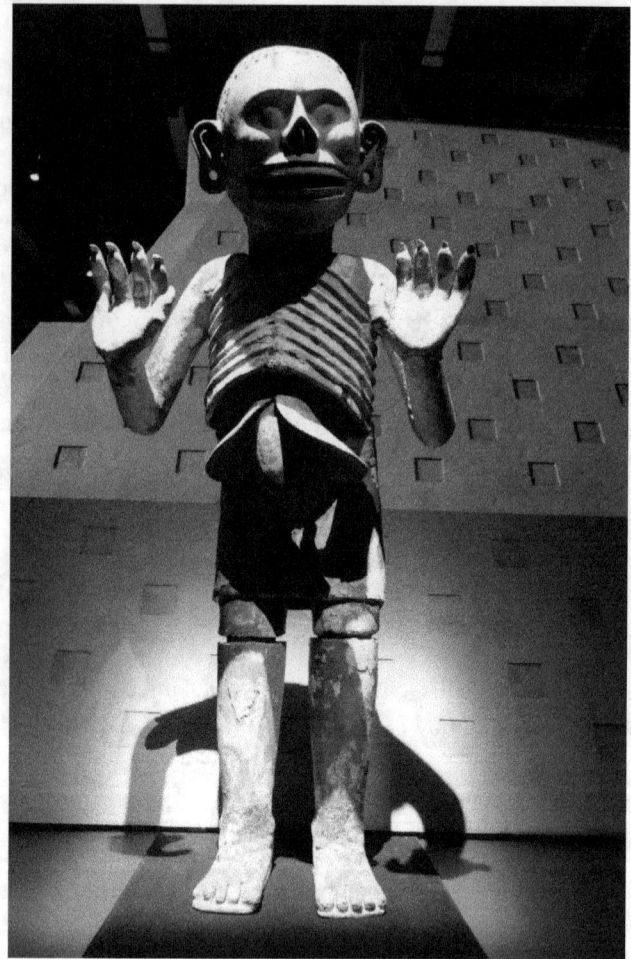

Figura 4.12 Mictlantecuhlti, dios de la muerte. Melbourne Museum. Fotografía cortesía de Lee Davidson.

Sacrificio y conquista: reflexiones morales y reflexiones cosmopolitas

Aunque no se les preguntó directamente, casi todos los visitantes a *Aztecs* entrevistados comentaron sobre la práctica del sacrificio humano. Para algunos no fue impactante o no tan impactante como esperaban; lo encontraron interesante, fascinante y retratado con sensibilidad. Morgan, un sacerdote anglicano y ávido viajero, se describió a sí mismo como "con un gran interés en diferentes culturas... las diferentes formas en que las personas viven sus vidas, los valores que tienen". Estaba fascinado por la exposición, y particularmente interesado en la religión azteca y las actitudes hacia la vida y la muerte. Consciente de las diferentes perspectivas culturales y de cómo impactan en el comportamiento de las personas, encontró "los sacrificios y los juegos que jugaban... horribles en mi cultura, mi comprensión del valor de la vida, pero interesante que ellos lo hicieran de esa manera".

Pero, para la mayoría el tema fue "confrontador", "sobresaliente" o "impresionante". Adjetivos como "sediento de sangre", "primitivo", "espantoso" y "extraño" se utilizaron para describir la práctica y los visitantes experimentaron una variedad de respuestas afectivas: "mi estómago comenzó a revolverse", fue "aborrecible" y "perturbador". Grace, que es māori, sabía que se practicaba el sacrificio, pero descubrió que "tenerlo enfrente" era un "choque cultural". Ella lo encontró "difícil" desde "un punto de vista cultural" y decidió no entrar al interior del templo porque sentía que "había un componente espiritual definido para estar en ese espacio... Que tenía piezas tan viejas allí que eran parte de una historia trágica".

Al igual que Grace, muchos visitantes no hablaron con mucho detalle sobre el sacrificio, excepto para expresar su desaprobación o incomodidad con la práctica, lo que sugiere el tipo de desconexión que los teóricos han identificado en otros contextos (Dudley 2017; L. Smith 2016). Sin embargo, otros reflexionaron con mayor amplitud, a menudo, usando su imaginación para pensar y sentir cómo sería ser una víctima sacrificada, manejar algunas emociones incómodas y hacer una serie de reflexiones morales.

Una comprensión más matizada de la empatía es útil para interpretar las respuestas de los visitantes aquí. La empatía, frecuentemente, se menciona como un componente clave de una visión intercultural o cosmopolita y, cada vez, atrae más atención en relación con las exposiciones de museos (Gokcigdem 2016; Arnold-de Simine 2013). Armstrong (2011) describe la empatía como "la capacidad de usar su imaginación y ponerse en el lugar de los demás, abriéndose a sus preocupaciones y sufrimientos". En lugar de descartar al otro como bárbaro "simplemente porque nos parece ajeno", podemos aplicar el "principio de caridad", es decir: el supuesto de que comparte "la misma naturaleza humana que tú y, a pesar de que tus sistemas de creencias pueden diferir, ambos tienen la misma idea de lo que constituye la verdad" (Armstrong 2011, 37–38). Si bien esto no significa tolerar la violencia o la injusticia, podría permitirnos ampliar nuestra comprensión de manera que podamos tener compasión por lo que subyace:

El 'principio de caridad' y la 'ciencia de la compasión' son cruciales para cualquier intento de comprender un discurso e ideas que inicialmente parecen desconcertantes, angustiosas y extrañas; tenemos que recrear el contexto en el que se pronuncian tales palabras (históricas, culturales, políticas, intelectuales), cuestionarlas profundamente y [...] llevar nuestra comprensión al punto en el que tenemos 'una comprensión humana inmediata de lo que significa una posición determinada'. Con esta nueva comprensión empática del contexto, podemos imaginarnos, en circunstancias similares, 'sintiendo lo mismo'. En otras palabras, tenemos que ver de dónde viene la gente. De esta manera, podemos ampliar nuestra perspectiva y 'hacer lugar para el otro'. Podemos ignorar este imperativo compasivo solo si no deseamos entender a otras personas, una posición éticamente problemática. (Armstrong 2011, 37)

La humildad es importante ya que requiere estar abierto al cambio y a sentir las limitaciones de nuestro propio conocimiento. Los investigadores distinguen entre diferentes niveles de empatía —desde "vacía" hasta "transformadora"—, y entre empatía que está "orientada a sí misma ('¿qué sentiría yo en esa situación?') y la que está orientada a los demás ('¿cómo sería ser esta persona en esa situación?')" (Coplan en Arnold-de Simine 2013, 46). Otros diferencian la empatía como "emoción compartida" o "identificación afectiva —imaginar lo que otros podrían estar sintiendo—, a partir de "tomar una perspectiva" o teorizar sobre lo que otra persona podría estar pensando y sintiendo, lo que puede o no conducir a la empatía (Nilsen y Bader 2016, 116):

En resumen, la empatía puede ser el resultado de un compromiso afectivo o cognitivo. Estos dos pueden nutrirse entre sí, pero no necesariamente van de la mano. (Arnold-de Simine 2013, 111)

Nilsen y Bader (2016, 118-19) sostienen que proporcionar a los visitantes un contexto suficiente y alentarlos a reflexionar sobre su propia posición apoya la "toma de perspectiva sofisticada", ayudándoles a evitar *sesgos egocéntricos* (suponiendo que otros piensan lo mismo que nosotros), *error de atribución fundamental* (suponiendo que otros actúan de la manera en que lo hacen, debido a algo inherente a sus personalidades en lugar de a circunstancias externas) y *presentismo* (juzgar a las personas según las normas contemporáneas).

Jill describió su encuentro con el sacrificio como "escalofriante":

Esa sensación de pensar "Dios, me alegro de no haber vivido, de no vivir en una sociedad así" y, de hecho, pensar y sentir cómo sería el ser sacrificado sin haber hecho nada malo ¿sabes?

En este ejemplo de empatía "auto-orientada", Jill mantiene su propio código moral, es decir, en lugar de ver el sacrificio desde dentro de la cosmología azteca, siente la injusticia de ser asesinada cuando uno no ha hecho "nada malo". Como resultado, llega a una evaluación moral "poco caritativa":

Los aztecas eran una de las culturas más sangrientas que jamás hayan existido, dada su inclinación al sacrificio humano... como dije, no había que hacer mucho para ser sacrificado.

Rachel también trató de imaginar cómo sería ser un humano sacrificado:

No sé... el sentimiento no es miedo o asco... es más bien que realmente no entiendo cómo la gente podría haber estado en esa situación, no entiendo [risas] cómo deben haber sentido, si hubiera sido comprensible para ellos o si les daba mucho miedo, no lo sé.

Rachel muestra curiosidad y una mentalidad abierta en su enfoque "orientado a los demás". Ella quiere ver el sacrificio a través de los ojos aztecas, reconociendo que podría ser diferente de cómo se sentiría, pero sigue sin estar segura. De manera similar, Dina dijo: "No sé, ¿cómo me sentiría acerca de un sacrificio si pensara que iba a hacer mucho bien a la gente al ser sacrificada?" Pero puede entender que eso fue lo que "les habían enseñado" y "no conocían otra manera". Otros siguieron estrategias similares de "toma de perspectiva". Dana reflexionó que podría parecernos que los aztecas "en realidad no tenían sentimientos hacia otras personas", pero sus prácticas eran "solo algo aprendido". Esta actitud cosmopolita de reconocer que nuestras perspectivas están culturalmente condicionadas y que las prácticas culturales tienen un papel social lleva a evaluaciones más caritativas de la cultura azteca. Georgia pensó que "algunas de sus creencias eran un poco... retrógradas, en relación con las creencias occidentales... pero, ya sabes, realmente lo creían y creo que, tal vez, creían en algo que siempre era beneficioso para la sociedad". Maggie especula que "es cómo mantenían la ley y el orden y lo que sentían era lo correcto para la época". Morgan ve su cosmología como alentadora, "una cultura de actos valientes, casi imprudentes, para el bien de la comunidad en general".

Dina lo encontró "algo chocante" y recuerda "sentirse un poco sacudida de que se le mostrara, sabes, cuán común era el sacrificio humano". Ella reconoce que fue "la forma en que interpretaron, sabes, su lugar en el universo", mientras que, al mismo tiempo, aprecia "la suerte que tenemos de ser parte de una sociedad en la que no practicamos esas cosas [risas]".

Varios visitantes trataron de dar sentido al sacrificio comparándolo con otras prácticas culturales, tanto pasadas como presentes. Gemma señaló que las creencias aztecas no "cuadran" porque "este tipo de creencias firmes, en general, es algo que falta en las sociedades modernas. Y hoy en día se considera poco saludable tener una creencia tan fuerte en algo que te llevaría a…, sabes, matar gente por el simple hecho de asegurarte de que el sol salga mañana".

Valerie sintió que "tienes que verlo en su tiempo" y, si comparas la sociedad azteca con la Europa medieval, "habría muchas cosas en la Europa medieval que también serían bastante horribles". Dina comparó el sacrificio con la Inquisición y Maggie concluyó que era "muy común" en el pasado creer en "cosas muy crueles", por lo tanto, "es una parte importante de nuestra historia en muchas culturas". Por su parte, Caroline comentó que el sacrificio fue "realmente extraño porque nunca hemos tenido eso".

Por lo tanto, algunos vieron el sacrificio como algo completamente ajeno y "extraño", mientras que otros consideraron que debería ser visto "en contexto" y como otra forma de crueldad o violencia, relacionada con una creencia fuerte; para algunos, fue un fracaso al valorar la vida humana, comparable a prácticas en otras culturas pasadas. Para unos pocos, era equiparable a la violencia y la crueldad de la sociedad contemporánea. Como dijo Dina, "todavía hay países hasta el día de hoy en los que los humanos realmente no cuentan mucho", mientras que Basil observó que "actualmente hay más guerra en el mundo de la que había entonces y hay miles de personas muriendo; quiero decir que es un escenario terrorífico". Russell sintió que "no deberíamos sorprendernos realmente" con el sacrificio "dado lo que está sucediendo actualmente en todo el mundo y la Segunda Guerra Mundial, etc.".

Como madre de dos niños pequeños, Hana sintió tristeza al leer sobre el sacrificio de niños. Sin embargo, ella reflexiona:

> Hay que entender dónde encaja eso en el contexto de su cultura y que hoy también suceden cosas terribles. Probablemente tengamos más muertes ahora por la religión y las cosas que suceden en nuestro mundo que las que ocurrieron en ese momento, por lo que es fácil sorprenderse, pero se debe ubicar en contexto.

En su entrevista de seguimiento, cuestionó las nociones de progreso "civilizado" y los supuestos de superioridad cultural, a través de sus recuerdos de la exposición:

> miras algo así y piensas "Dios, eran tan violentos y no es así ahora", pero en realidad todavía vivimos en una sociedad increíblemente violenta… te hace detenerte y pensar "¿realmente hemos cambiado tanto?" Porque vas a una exposición como esa y piensas "gracias a Dios que no tenemos sacrificios infantiles", pero en realidad hay niños que mueren en todo el

mundo, todo el tiempo, por cosas por las que no deberían morir, así que sabes, es interesante pensar en tu respuesta y cómo se relaciona con la situación mundial actual... Sí, porque es fácil pensar "¡qué gente violenta! Somos mucho más civilizados" y en realidad no lo somos [risas].

En su uso del "nosotros", Hana sugiere una humanidad común. Del mismo modo, Geoff reflexiona sobre los grados de distancia cultural y proximidad. Si bien el sacrificio "está muy alejado de donde estamos hoy", él reflexiona que "no es como si la gente no se matara en grandes cantidades hoy, entonces, ¿qué tan diferentes somos?" Para Geoff, fue su encuentro con un cuchillo de sacrificio de obsidiana y su comprensión de que era "un objeto real, tangible, de una cultura que tranquilamente mataría a miles de personas" lo que lo llevó a observar que "la distancia cultural entre el lugar donde estamos y lo que hicieron es, literalmente, eso, es simplemente una práctica cultural y [risas] no estamos necesariamente muy lejos de ella".

Gordon también adopta una postura de relatividad cultural, al tiempo que reconoce que "inicialmente, a primera vista, en realidad parecían una raza bastante sedienta de sangre":

Pero eso es desde nuestra perspectiva, haber viajado mucho y visto muchas culturas diferentes, trato de ponerme en la situación de los demás... tienes que distanciarte de ese tipo de cosas. Eso era normal para ellos. Así que sacrificar bebés, humanos, era solo una forma de vida y si fueras criado en esa cultura, no conocerías nada diferente... no es algo que obviamente toleraríamos en nuestros días. Pero, sin conocer otra cosa, no se puede juzgar realmente por los valores y la moral de hoy y nuestros propios valores morales y personales, en comparación con lo que estaban acostumbrados.

Myles reflexionó sobre la contingencia de nuestras perspectivas culturales:

Soy consciente de [que] nuestra forma de vida es bastante contingente, por así decirlo. Pensamos que las características de nuestra propia sociedad y nuestra propia forma de vida son algo así como la norma. Pero supongo que olvidamos que mucha gente vive y ha vivido de manera muy diferente, por lo que nuestras propias perspectivas culturales y esas cosas son como, no voy a decir como accidentes históricos, pero las de ellos son tales que fácilmente podrían haber sido diferentes. O nuestras propias actitudes podrían fácilmente haber sido diferentes si hubiéramos vivido en un momento y lugar diferentes...

Blake consideró que, aunque "es un contexto cultural completamente diferente", "es difícil no colocar tu tipo de pensamientos humanistas, occidentales, del siglo XXI, ¿sabes?, encima de todo" y simpatizar con "las víctimas del sacrificio" y "la pobreza en la que vivían" y el hecho de que "los españoles aparecieron y los despacharon rápidamente [risas], eso me hizo sentir pena por ellos".

Estas reflexiones críticas hacen eco del deseo de Gorji (2004) de que los museos puedan ser espacios en los que se pruebe nuestra comprensión de la civilidad. El encontrar objetos e historias de violencia ritualizada de una cultura distante permitió, a aquellos que estaban dispuestos a acercarse *lo suficiente*, reflexionar sobre la violencia más cercana al hogar, ver una humanidad común, en lugar de mantener una distancia en el tiempo y el espacio y aislar los sentimientos con un sentido de superioridad cultural.[7]

El grado de empatía y compasión que los visitantes sintieron por los aztecas se reflejó en sus sentimientos y evaluaciones morales cuando ingresaron al penúltimo segmento de la exposición. "La caída del Imperio" contaba la historia del encuentro entre la sociedad azteca y los conquistadores españoles, a través de objetos como una armadura española, un retrato de Hernán Cortés y una pantalla pintada que representa escenas de la Conquista. La armadura fue particularmente memorable para muchos visitantes. Más de dos meses después de su visita, Gavin rememora su encuentro:

> Recuerdo haberla visto y pensar "¡hombre! quien lo usó, en realidad, no era una persona físicamente muy grande" … Sí, pensé "¡ohhh, ok!" … Pero el contraste real con todo lo demás, eso fue bastante sorprendente, ya que ese traje representa el final de todo este Imperio azteca y allí está, en un solo objeto, ya sabes, el final de los aztecas, así que fue bastante sorprendente.

Ellinor también notó el contraste:

> Era tan extraño… te habías sumergido en esta cultura que era, sabes, sobre las estaciones, las cosechas y los sacrificios, etc. y de repente te encuentras con esta enorme armadura con todo eso grabado en él y

---

[7] Los mexicanos de hoy en día también expresan una variedad de reacciones hacia las prácticas de sacrificio. Las entrevistas exploratorias realizadas en el museo y sitio arqueológico del Templo Mayor encontraron que los visitantes también emprendieron procesos de creación de significado similares a sus contrapartes de Australasia, ya que intentaron conectarse a través de la diferencia con el "otro" azteca (Aguilera Ríos, Maldonado Méndez y Pascual Cáceres 2017).

dices "¡*woah*! ¡Eso es tan extraño!" ... Es completamente extraño y es raro porque piensas "bien, culturalmente estoy más cerca de eso", porque habiendo estado inmersa y haber emergido de la exposición, realmente sentiste que eso era algo completamente extraño y fue bueno que estuviera allí porque te dio la sensación de comprender que hubiera sido bastante impactante ver a alguien usando algo así ... y el casco del caballo también, eso era bastante extraño, solo verlo ... los ojitos, ¡eh! Eso fue realmente horrible, fue bastante espeluznante ver la armadura de ese caballo... ¡Sí!

Ellinor comienza con una sensación de conmoción, sacudida de su inmersión en la cultura azteca a "esa sensación de comprensión" de cómo hubiera sido para esa cultura ver eso, y con una interpretación adicional sobre la yuxtaposición de armamento azteca y español —otra muestra de cómo la coexistencia de objetos en el espacio puede crear una atmósfera que hace que las ideas sean más tangibles para los visitantes:

y luego mirar en la misma habitación y ver la armadura, y sabes, las plumas y las lanzas que tenían los aztecas... mmm, no, eso no iba a funcionar para nada ¿verdad?

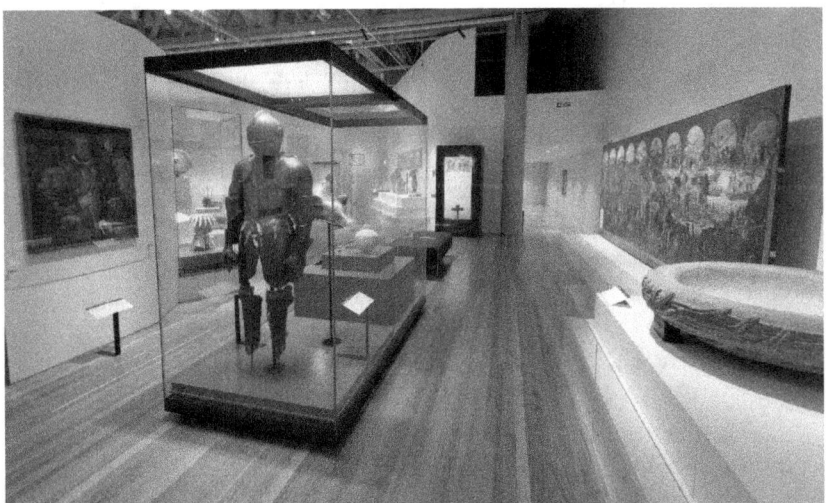

Figura 4.13 Sección de la Conquista. Te Papa. Fotografía cortesía de Te Papa.

Esta atmósfera dio a los visitantes la impresión de que los aztecas "no tenían ninguna posibilidad" y de que fueron "totalmente superados" y sufrieron una "masacre absoluta". Se sintieron tristes o enojados por la desaparición de los aztecas, incluso muchos que los habían descrito como "sedientos de sangre" o "violentos", juzgaron el comportamiento de los españoles como "absolutamente espantoso", "taimado", "tortuoso", "tontos" que tenían "su propia marca de brutalidad" y "mucho por lo que responder".

Basil, quien habló de que los aztecas eran "horripilantes" y del "horror" del sacrificio, pensó que la Conquista era "muy triste":

> Para mí es una tragedia en realidad... que fuera conquistada de esa manera, es una desgracia en la historia... la destrucción de una civilización... y es muy revelador de alguna manera, supongo que nosotros, como especie humana, en realidad lo que nos hacemos el uno al otro... porque la historia de los aztecas debe ser muy atesorada.

Gemma estaba "irritada" y "enojada" por cómo los españoles destruyeron la cultura. Ella vio una "contradicción realmente extraña" en que los aztecas eran "una sociedad bastante sangrienta" y, sin embargo, "tan confiada y acogedora para el hombre blanco" que "esta gente 'salvaje', entre comillas, fue completamente diezmada". Maggie también notó la "ironía", "al ver que los españoles les habían hecho lo que les habían hecho a muchos otros". Ellinor reflexionó que, aunque la cultura azteca "obviamente no era agradable" para sus víctimas, al menos ellos "entendían cuáles eran las reglas... mientras que cuando llegaron los españoles fue una especie de caos".

Si bien la mayoría vio la Conquista desde la perspectiva de los aztecas, algunos visitantes reflexionaron sobre lo que los españoles podrían haber visto y pensado. Ellinor especuló que los españoles actuaron como lo hicieron porque "realmente no veían a los aztecas como personas". Morgan trató de imaginar ambos puntos de vista y luego lo que "nosotros" podríamos hacer si estuviéramos en los zapatos de los españoles:

> Los españoles deben haberlos encontrado tan... completamente diferentes, y lo horrible para un azteca debe haber sido ver a los españoles llegar con atuendos de guerreros brillantes de plata y acero, armaduras y demás, deben... en realidad, los aztecas no tenían ninguna posibilidad... Me imagino que estaban bastante horrorizados y abrumados por el componente de sacrificio humano de la cultura, y puedo imaginarlos decir "¡tenemos que hacer algo aquí!" Entonces, aunque, ya sabes, es posible que digamos, simplistamente, que los españoles no deberían haber matado a tantos aztecas, en realidad, probablemente lo habríamos hecho... si hubiéramos tropezado con una cultura como esa hoy con la percepción de nuestras Naciones Unidas sobre el valor de la vida y la forma en que los gobiernos deberían tratar a sus ciudadanos, etcétera, bien podríamos hacer lo mismo.

Al reflexionar cinco meses más tarde, Morgan sintió que "entendió mejor lo que debió haber sido la confrontación de la cultura azteca con los españoles cristianos y [que] realmente hubieran creído que esta era una cultura totalmente ofensiva que necesitaba ser limpiada, tanto como la recompensa financiera". A Jo le hubiera gustado que la exposición proporcionara más información sobre "la versión española de los eventos", ya que pensó que habría sido interesante saber "qué pensaban que estaban haciendo en ese momento".

Al igual que los visitantes de *E Tū Ake* en México, los temas de la exposición motivaron a los visitantes de *Aztecs* a llegar a evaluaciones morales generales sobre el colonialismo y sus impactos. Había una sensación de tristeza y pérdida porque una cultura había sido "eliminada" y porque los aztecas "ya no existen". Para Natalie era una historia familiar de "dominio occidental y [risas] que se apodera de los nativos".

Mientras Paula admiraba el arte azteca, ella pensaba que la sociedad era "bastante imperialista y estridente" y "un poco como el Imperio británico". Se sintió "irritada" por "ese tipo de comportamiento que parece ser inevitable para la humanidad". A pesar de su irritación, Paula sintió lástima por los aztecas "cuando les llegó su turno". Rowan, un representante legal de unos treinta años que vive en Sídney, recuerda haber sentido asco y enojo cuando leyó acerca de la Conquista y vio paralelismos con el asentamiento europeo de Australia, su impacto en las poblaciones indígenas, particularmente, la "imposición de lo que se percibe como un sistema de creencias superior... eso es difícil de sentir... si ocurriera algo así hoy sería un genocidio".

Para Andrés, al igual que para los mexicanos que veían *E Tū Ake*, la historia de la Conquista se sintió muy personal y la relacionó con la pérdida de una cultura "bella", reemplazada por el idioma y la religión españoles, y la "confusión" resultante sobre "de dónde eres" en toda América del Sur. Marcus también sintió la pérdida de la diversidad cultural y el conocimiento indígena. Él y su amigo se imaginaron cuán diferentes podrían haber sido las cosas "si los europeos no hubieran sido exploradores, si hubiéramos dejado a todos los grupos de la sociedad en los que pensamos como māoris y aztecas, y nos encontráramos con ellos ahora o algo así, qué fascinante sería, qué rico y diverso sería".

Una visitante no se sintió en absoluto involucrada con la exposición. Lorraine, una anticuaria y ávida entusiasta de museos a sus sesenta años, no se impresionó con el templo y pensó que, en comparación con una exposición itinerante anterior en Te Papa, *A day in Pompeii*, *Aztecs* estaba "muy *alejada*, lo mirabas como un observador, en realidad no formabas parte de él". Ella sentía que carecía de una "perspectiva personalizada", mediante la cual "en realidad puedes comenzar a mirar la época a través de los ojos de la persona, una vez que comprendes que este es su peine, esta es su botella de perfume, este es su maquillaje, esta es su olla, esta es la silla en la que se sentaron". Para ella, no había suficiente "sobre cómo *vivían* las personas... cosas que realmente te involucren porque entonces puedes relacionarlo contigo mismo y compararlo".

Sin el "compromiso imaginativo" (Appiah 2006) necesario para iniciar una conversación, Lorraine no sintió ninguna conexión empática con los aztecas, ya como emoción compartida o como "toma de perspectiva". Concluyó que eran "ajenos" y "muy, muy primitivos". Mientras que otros los habían comparado con sociedades contemporáneas y habían encontrado paralelos, Lorraine se sorprendió por "la disparidad con el desarrollo de las civilizaciones". En comparación con Europa en el siglo XVI que era "mucho más sofisticada", la escultura azteca era "tosca", "se sacrificaban, todo el santo día" y:

> no parecía haber una comprensión de las ciencias, no parecía haber una comprensión de la agricultura, sus obras de arte eran bastante rudimentarias, por lo que básicamente era una sociedad bastante primitiva que existía aislada de otras áreas del mundo que estaban altamente desarrolladas, así que esa es mi observación.

Más allá del museo: resonancias y ondas de significado

> Siempre sentí que [la cultura azteca] está bastante perdida para México, por lo que fue realmente genial ver que sigue ahí... el gran templo podría haber sido destruido pero los cimientos aún están allí, se puede decir. Pensé que eso tenía cierto aire poético.

> (Lisa)

¿Qué queda después de la visita al museo? Al entrevistar a los visitantes días, semanas y, en algunos casos, meses después de su visita, obtuvimos información sobre sus impresiones duraderas y las formas en que las ideas generadas por las exposiciones formaron ondas que se dispersaron y resonaron en otros aspectos de sus vidas. Esto proporciona una visión más profunda del potencial transformador de las exposiciones en el contexto de la vida de las personas, más que sus reacciones inmediatas después de una visita. Las impresiones de un país o cultura provienen de muchas fuentes diferentes: viajes, películas, libros, amigos, videojuegos, medios de comunicación y conversaciones. De esta manera, los temas de la exposición y las "lecciones" que las personas se llevan se integran en sus narrativas existentes sobre sus vidas y el mundo en el que viven. En el Capítulo 5 exploramos cómo las exposiciones influyeron en sus impresiones sobre el país de origen. Aquí nos centramos en impresiones específicas de la exposición.

Un año después de su visita, Jorge sintió que *E Tū Ake* "le hizo reflexionar sobre la importancia de no discriminar a los demás": "Se le ocurrió esta idea al ver a los māoris, la forma en que se respetan... debemos aprender de ellos". *E Tū Ake* dejó a Javier pensando en los grupos indígenas en México y "cuán segregados están". Lo que impresionó a Sofía fue la sensación de "continuidad" y que se podía "contar una historia" de un grupo étnico sin "recortar períodos de tiempo". También le pareció una "historia de esperanza", en lugar de una historia de "victimización". Tenía una fuerte sensación de que "estos no eran los objetos... de un pueblo sometido a la injusticia y luego en descomposición", sino que "algo estaba vivo y aún".

Mientras *E Tū Ake* dejó una impresión de continuidad, respeto y supervivencia, *Aztecs* dejó a muchos visitantes con una sensación de destrucción y pérdida. Los visitantes a *Aztecs*, a menudo expresaron su deseo de saber más sobre lo que sucedió después de la colonización, "cómo se mezclaron después" y "si todo eso se perdió o si la gente todavía practica algo de esto". Russell pensó que "leería un poco más" sobre cómo la cultura azteca "se ha incorporado a la cultura de estilo español en México", ya que "la exposición acaba de tocar eso, justo al final". Caroline "no tenía claro" si los mexicanos de hoy son "descendientes mayoritarios de los aztecas o si son descendientes mayoritarios de los españoles... si todavía practican algunas de sus costumbres".

Basil, cuyo "interés proviene de ser agricultor", había estado leyendo un libro sobre el colapso de las civilizaciones y, más de ocho meses después de su visita, conectó este tema con *Aztecs* y concluyó que "había una lección feliz para la humanidad en esto... mirando a estas civilizaciones, cómo sobrevivieron, prosperaron, cómo empezaron y cómo perecieron". Kelly, por otro lado, acababa de terminar de leer una novela "apocalíptica" y su experiencia de la exposición fue "una continuación de una tendencia en mi mente":

> que cuanto más cambian las cosas, más permanecen igual, así que, sacrificio aparte, diría que me está abriendo los ojos —de todos modos, está en mi mente todo lo frágil que son las civilizaciones— literalmente... han desaparecido extraordinarias civilizaciones, entonces, ¿por qué seríamos distintos nosotros?

También piensa que podría averiguar más sobre Cortés, a quien encontró "desagradable" pero "intrigante", su comportamiento tiene una "correlación con todas las políticas que vemos a diario".

Laurence fue muy explícito acerca de su estrategia de visitar exposiciones para comparar culturas entre sí, particularmente "cómo funcionan y por qué fallaron", así como "las conexiones religiosas". Esto le da una "impresión general de dónde estaba el mundo y cómo funcionaba". Esto le hace cuestionar las percepciones del progreso:

> el mundo se ha movido de culturas de extrema brutalidad, a nuestros ojos, a lo que es hoy, pero, por supuesto, ¿hemos mejorado? Y esa es la pregunta que hago, y probablemente no. Ahora la brutalidad es mayor, es más sofisticada... Sí, para mí eso siempre es interesante, ver dónde estaba el mundo y de qué se trataba, de dónde venimos, qué raíces hay que aún afectan a las culturas de hoy.

Especula que:

> otros se podrían sentir asqueados por lo que vieron, pero todavía está sucediendo hoy en formas modernas, a través de todo tipo de abusos. No arrancan el corazón, arrancan el corazón emocional de las personas de hoy. Es una cosa diferente, pero es igual de perjudicial.

Malcolm aborda las exposiciones con "esta mentalidad de que en el corazón de toda la humanidad hay ciertos fundamentos o núcleos que definen quiénes somos como personas". Esto lo lleva a buscar "puntos en común" entre culturas, como la música:

> supongo que ya tengo ese sesgo en mi mente de que el núcleo de la humanidad es esencialmente el mismo... y, luego, las diferencias podrían ser, supongo, de alguna manera triviales, de alguna manera, no tanto, supongo que el sacrificio humano no es tan similar, o más bien trivial, debería decir, creo que consideraría que es un poco más fundamental en términos de valor de la vida humana.

En esta segunda entrevista, seis meses después, Malcolm explica cómo se reforzó su "sesgo" hacia "un tema común para la humanidad" al comparar la civilización azteca con la egipcia: "tienes dos, sí, dos civilizaciones completamente separadas, aisladas una de otra y, sin embargo, habían presentado ideas similares sobre creencias, su religión, sociedad, muerte, vida. Lo encuentro fascinante e interesante".

Blake, como muchos otros visitantes, siente que la exposición tenía un "buen mensaje" sobre "el impacto del colonialismo y el imperialismo en ciertos países y culturas". Él cree que "todos deben ser conscientes de eso" y, por lo tanto, "cuanto más viaje la exposición en todo el mundo, mejor".

Después de su visita, Morgan habló con otros sobre "muchas de las cosas clave", como "la importancia de la vida y la muerte, las diferentes categorías de recompensa en la muerte, así como la forma de vivir y morir". Esto lo llevó a una discusión sobre la influencia de esto en la sociedad contemporánea:

> Aparentemente, en México todavía existe esa cultura mítica latente de los aztecas en la vida de los mexicanos de hoy. Probablemente explique la… la forma en que ven la vida y tratan la de otras personas, ya sabes, las guerras de pandillas que tienen lugar en América Central, probablemente, se explican por esa cultura guerrera y la voluntad de morir como guerrero, lo que significa que tú llegas a un lugar mejor en el más allá y serás más imprudente con tu propia vida y con las vidas de otras personas en esta vida. Algo que nosotros en las culturas occidentales… no entendemos. ¿Por qué serías tan tonto como para tirar tu vida así? … pero, en realidad, están enfocados de una manera diferente, nuevamente es una cultura diferente.

Otros recuerdos fuertes se asociaron con objetos particulares. Los artículos comprados en la tienda de exposiciones, incluidos los catálogos, también proporcionaron recordatorios conmovedores para los visitantes. Algunos hablaron de conversaciones con amigos y familiares. Todos estos ejemplos refuerzan la evidencia existente del carácter duradero y cambiante de la experiencia del visitante (Falk y Dierking 2012). Louisa incluso reflexionó sobre cómo la entrevista "me hace recordarlo más… Voy a recordar esta exposición muy bien dentro de diez años [risas]".

Visiones cosmopolitas: dando valor a las exposiciones internacionales

Conocer cómo los visitantes encuentran relevancia y relacionan los temas de la exposición con su vida cotidiana contribuye no solo al diseño de exposiciones, sino también a preguntas más amplias abordadas en este libro, incluido el valor de este tipo de proyectos internacionales, cómo podrían promoverse y su papel en la diplomacia cultural. Los visitantes de ambas exposiciones compartieron una serie de ideas relacionadas con lo que valoraban al visitar exposiciones internacionales, muchas de las cuales resuenan con una visión cosmopolita.

Ricardo notó que los temas de *E Tū Ake* incitaban a los visitantes a hablar sobre aspectos de su propia cultura, "que probablemente no abordarían si no vinieran a verla":

la gente hacía comentarios como "¿te harías un tatuaje en los labios o...?", "No sé, tal vez, depende". Tenían este tipo de pláticas, por ejemplo, una vez había dos personas hablando de perder sus tierras o personas regalando sus tierras, "¿tú regalarías tus tierras?", preguntaban, y la otra persona contestaba "bueno, depende por qué o para qué". Pero no, tuvieron discusiones y perspectivas o puntos de vista sobre eso. O... la parte de los *wakas*... la gente estaba discutiendo "¿cuál crees que es nuestro deporte nacional? Ahora creo que tal vez las corridas de toros", "pero no, en las corridas de toros están matando a un animal".

Además de aprender acerca de sí mismos, los visitantes —sintió Ricardo— se estaban "dando cuenta de que hay personas que son diferentes a nosotros... hay diversidad y está bien. Él piensa que los museos tienen un papel crucial en México para cambiar las percepciones de las personas "sobre los pueblos indígenas, sobre la historia", porque el sistema educativo formal es "muy malo".

Varios entrevistados para *Aztecs* hablaron sobre lo que se podía aprender de las comparaciones culturales. Como dice Blake, hay "una lección para todos nosotros, que todas las culturas tienen esos elementos de similitud y diferencias y hay que aceptar a ambas".

Caroline, cuya experiencia de *Aztecs* fue como "ir a otro mundo", piensa que "deberíamos tener más exposiciones como esta... para que la gente pueda tener una correcta comprensión de las civilizaciones antiguas y lo que puede aprender de ellas". La exposición alentó a Dina "a ir a exposiciones similares en el futuro, porque siempre es valioso comparar la forma en que vivimos ahora y la forma en que la gente vivía entonces":

> realmente necesitamos más exhibiciones como esta... cuanto más pueda Australia conectarse con el resto del mundo, mejor... cuanto más podamos ver este tipo de cosas, mejor será para nuestra sociedad... sería bueno incitar a los australianos a pensar un poco más sobre cómo ven a su cultura indígena aquí.

Sasha tiene una opinión muy parecida. Él cree que más exposiciones como *Aztecs* alentarían a las personas a cambiar la forma en que ven las culturas indígenas y se darían cuenta de que "hay mucho que aprender de ellas". Alex aprecia que la exposición no "suavizara" o "romantizara" la cultura azteca, "fue bastante simple y fue bastante desafiante". Javier quedó igualmente impresionado de que *E Tū Ake* mostrara "no solo el aspecto romántico de los māoris, sino también la realidad sobre Nueva Zelanda, donde hay una lucha, una lucha social". Agradeció la oportunidad de "conocer" eso "como parte de una realidad".

Javier considera que las exposiciones internacionales son "muy atractivas e interesantes" y siente que, generalmente, se trata de "exhibir objetos" y los visitantes van porque quieren ver objetos conocidos de la vida real, como *Tutankhamun*. Pero encuentra que, una vez que ha visto el objeto, "el resto de la exposición pierde el propósito... y uno comienza a perder la emoción". *E Tū Ake*, sin embargo, "tenía un propósito. Tenía un mensaje y una lección que aprender al final... realmente se involucró. Y no cree que ninguna otra exposición internacional similar de grupos étnicos, o cualquier cosa similar, lo haya dejado con este sentimiento de 'yo descubro' o... un muy hondo mensaje y comprensión muy profunda de lo que estaba contemplando, más allá de solo mirar un objeto".

Para Sofía:

> la mayoría de las exposiciones tienden a hablar sobre objetos. O tal vez tratan de contar una historia, pero la cuentan en términos tan complicados, tan académicos, tal vez, que la historia se pierde... uno va y mira los objetos y dice: "ah, esa es una buena pieza", "oh, eso es una pieza muy vieja" ... pero no sientes que hay un final o un mensaje o un... realmente no te atrapa en absoluto. Entonces sales de la exposición y dices, bueno, vamos a comer [risas]... Lo que sentí con *E Tū Ake* fue como un deseo de compartir algo, de decir algo.

Descubrió que encontrarse con "este mundo donde todo se movía y estaba vivo" fue una experiencia afirmativa, que le dio evidencia de que "uno puede hacer las cosas de manera diferente y hay individuos indígenas que pueden tener un medio de expresión diferente, un medio diferente de sobrevivir de una generación a otra, [en lugar de] ser simplemente [estático]":

> he asistido a muchas exposiciones en mi vida, pero solamente recuerdo algunas que realmente me impresionaron... y, una de ellas fue esta... al final obtienes esta noción más vívida de que conoces a las personas de las que intentaban hablarte. Sales y sientes que, ah, no es que haya aprendido algo, sino que me puse en contacto con algo. Más de esto.

Este capítulo ha explorado cómo los visitantes experimentan la zona de contacto móvil, en particular cómo se usa la imaginación para conectarse con los sentimientos y las perspectivas de los demás a través de la distancia cultural. Al reconocer y explorar imaginativamente las diferencias, los visitantes hacen reflexiones y comparaciones críticas que identifican la interconectividad de diferentes mundos. Estos procesos pueden implicar la capacidad de sortear emociones fuertes e incómodas y superar respuestas iniciales negativas.

Varios aspectos del diseño de exposiciones facilitan este involucramiento imaginativo de diferentes maneras. Parece importante que los desarrolladores de exposiciones reconozcan el rango de estrategias que los visitantes usan para conectarse con el otro cultural, en particular la forma en que la imaginación cosmopolita puede ejercitarse mediante el *mimetismo intercultural*, a través del cual los visitantes entran en el universo de lo "imaginado" del otro cultural/histórico. Esto puede ser facilitado por narraciones humanizadas o en primera persona; el aura de los objetos "reales" (permitiendo la conexión con las personas que los hicieron o usaron); modelos y otras características del diseño que ayuden a crear una atmósfera multisensorial que transmita significados culturales a través de experiencias personales.

Cuando se le preguntó si pensaba si algo en particular lo ayudaba a imaginar ser un azteca, Harry lo atribuye a una combinación de habilidades o cualidades personales y a "toda la atmósfera del lugar":

> estaba muy bien hecho… el audio de la gente que tenían de fondo, solo por la forma en que lo presentaron, te llevaban en un viaje desde su creación, en un sentido, a medida que terminas, hasta su destrucción y luego diferentes partes como si lo navegaras de otra manera, ves diferentes aspectos de la misma… ya sea que fuera específica o no para esa exposición o para mí, creo que soy bastante empático… así que asumiré los sentimientos de los demás, tal vez más que algunos. Y tengo una imaginación muy activa, así que en ese sentido podría imaginarme *siendo* esas personas. Así que, definitivamente, me sentí lo suficientemente cómodo como para lograrlo… si se hubiera hecho mal, no creo que hubiera sentido esa conexión.

En este *mimetismo intercultural*, los visitantes juegan con sus propias identidades y paisajes morales. A lo largo de las entrevistas, el vínculo entre el mimetismo como representación interpretativa y la reflexión crítica es notablemente fuerte. Y, sin embargo, aunque el juego es familiar, incluso instintivo, para todos nosotros, algunos son más hábiles o tal vez más propensos a jugar que otros y, como con todos los juegos, el resultado siempre será incierto y variado. Es importante, entonces, que los desarrolladores de exposiciones internacionales consideren que el visitante ingresa a la exposición con su propia biografía y antecedentes (viajes, ocupación, intereses, etc.) y un nivel de habilidades interculturales, incluida la sensibilidad a la diferencia, la curiosidad, la imaginación y la capacidad de manejar las emociones que surgen de los procesos de ponerse en el lugar de los demás y/o ver a través de sus ojos. Como se discutió anteriormente, algunos visitantes tienen identidades híbridas y, por lo tanto, una importante experiencia para ver el mundo desde múltiples perspectivas. Otros, como Harry, tenían mucha práctica imaginándose a sí mismos "como otro" (Ricœur 1992). Reconocer diferentes niveles de comodidad con la diferencia cultural puede ayudar a diseñar exhibiciones que atiendan una variedad de habilidades interculturales, así como a considerar elementos que alienten a los visitantes a relativizar su propia posición y fomentar la conciencia de la ambigüedad y la contradicción, a través de, por ejemplo, actividades lúdicas, polivocalidad y otras motivaciones para la "toma de perspectiva" (Nilsen y Bader 2016), como las cédulas de texto discutidas en el Capítulo 3 (ver Tablas 3.4 y 3.5).

También vale la pena insistir en que la transformación y la visión cosmopolita evolucionan con el tiempo: una sola exposición solamente es un paso más para "acostumbrarse el uno al otro" (Appiah 2006, 85). Laurence reconoce esto, describiéndolo como un "viaje personal":

Entre más lo miras y lo comparas, no sucede en un momento, pero hay momentos en que se enciende una luz, dices "Puedo ver dónde esto encaja con eso", pero eso solo viene después de mucha contemplación. No lo obtienes con una mirada superficial o rápida... tienes que comparar a lo largo de los años con algunas cosas, hasta que a veces dices: "Ahora veo dónde está eso".

Capítulo 5.

Conectando a través de la zona de contacto: diplomacia cultural y el valor de las exposiciones internacionales

Los cientos de exposiciones que movilizan el patrimonio cultural, el arte y a profesionales de una parte del mundo a otra cada año, generalmente, son impulsadas por una combinación de objetivos diplomáticos, relacionados con las misiones de las instituciones u orientados al mercado (ver Capítulo 1). En este capítulo nos enfocamos en comprender la dimensión diplomática de las exposiciones internacionales y su contribución a la forma en que se valoran las mismas.

La cultura ha sido utilizada para fines políticos durante siglos (Bound et al. 2007), sin embargo, las formas modernas de diplomacia cultural —que implican el intercambio y exhibición de bienes culturales por parte de los estados— comenzaron en la segunda mitad del siglo XIX, cuando las ferias mundiales y los museos surgieron como parte de una nueva forma de representación, que Bennett (1995) llama el "complejo expositivo". Las ferias mundiales fueron eventos complicados que cumplieron múltiples funciones (Rydell 2006; Greenhalgh 1988). Para naciones como México "eran un campo de entrenamiento para un gran aparato burocrático que daría forma a las nacientes instituciones culturales" (Tenorio-Trillo 1996). Aunque se centraron más en la propaganda que en el entendimiento mutuo, se puede comprender que son, principalmente, ejercicios de creación de imágenes nacionales que establecieron ideas que, a la larga, se convertirían en "lo que es mexicano", "lo que es francés", "lo que es español", etc. Fueron una mezcla de exhibiciones sobre ciencia, industria y aspectos económicos, pero en los pabellones nacionales también se mostró la cultura. Más de 150 años después de la primera feria mundial, celebrada en Londres en 1851, las Expos, como se les conoce hoy, son eventos en los que la marca país se lleva a su máxima expresión, ya que los intereses económicos, políticos y turísticos se entrelazan con la presentación y representación de elementos culturales.

Durante el siglo XX, el intercambio y exhibición de bienes culturales para mejorar las relaciones internacionales fue más allá de la promoción o la propaganda. La cultura comenzó a considerarse como un medio para suavizar la fricción entre las naciones, mediante la promoción del diálogo y la comprensión (UNESCO 1963). Después de la Segunda Guerra Mundial, los asesores de la UNESCO para museos y exposiciones alentaron el intercambio internacional como un medio para contribuir a este propósito general (Morley 1950, 55). Para promover las exposiciones internacionales, la UNESCO publicó *Manual of Travelling Exhibitions*, con consejos para la organización de exposiciones itinerantes, incluidos el embalaje, el transporte, la instalación y los seguros. El manual se agotó y se publicó una edición revisada en 1963 (UNESCO 1963).

Ahora existen numerosos ejemplos de gobiernos que apoyan exposiciones, directa o indirectamente, para crear impresiones favorables, contrarrestar imágenes negativas en el extranjero y/o proporcionar canales para la negociación política y el diálogo (Villanueva Ulfgard 2012; Flamini 2014; Hoogwaerts 2016; Villanueva Rivas 2009a; Wallis 1994). La suposición de los gobiernos nacionales, así como de los museos que las organizan y los organismos de financiamiento, es que las exposiciones y otras representaciones culturales favorecen el involucramiento con el patrimonio de los otros y nos permiten encontrar "puntos en común y de diferencia, además de los medios para entendernos unos a otros" (Bound et al. 2007, 26). Este tipo de diplomacia cultural depende de las redes mundiales y las asociaciones de museos, que implican la construcción de relaciones, la negociación y la reciprocidad (Flamini 2014) (ver Capítulo 2).

El primer desafío al examinar el papel de las exposiciones internacionales en la diplomacia cultural es desentrañar los debates, aparentemente interminables, sobre qué son, quién las hace y por qué. En el Capítulo 1 trazamos un mapa de este terreno teórico, sugiriendo que era un componente importante de un enfoque interdisciplinario analítico para las exposiciones internacionales. En la primera sección de este capítulo, retomamos este hilo y consideramos con más detalle los aspectos del debate teórico que son más relevantes para comprender el trabajo diplomático de los museos.

Esto abre el camino para investigar hasta qué punto la diplomacia cultural fue una faceta importante del intercambio de exposiciones que constituye el corazón de este libro. El primer paso es una visión general de las agendas nacionales y las características clave de la diplomacia cultural de Nueva Zelanda y México. Después investigamos, a través de las perspectivas de los profesionales involucrados en este proyecto, hasta qué punto se veían a sí mismos *haciendo* diplomacia, cuando se dedicaban a este trabajo. ¿Qué combinación de valores personales, institucionales y cosmopolitas sustentaron sus actividades?, ¿qué tipo de prácticas estuvieron involucradas y qué habilidades requirieron?, ¿cuándo y cómo se cruzó este trabajo con la diplomacia cultural patrocinada por el Estado?

La sección final del capítulo explora las percepciones del valor de las exposiciones internacionales, no solo como una herramienta para las agendas diplomáticas, sino también en términos de sus objetivos interconectados, orientados al mercado y relacionados con la misión. Esto plantea la pregunta espinosa de cómo se podría medir este valor. El lenguaje del éxito tiene amplias implicaciones sobre cómo se enmarca el papel actual y futuro de las exposiciones internacionales.

La diplomacia cultural explicada: teoría, debates y el papel de los museos

La dificultad para definir a la diplomacia cultural se debe, en gran parte, a la gran cantidad de términos estrechamente relacionados que se aplican a diversas prácticas utilizadas para la "gestión del entorno internacional" (Cull 2009). Estos incluyen 'diplomacia pública', 'poder blando', 'marca país' y 'propaganda'. Para Mark (2010), no tener una definición precisa está relacionado con la falta de acuerdos sobre los objetivos, los profesionales, las actividades, el marco temporal de la diplomacia cultural y si la práctica es o no recíproca. La inclusión de la definición, citada con frecuencia, de Cummings (2013) —la diplomacia cultural es "el intercambio de ideas, información, arte y otros aspectos de la cultura entre las naciones y sus pueblos para fomentar la comprensión mutua"— tal vez exacerba los problemas.

Mark (2010, 63-64) ofrece una definición más precisa: la diplomacia cultural es una práctica diplomática de los gobiernos, que se lleva a cabo en apoyo de los objetivos de política exterior de un gobierno o su diplomacia (o ambas), que generalmente implican, directa o indirectamente, al ministerio de asuntos exteriores del gobierno, movilizando a una amplia gama de manifestaciones de la cultura del Estado al cual el gobierno representa, dirigidas tanto a la población general como a las élites. Su énfasis en un papel estatal parece, a primera vista, excluir muchas exposiciones internacionales del ámbito formal de la diplomacia cultural.

Si bien todavía se percibe que la diplomacia cultural es mejor implementada y coordinada por el ministerio de asuntos exteriores de un país, en cooperación con un ministerio de cultura (EUNIC 2016, 2-3), los actores no estatales han tomado un papel cada vez más activo (Goff 2015b; EUNIC 2016; Ang, Isar y Mar 2015). Al mismo tiempo, existe un llamado cada vez mayor a los museos para que se involucren más en la diplomacia cultural (Bound et al. 2007) y, en particular, se conviertan en actores clave en una "nueva diplomacia cultural" que sobrepase un enfoque de arriba hacia abajo, centrado en el Estado, utilizando herramientas como las redes sociales para comunicarse directamente con audiencias internacionales y para facilitar "experiencias interculturales que unan a diferentes naciones en una comunidad internacional atractiva" (Grincheva 2013, 45).

Los museos a menudo se han alineado con los objetivos más idealistas de la diplomacia cultural —como promover la comprensión mutua (Tarasoff 1990)—, con algunas sospechas con respecto a la instrumentalización de la cultura para avanzar en las agendas nacionales, económicas o políticas. Las opiniones negativas hacia la diplomacia cultural a menudo surgen de su asociación con el "colonialismo, el imperialismo, la propaganda y las prácticas poco éticas e inmorales asociadas con dicha actividad" (Nisbett 2013, 558). La investigación de Nisbett (2013) sugiere que, lejos de convertirse en los peones de los gobiernos, al alinearse con las agendas nacionales de política exterior y participar en iniciativas de diplomacia cultural, los museos persiguen con éxito sus propios objetivos institucionales, incluida la atracción de fondos significativos y la capacidad de influir en la política cultural en su beneficio. Cai (2013, 127), por otro lado, advierte que, si bien los intercambios entre los museos "pueden servir como gestos simbólicos de buena voluntad política, su efectividad en la configuración de las preferencias de otras naciones [...] es limitada". Y, aunque sus intenciones originales pueden no ser políticas, sus consecuencias llegan a serlo dadas las relaciones de poder desiguales que a menudo están involucradas.

Más recientemente, ha habido un llamado para enmarcar el trabajo internacional de los museos, incluidas las exposiciones, como una herramienta de "poder blando" (Lord y Blankenberg, 2015). El concepto de "poder blando" fue acuñado por Nye (2002) en la década de 1990 para dar sentido a las opciones de política exterior disponibles para los Estados Unidos en la era posterior a la Guerra Fría. El poder blando es la capacidad de perseguir intereses nacionales en el ámbito internacional, utilizando la atracción y la persuasión en lugar de estrategias económicas o militares coercitivas (Cull 2009, 60). Sin embargo, el concepto es más relevante en el contexto estadounidense y, si bien ha ayudado a diversificar las opciones diplomáticas a nivel de seguridad nacional, es problemático en términos de la relación entre el poder duro y el blando, así como las percepciones del imperialismo cultural (Cull 2009).

El enfoque de Villanueva (en Siqueiros 2015, 6) es útil para una mejor comprensión del término en relación con otros enfoques diplomáticos asociados a la cultura. Él conceptualiza la diplomacia cultural como "un campo especializado de diplomacia, que tiene como papel clave representar los símbolos y la identidad de la nación y la sociedad en el extranjero, con el fin de lograr tres objetivos posibles: promover eventos culturales; activación de la cooperación cultural, especialmente en el campo intelectual y de los intercambios educativos, y la capacidad de construir un discurso atractivo sobre la nación, para captar el interés de los actores internacionales".

Villanueva (2015, 12-13) distingue tres perfiles actuales de la diplomacia cultural: poder blando, marca país y cosmopolitismo. Los dos primeros enfoques están relacionados con lo que él llama realismo instrumental, porque persiguen intereses nacionales y corporativos. El tercero asume una posición reflexiva que considera la promoción de la cultura nacional tanto un fin en sí mismo como un medio para comprender la propia identidad nacional en relación con otras identidades culturales a nivel global. Villanueva (2010) aboga por el constructivismo cosmopolita:

> definido como el reconocimiento de que la construcción de una comunidad pacífica de estados es el objetivo más importante para la diplomacia y que los gobiernos deben hacer uso de las diplomacias culturales y públicas como mecanismos para colaborar en la comprensión común de sus propias culturas, diversidades y diferencias. En pocas palabras, el constructivismo cosmopolita tiene como objetivo construir relaciones amistosas duraderas entre los estados, invitando a sus sociedades a aprender unos de otros, en la construcción de actitudes culturales cosmopolitas.

Se han planteado ciertas preocupaciones sobre las limitaciones de las expresiones nacionales de cultura en un momento en que otras identidades —locales, regionales y globales— están en ascenso. Todorov (2007) distingue entre nacionalismo cultural (entidades étnicas) y nacionalismo cívico (entidades políticas). Afirma que, si bien las dos formas están fuertemente vinculadas, no siempre son coincidentes: una nación como cultura —un grupo de personas que comparten ciertas características— puede coincidir solo parcialmente con una nación como Estado, un país diferenciado de otros por fronteras políticas. Si la diplomacia cultural adopta una imagen similar para ambas entidades podría ser problemático. Mientras tanto, Mason (2006, 21) reflexiona sobre si los museos nacionales se están volviendo irrelevantes debido a su "asociación tradicional con los conceptos de nación e identidades ligadas a determinados lugares", pero concluye que son "más que capaces de contar historias que resuenen con lo nuevo y contemporáneo y las formas cosmopolitas de estar en el mundo".

La diplomacia cultural, entonces, presenta una visión oficial de la cultura para fines oficiales y ofrece la oportunidad de tener un impacto cultural coordinado en el extranjero (Mark 2010, 241), que puede ser nacional y/o cosmopolita en su intención. Los museos están potencialmente implicados en la práctica de la diplomacia cultural en varios niveles: directamente como agencias gubernamentales financiadas, específicamente, para emprender programas de diplomacia cultural; apoyando indirectamente los objetivos de la política exterior mediante la cooperación con agencias diplomáticas y, al mismo tiempo, persiguiendo sus propias agendas; o pueden emprender actividades internacionales para sus propios fines diplomáticos.

Teniendo esto en cuenta, seguimos la recomendación de Goff (2015b) de aplicar la teoría de la práctica para comprender mejor esta forma híbrida de diplomacia, lo que nos permite buscar lo que *hace* en lugar de lo que *es*. Como Berger (2008, 4) argumenta, la diplomacia cultural se llama 'diplomacia' "no porque sea el trabajo que deberían hacer los diplomáticos, sino porque es una interacción que requiere habilidades diplomáticas a nivel humano". A este respecto, podría ser posible imaginar una comunidad de práctica, creada por profesionales de museo que produzcan e itineren exposiciones internacionales, que aplique habilidades diplomáticas para lograr fines cosmopolitas.

Las agendas nacionales y el papel de los gobiernos: Aotearoa Nueva Zelanda y México, en resumen

Las agendas nacionales de política exterior y las agencias gubernamentales relacionadas proporcionan un contexto importante dentro del cual tienen lugar las exposiciones internacionales, independientemente de cuán directamente estén involucradas en los programas formales de diplomacia cultural. Aunque se ha visto que la relevancia y el poder de los estados nacionales están disminuyendo (en comparación con las corporaciones y los poderes supranacionales) y la proliferación de los acuerdos de libre comercio ha contribuido a un tránsito menos regulado de bienes, incluso culturales, trabajar en este ámbito aún requiere que los museos traten con leyes y regulaciones nacionales, con ministerios de asuntos exteriores y culturales y con embajadas.

Diplomacia cultural en Aotearoa Nueva Zelanda

Para un país pequeño como Aotearoa Nueva Zelanda, la diplomacia cultural puede ser una forma efectiva de enaltecer un perfil internacional (Mark 2010, 2008). Al igual que su vecino cercano, Australia, Aotearoa Nueva Zelanda sufre un "déficit de reputación" o una imagen, en general, positiva pero limitada en el extranjero, en gran parte basada en una "imagen turística de ocio y paisaje" (Carter 2015, 480). No es sorprendente, entonces, que tanto en Aotearoa Nueva Zelanda como en Australia, las políticas oficiales de diplomacia cultural se centren en mejorar la imagen nacional en el extranjero.

Si bien Aotearoa Nueva Zelanda ha estado involucrado en las relaciones culturales internacionales desde el siglo XIX, no fue sino hasta 1943 cuando el país estableció un ministerio separado para asuntos exteriores y comenzó a construir un servicio diplomático profesional. En sus primeras décadas, el ministerio no tenía un presupuesto dedicado para la diplomacia cultural y solo realizó una cantidad limitada de actividad cultural con fondos *ad hoc* (Mark 2008). En la década de 1970 se estableció el Cultural Exchange Programme para mejorar las relaciones bilaterales con países de importancia política, económica y de defensa, al mismo tiempo que presentaba los logros artísticos de Aotearoa Nueva Zelanda al mundo y exponía a los neozelandeses a las influencias artísticas del extranjero. Con el tiempo, el programa se centró más en la proyección de "la personalidad de Nueva Zelanda" en el extranjero que en intercambios bidireccionales (Mark 2010, 76).

Desde el inicio de la participación de Aotearoa Nueva Zelanda en exposiciones internacionales, la cultura māori ha jugado un papel clave en la proyección de la imagen del país en el extranjero. En la exposición de París en 1889, por ejemplo, junto con varias muestras de minerales, lana, cáñamo, goma *kauri*, pájaros, fotografías y productos agrícolas, Aotearoa Nueva Zelanda presentó un grupo de cuatro figuras māori modeladas en cera y "vestidas con esteras, lanzas, etc., de manufactura nativa" (*Appendix to the Journals of the House of Representatives*, 1889, H-52, 1). Según el secretario colonial F. D. Bell, el grupo māori "inmediatamente se convirtió en la mayor atracción y siempre está rodeado de una multitud". En la exposición de la Ciudad Blanca en Londres en 1911, una aldea y un teatro māori fueron, según Greenhalgh (1988, 93), "por mucho, la atracción más popular e inusual" entre las aldeas nativas en exhibición. Mientras que las exposiciones de la época victoriana han sido duramente criticadas como productos del colonialismo y la "violencia imperial" (Greenhalgh 1988, 94), McCarthy (2007, 38) ha llamado la atención sobre las formas en que los māori, "al participar en ferias locales e internacionales [...] se vieron, ellos mismos, como socios en el desarrollo colonial más que como sujetos del mismo". Las exposiciones fueron, argumenta, "un compromiso entre el orden científico de los especímenes cuidadosamente dispuestos, el encanto romántico de los pueblos extranjeros y el espectáculo comercial de las posesiones materiales" (McCarthy 2007, 34).

El legado de la participación māori en exposiciones internacionales como un medio para impulsar sus propias agendas culturales y políticas es evidente un siglo después en uno de los momentos más cruciales de la diplomacia cultural de Aotearoa Nueva Zelanda: la exposición *Te Maori* (ver Capítulo 3). Un total de 621 000 visitantes vieron *Te Maori* en los Estados Unidos y atrajo una amplia cobertura mediática (Hanham 2000). A raíz de *Te Maori*, la llegada de visitantes a Aotearoa Nueva Zelanda aumentó en un 21 % durante tres años y las tasas de visita de los estados anfitriones de la exposición en los Estados Unidos fueron aún más altas (Mark 2008, 173). El Ministerio de Relaciones Exteriores del país desempeñó un papel crucial al facilitar la gira internacional de *Te Maori*. Los objetivos del gobierno eran elevar el perfil de Aotearoa Nueva Zelanda como un país de creciente importancia estratégica, proporcionar una plataforma para explorar aún más el comercio, la inversión y los intereses turísticos, y mejorar el prestigio de los māori como pueblos indígenas (Mark 2008). Como Mark (2008, 134-35) explica:

La exhibición fue utilizada por diplomáticos de Nueva Zelanda para promover los intereses de su país en los Estados Unidos, al mostrar un aspecto de Nueva Zelanda con el que los estadounidenses no estaban familiarizados y al mostrarles que tenía un aspecto cultural a la par con las grandes culturas del mundo. La exposición fue utilizada por algunos māori para usar el poder del reconocimiento internacional en beneficio de sus intereses māori en su tierra, para mejorar el *mana* y el poder de los māori en Nueva Zelanda y para cambiar la relación entre los māori y pākehā.

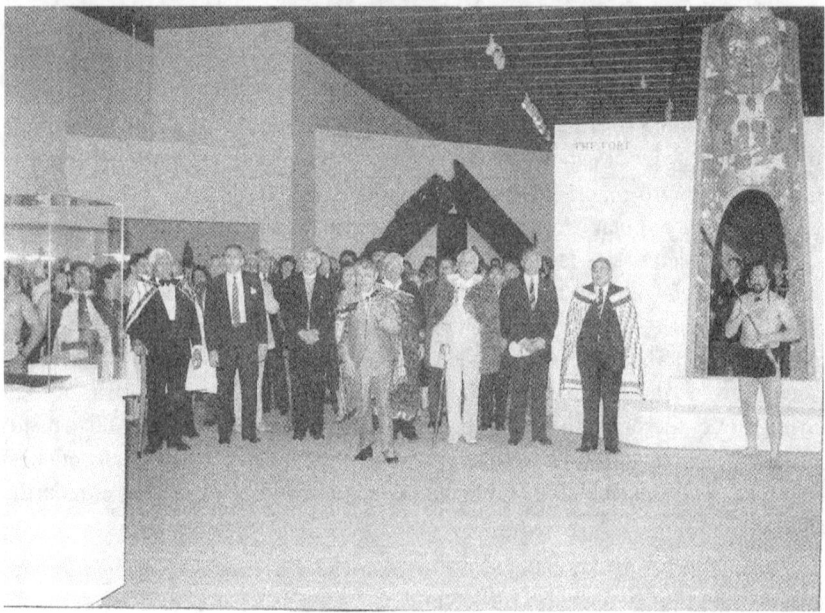

Figura 5.1 Ceremonia de apertura de *Te Maori*, Metropolitan Museum, Nueva York, septiembre de 1984 (Mobil).

En otra iniciativa importante, el gobierno invirtió 9 millones de dólares neozelandeses para capitalizar el éxito internacional de la trilogía cinematográfica *The Lord of the Rings*, realizada en Aotearoa Nueva Zelanda y dirigida por el neozelandés Peter Jackson, a fines de la década de 1990 y principios de la década de 2000, para promover los paisajes del país y su innovación tecnológica en el mundo. De esa inversión, 1.25 millones se destinaron al desarrollo, por parte de Te Papa, de *The Lord of the Rings Motion Picture Trilogy – The Exhibition* (Mark 2008). Entre 2003 y 2007, la muestra recorrió ocho sedes, en Europa, Estados Unidos, Australia y Singapur, con una audiencia internacional de más de un millón de personas (Te Papa 2008).

Citando tanto *Te Maori* como la trilogía cinematográfica *The Lord of the Rings*, Mark (2008) llama nuestra atención sobre la forma en que el éxito cultural internacional puede tener importantes impactos domésticos. Ambos contribuyeron, argumenta, al sentido de Aotearoa Nueva Zelanda de ser una comunidad "única" y "bien definida" y, en el caso de *Te Maori*, un reconocimiento de que la cultura māori era una parte importante de ese carácter distintivo y de ese sentido de identidad (Mark 2008, 231-32).

Con el establecimiento en 2004 de un nuevo Cultural Diplomacy International Programme (CDIP), el gobierno buscó explícitamente desarrollar programas culturales que proyectaran "un perfil distintivo de Nueva Zelanda como una sociedad creativa y diversa con una cultura única y contemporánea, fuertemente arraigada en la diversidad de su patrimonio" (Mark 2008, 153). Los objetivos del programa no eran el entendimiento mutuo, sino que se creó como "un programa instrumental [… para] ayudar a lograr los objetivos de política exterior de Nueva Zelanda" (Mark 2008, 160). En cuanto a la actividad museística respaldada por el programa, Te Papa recibió fondos para desarrollar la exposición *New Zealand, New Thinking*, centrada en tecnologías innovadoras e industrias creativas, que recorrió cuatro grandes centros comerciales en los principales centros urbanos de China en 2007.

El nuevo énfasis en una imagen actualizada y "moderna" tenía implicaciones para el papel de los māori en la diplomacia cultural. Por ejemplo, a Te Papa se le negó el financiamiento del CDIP para la exposición *Mauri Ora*, en algunos aspectos sucesora de *Te Maori*, que viajó a Japón en 2007 (ver Capítulo 3), porque no se percibía que fuera lo suficientemente contemporánea (Mark 2008). Posteriormente, sin embargo, se le otorgaron fondos a Te Papa para apoyar un intercambio de exposiciones con el National Museum of China (NMC). En su solicitud, Te Papa declaró explícitamente que su objetivo de enviar dos exposiciones era "promover los objetivos más amplios del gobierno para su relación con China"[1], en particular, para apoyar los eventos que marcaron el cuadragésimo aniversario de las relaciones diplomáticas entre Aotearoa Nueva Zelanda y ese país. Ambas exposiciones —*Brian Brake: Lens on China and New Zealand*, una exposición fotográfica, y *Kura Pounamu: Treasured stone of Aotearoa New Zealand*, sobre la importancia del jade en la cultura māori— se centraron en temas que conectaban a los dos países. En 2014, el NMC correspondió enviando dos exposiciones a Te Papa.[2]

---

[1] Ministry for Foreign Affairs and Trade, "Ministry for Foreign Affairs and Trade application for Cultural Diplomacy International Programme funding for the Te Papa Project", 2012. Citado en Bayly-McCredie (2017, 64).

[2] Para una discusión detallada de la asociación Te Papa-NMC y el intercambio expositivo, ver Bayly-McCredie (2017).

Diplomacia cultural en México

Según Villanueva (2009b, 11), la diplomacia cultural mexicana ha seguido tradicionalmente una de dos estrategias: una de poder blando que utiliza formas folclóricas y exóticas, adaptada a los objetivos de la política exterior a través de una estrategia de marca país, o el cosmopolitismo cultural, basado en la cooperación y los intercambios educativos internacionales, en los cuales México ha sido particularmente exitoso.

Al igual que Aotearoa Nueva Zelanda, México ha estado involucrado en las relaciones culturales internacionales desde el siglo XIX. La exposición de William Bullock *Ancient Mexico*, en Londres, en la década de 1820 (ver Capítulo 3), fue posible gracias a las autoridades mexicanas y a los intelectuales locales, que fueron "más que útiles" para poner a su disposición objetos de su pasado precolombino (Medina González 2011, 103). Después de la Independencia, México buscaba apoyo y reconocimiento a nivel internacional y, como Bullock explica en su guía de la exhibición, el nuevo gobierno mexicano "estaba ansioso por difundir el conocimiento de la América española y cultivar las relaciones con Europa". La exposición fue, entonces, un ejemplo temprano de la "intersección entre las agendas nacionalistas e imperialistas" (Medina González 2011, 103-4).

La posterior participación de México en ferias mundiales fue una oportunidad para presentarse como una nación moderna, y ayudó a crear un nacionalismo mexicano que persiste, en gran medida, hasta nuestros días (Tenorio-Trillo 2010), incluida la reevaluación del pueblo mexica como el "verdadero antecedente de la nación moderna mexicana" (Tenorio-Trillo 1996, 75). Las exposiciones de México en estos eventos internacionales también actuaron como un campo de entrenamiento para la gran burocracia cultural, requerida para seleccionar, estructurar, transportar, instalar y administrar estos importantes proyectos. De ahí que tanto las ferias mundiales del siglo XIX como sus contrapartes del siglo XX hayan captado la atención académica por sus roles interconectados en la formación de la identidad nacional y la profesionalización del campo de los museos (Galindo Monteagudo 2012).

El sistema mexicano de administración cultural tomó forma en el período posterior a la Revolución (ver Capítulo 2). Desde entonces, el INAH ha participado intensamente en el intercambio cultural. Entre 1988 y 2012 recorrieron el mundo 78 exposiciones mexicanas con temáticas prehispánicas que fueron presentadas en 148 lugares. La mexica y la maya han sido las culturas más representadas (Soraiz Guizar, 2015). Si bien ha habido desplazamientos hacia el desarrollo de estrategias para representar la diversidad cultural más amplia de México a nivel internacional, estas intenciones no se han realizado plenamente (Pérez Castellanos 2013).

Los críticos han subrayado las formas en que la promoción de la cultura mexicana en el extranjero se ha entrelazado con intenciones políticas y económicas (Mewburn 1998; Wallis 1994). De hecho, la utilización de la cultura por parte del gobierno mexicano para fines de política exterior es ampliamente reconocida y vista como positiva por los funcionarios públicos (Villanueva Ulfgard 2012; Villanueva Rivas 2009a). Fue durante la presidencia de Adolfo López Mateos (1958-1964) que la larga tradición de la diplomacia cultural mexicana terminó de institucionalizarse, asistida por una serie de figuras culturales clave que también eran políticamente activas (Villanueva Ulfgard 2012, 190). Uno de ellos fue Fernando Gamboa, un promotor cultural, burócrata y administrador, que trabajó estrechamente con funcionarios gubernamentales de alto nivel durante muchos años en exposiciones internacionales que ayudaron a moldear la imagen del país en el extranjero. El concepto principal detrás del enfoque curatorial de Gamboa y del diseño de las exposiciones fue el de la idea de una línea ininterrumpida de tradición artística mexicana, desde la antigüedad hasta los tiempos modernos (Gaitán 1991). Para este propósito, seleccionó cuatro aspectos de la herencia artística de México: obras de arte prehispánicas, arte colonial, el elemento folklórico representado por el arte popular y el arte moderno (Molina 2013, 286).

Gamboa trabajó en 135 exposiciones y llevó el arte y la cultura mexicana a prestigiosas instituciones en los cinco continentes, comenzando en 1952 con *Art Mexicain du Précolombien à Nos Jours*, presentada en el Musée National d'Art Moderne, en París (ver Capítulo 1). A la inauguración de esta exposición asistieron representantes de alto nivel de ambos países, reconociendo el apoyo a la exposición del presidente y las secretarías de Relaciones Exteriores y de Educación Pública de México en cooperación con el director de Relaciones Culturales del Ministerio de Relaciones Exteriores de Francia (Gamboa 1991, 66). Una iteración posterior de esta muestra se exhibió en la Exposición Internacional de Bruselas de 1958, en donde complementó el pabellón comercial mexicano y ayudó a promover los productos de exportación del país (Revista Tiempo 1991, 76). En 1960 se utilizó el mismo modelo para una exposición financiada en su totalidad por el gobierno mexicano, que recorrió trece sedes europeas con el propósito de preceder las visitas del presidente López Mateos (Malvido 1991, 88). El propio Gamboa, junto con otros académicos, atribuyó a esta serie de exhibiciones logros políticos muy específicos, desde obtener crédito de compañías francesas para construir el metro de la Ciudad de México hasta la selección del país para organizar los Juegos Olímpicos de 1968 (Malvido 1991; Ortega Orozco 2016).

En 1964 el presidente le pidió a Gamboa que produjera otra exposición. *Retrato mexicano*, financiada por la Secretaría de Relaciones Exteriores (SRE), viajó a veinte países durante dieciséis años (Malvido 1991, 89). La "visión particular de México" de Gamboa (Molina 2013) sigue influyendo exposiciones, que van desde *México: Esplendores de treinta siglos* en la década de 1990, hasta la Exposición Internacional de Hanover en la década de 2000, y siguen el mismo formato. También fue el responsable de demostrar al mundo global de los museos que las obras de arte de gran valor se pueden itinerar de forma segura (Malvido 1991). Los inicios del modelo de reciprocidad para el intercambio de las exposiciones internacionales de México también se remontan a este período.

El sistema institucional que apoya la diplomacia cultural en México, que evolucionó a lo largo del siglo XX, es muy complejo. Al menos tres entidades estatales están involucradas en la promoción del arte y la cultura en el extranjero: el área cultural dentro de la SRE, la Dirección de Relaciones Internacionales del extinto Conaculta (ahora Secretaría de Cultura), y departamentos específicos dentro del INAH y del INBA. El área cultural dentro de la SRE perdió prominencia cuando se creó Conaculta en 1989. Hoy, la Secretaría de Cultura es responsable de establecer la agenda para promover a México en el extranjero, mientras que la SRE es responsable de la gestión internacional de esas actividades, a través de sus setenta y cinco agregados culturales y sus once institutos culturales en todo el mundo. El INBA y el INAH son responsables del contenido y los asuntos técnicos. Quizás no sea sorprendente que el campo de la diplomacia cultural mexicana haya sido criticado por falta de coordinación, consistencia y continuidad (Ortega Guerrero 2008; Villanueva Rivas 2015). Parte del personal que trabaja en estas tareas dentro de ciertas partes del sistema, por ejemplo, en la CNME del INAH, no ve su trabajo internacional como una forma de diplomacia cultural.

La diplomacia del museo en la práctica: las relaciones internacionales de *E Tū Ake* y *Aztecs*

Si bien el intercambio de exposiciones con México no formó parte del programa formal de diplomacia cultural de Aotearoa Nueva Zelanda, sus agencias diplomáticas y el ambiente de política exterior desempeñaron un papel crucial, incluido el creciente interés del gobierno en fortalecer los lazos con América Latina. Los dos países han tenido relaciones diplomáticas formales desde 1973, siendo México el mayor socio comercial de Aotearoa Nueva Zelanda en América Latina durante más de veinte años. En agosto de 2000 el gobierno de Nueva Zelanda lanzó una estrategia para América Latina destinada a aumentar su compromiso con la región, a través del "comercio, turismo, inversión, intercambios y colaboración estudiantil, científica y académica, y coordinación y cooperación internacional y regional" (Mark 2008, 150). Dentro del alcance de esta estrategia, hubo intercambios en las áreas de los medios de comunicación, artes y cultura, ciencia y educación, y deportes

(Mark 2008). Durante la primera década del siglo XXI, el comercio bilateral entre México y Aotearoa Nueva Zelanda se duplicó y hubo un "aumento dramático" en los vínculos culturales y educativos (Aranda 2010, 15). En 2007, el presidente Felipe Calderón visitó Aotearoa Nueva Zelanda y reafirmó su compromiso de fortalecer lazos, mientras que el primer ministro John Key hizo lo propio en la Ciudad de México en marzo de 2013, unos meses antes de la apertura de *Aztecs* en Wellington (Key 2013; Aranda 2010).

Desde la apertura de Te Papa en 1998, sus programas de exposiciones itinerantes y sus estrategias internacionales, siempre en evolución y que condujeron a este intercambio, se han involucrado en las iniciativas de diplomacia cultural del gobierno, al tiempo que se entrelazan con objetivos orientados al mercado y relacionados con la misión del museo. La exposición de *The Lord of the Rings*, desarrollada con fondos del gobierno y con objetivos de promoción nacional, inició la actividad de Te Papa en la escena de las giras internacionales. Hay (TP) la describió como "semi-comercial, pero de muy alto perfil para Nueva Zelanda y Nueva Zelanda Inc.". Basado en el éxito de *The Lord of the Rings*, el gobierno de Nueva Zelanda destinó fondos especiales a Te Papa que el museo usó para desarrollar la exposición *Whales | Tohorā*, que ha estado de gira por América del Norte desde 2007, atrayendo cifras récord de visitantes y muy buena crítica. Además de su claro éxito comercial, *Whales | Tohorā* envía un mensaje bicultural, como explica Hay:

> es una muestra de historia natural, es un espectáculo familiar intergeneracional, es principalmente un espectáculo de ciencia, pero también está envuelto en el contexto bicultural, que es realmente de lo que se trata el mandato de Te Papa.

Según Roberts-Thompson, gran parte de la reacción positiva a *Whales | Tohorā* es la inclusión de "un concepto māori y *taonga* māori, eso es realmente lo que la gente quiere ver... Porque eso es lo que es diferente de cualquier otro lugar... tienes todas estas historias desde una perspectiva indígena que conviven con la ciencia y funciona".

Aunque a *Mauri Ora*, predecesora de *E Tū Ake*, le negaron el financiamiento del CDIP, seguía siendo de un "compromiso diplomático de alto nivel"; como dice Smith: "hay muchas negociaciones que hacer y mucha presión para establecer esas relaciones en primer lugar". Más tarde, la directora ejecutiva Cheryl Sotheran solicitó la ayuda de la curadora independiente Alexa Johnston, que "era amiga cercana del entonces embajador de Nueva Zelanda en Tokio y de su esposa, que es japonesa. Se trata de gente que conoce gente y luego se unen esos hilos".

Cuando el personal del museo japonés visitó Aotearoa Nueva Zelanda como parte del intercambio, "nos tomamos muy en serio el *manaakitanga*", explica Smith, "los llevamos por todo el país... realmente 'nos volcamos' en lo que respecta a hospedarlos. Y, de igual manera, cuando les correspondió. Dios, nos cuidaron... Fue simplemente increíble. Eso facilitó el comienzo de una relación realmente fuerte con Tokio. Sé, por esa experiencia, que Te Papa podría trabajar en cualquier lugar de Japón".

Roberts-Thompson (TP) visitó Tokio con el *Kaihautū* de Te Papa, Te Taru White, para hacer los arreglos para la ceremonia de apertura de *Mauri Ora* y para informar al personal del museo sobre el protocolo necesario. Para una ceremonia que "no tomaría más de una hora", ellos consideraron necesario "invertir los esfuerzos y recursos necesarios" para asegurarse de que todos se sintieran cómodos y entendieran lo que estaba sucediendo. La ceremonia tuvo lugar al amanecer en una fría y helada "deslumbrante mañana". El rey māori Tuheitia estaba allí con una pequeña delegación de su pueblo "y eso realmente sorprendió a los japoneses: 'Vaya, ustedes tienen un rey. Bueno, tu rey debe conocer a nuestro emperador'", recuerda Smith.

Roberts-Thompson (TP) está de acuerdo en que los eventos de apertura tuvieron un gran impacto:

> Los medios de comunicación... todo, fue de "Dios mío". Hay una estación en Tokio, es la estación principal, y tuvimos un grupo de actuación... dos días y durante todo el programa... diez millones de personas pasan por esa estación de ferrocarril en la mañana y esa fue la audiencia. Simplemente les gustaba... Se detenían asombrados: "¿qué está pasando aquí?"

Según Hay, el mismo fondo gubernamental utilizado para la muestra *Whales | Tohorā* contribuyó al desarrollo capital de *E Tū Ake* y, por lo tanto, fue "clave para que ocurriera". *E Tū Ake* tenía la intención de desafiar las percepciones que tienen los públicos globales de los pueblos indígenas, por medio de los māori representándose a sí mismos como una cultura "viva" y vibrante, así como influir en la práctica de museos relacionada con el cuidado y la exhibición de colecciones indígenas (ver Capítulo 3).

Smith dice que siempre tuvo el interés de usar los *taonga* en la colección de Te Papa para "conectarse con todas estas personas en todo el mundo". Ella cree que los *taonga* son particularmente poderosos para forjar conexiones porque "resuenan espiritualmente", afectan a las personas, y fueron fundamentales para garantizar que las relaciones con Japón "estuvieran bien cimentadas".

Entiendo que cuando los *taonga* salieron de Tokio, la mayoría del personal estaba llorando. Tienen un impacto humano bastante fuerte y he visto eso suceder varias veces… tienden a conmover a las personas a ese nivel humano y emocional. Es posible que no entiendan exactamente lo que está sucediendo, pero piensan: "Oh, se me ha puesto la piel chinita" o "siento un hormigueo".

En un ejemplo de nacionalismos cívicos y étnicos superpuestos, los *taonga* sirven como embajadores no solo para Te Papa y "NZ Inc.", sino también para los mismos māori. Roberts-Thompson y Hakaraia, del Iwi Relationships Team de Te Papa, son responsables de establecer un enlace con las *iwi*, que son las propietarias tradicionales de los *taonga* en la colección de Te Papa. Se requiere de un acuerdo *iwi* para que cualquier *taonga* viaje. Algunos *taonga* en *Mauri Ora* y *E Tū Ake* estuvieron fuera del país durante mucho tiempo. Roberts-Thompson describe las reacciones de algunas *iwi*:

"Eso significa que, en realidad, tenemos que viajar al otro lado del mundo para verlo". Y puedes escuchar eso en las voces de las personas cuando te responden. Uno dice: "Sí, ese es un argumento muy válido, pero también significa que ustedes, como tribu y pueblo, están siendo considerados y se habla de ustedes en el otro lado del mundo debido a esos *taonga* y su historia y su conexión con ellos", ¿sabes?

Ambas mujeres coinciden en que las *iwi* son "muy astutas al ver las oportunidades que pueden surgir de que sus *taonga* estén viajando por el mundo y compartiendo su historia de alguna manera", especialmente si la exposición incluye material "escrito desde su voz" o "imágenes de hoy con sus *taonga*": "esa es su presencia, propiedad y conexión que viaja". Como dice Smith, los māori son indígenas *y* un "pueblo global".

Sandahl es una firme defensora del biculturalismo de Te Papa y su potencial impacto global, y cree que la institución "podría tomar una posición mucho más fuerte en el mundo de los museos":

creo que de alguna manera [esto] podría convertirse en un concepto más amplio que el biculturalismo, pero es la "diferencia viva" la que Europa encuentra realmente muy difícil. No somos buenos viviendo con diferencias. Encontramos realmente muy complicado conciliar las visiones del mundo iguales, pero no idénticas. Entonces, creo que esa capacidad de negociar respetuosamente los conflictos, desacuerdos y diferencias es algo en lo que Te Papa y Nueva Zelanda podrían posicionarse *realmente* en una situación global. No conozco a nadie que lo haga así de bien. Y viviendo aquí, todos sabemos que esto no es perfecto y sha-la-la —todos lo sabemos— pero es *mucho* mejor de lo que los demás lo están haciendo. *Mucho* mejor. Y la gente no lo sabe fuera de Nueva Zelanda.

Cuando busca sedes para exposiciones internacionales, incluso cuando no forma parte de un programa formal de diplomacia cultural, Te Papa escucha a altos funcionarios del gobierno y considera los intereses nacionales y las sensibilidades políticas. Esto incluye, como explica Garrett, "qué ciudad es la mejor para la agenda comercial o de otro tipo para Nueva Zelanda. Se trata de tal ciudad y podemos reunirnos por medio de nuestro embajador y esos asuntos diplomáticos".

Se discutió la posibilidad de que *Mauri Ora* tuviera otra sede en China a su regreso de ese país, aunque esto no sucedió. Posteriormente, hubo discusiones de "muy alto nivel" con China sobre la posibilidad de organizar *E Tū Ake*, pero dado el contenido político de la exposición, el consejo fue —como dijo Garrett— "precaución al menos, por eso para nosotros era mucho mejor ir con [*Kura*] *Pounamu* y *Brian Brake*". Garrett explica la sensibilidad del museo a los contextos generales de política exterior al tomar decisiones sobre exposiciones internacionales y sobre a dónde enviarlas:

la conversación con Japón, China, el Sureste asiático —las nuevas economías, supongo— realmente se cruza con el deseo en Nueva Zelanda de trabajar con estas exitosas economías [vecinas] … Cosas así. Entonces, supongo que lo que estoy diciendo es que este tipo de iniciativas, actividades y excursiones, en realidad, hacen *clic* en el pensamiento superior de otras personas, sobre cómo formar relaciones y fortalecerlas y mantenerlas en marcha, etcétera. Y es bastante evidente que una reunión en torno a una experiencia cultural es aparentemente una buena manera de comenzar una conversación, ¿qué tal un poco más de leche o algo? [risas]. Así que hay todo tipo de conexiones aquí… también estábamos muy interesados en ir a Francia y era el año de la Copa Mundial de Rugby[3] y Francia era un objetivo clave en términos de turismo. Así que, de nuevo, un motivo económico —si tú quieres— para posicionar la cosa.

Al desarrollar *E Tū Ake*, el personal de Te Papa fue muy consciente de su papel como embajador de su país. Hervé Michaud (escritor, TP) describe el trabajo en la exposición como "increíble", debido al nivel de energía y entusiasmo que

---

[3] Nueva Zelanda fue sede de la Copa Mundial de Rugby en 2011 y venció, por poco, a Francia en una tensa final.

encontró en el museo para el proyecto. Atribuye esto al "tema de la exposición [y] al hecho de que saldría de gira": "todo el mundo estaba dispuesto a ayudar ya que podían ver la importancia de hacerlo bien".

Al gestionar la itinerancia de la exposición, Kent y Hay vieron su trabajo como diplomático en el sentido de las "relaciones delicadas que estamos negociando con las sedes". Esto influyó en cómo se trataría cualquier problema que surgiera, como explica Hay:

> estamos tratando de construir relaciones duraderas para que estas personas nos respeten, nos vean como amigos, hablen con otros colegas y digan: "Mira, Te Papa es simplemente increíble para trabajar", y querrá trabajar con nosotros nuevamente, todo ese tipo de cosas. De eso se trata este juego. Eso guía cómo lidiamos con la situación.

Mientras supervisa los montajes en las sedes, Kent se ve a sí mismo y a su equipo desempeñando un papel de embajadores al interactuar con el "equipo local". Lo ve como "una oportunidad para vender nuestro país mientras estamos fuera y contarles acerca de Nueva Zelanda" y "para hablar sobre la cultura… y, luego, por supuesto, que vayan casa y se lo cuenten a sus amigos, etcétera".

Hay describió al presidente ejecutivo Michael Houlihan (2009-2014) como "muy centrado en una estrategia internacional bastante audaz". Si bien esta estrategia no fue determinada directamente por una agencia gubernamental, los esfuerzos de Te Papa para construir una marca internacional tomaron en cuenta el contexto general de la política exterior. Wen Powles, un diplomático experimentado, fue asignado al museo nacional por parte del Ministerio de Asuntos Exteriores y Comercio (MFAT), específicamente para ayudar a desarrollar la estrategia internacional. Powles, quien posteriormente fue nombrada consejera de estrategias internacionales en Te Papa, mencionó que "en todo lo que hice, estaba pensando en Te Papa y en cómo podríamos hacer que este maravilloso museo saliera y tuviera un gran nombre". Al describir la orientación política de Houlihan, Powles dijo:

> vio que la marca internacional y la presencia internacional de Te Papa podrían ser fortalecidas sobre la base sólida que ya tenía en términos de la presencia māori. Por ejemplo, el trabajo de repatriación que hace Te Papa y las exposiciones que han viajado a ultramar. *E Tū Ake* y algunas otras ya habían dejado huella, particularmente en los Estados Unidos, Europa (Quai Branly) y Canadá, por lo que era una buena base para construir. Pero, para eso, necesitábamos no solo ir a esos mercados más 'tradicionales' —si usted quiere—, mercados más fáciles de manejar

porque tienen menos diferencias culturales con Nueva Zelanda, menos diferencias de idioma, sino intentar entrar en mercados realmente difíciles, pero que son importantes para Nueva Zelanda como país.

El Informe Anual de Te Papa de 2012-2013 (2013a, 2) establece que sus "actividades internacionales están alineadas con las prioridades del gobierno y cuentan con el apoyo incondicional de los representantes diplomáticos de Nueva Zelanda en todo el mundo y los representantes de los países socios en Wellington". En la segunda mitad de 2012, cinco exposiciones de Te Papa cruzaron las fronteras internacionales: *E Tū Ake* fue a Canadá después de salir de México; *Whales | Tohorā* se trasladó al Cleveland Museum of Natural History después de una temporada en Ottawa; dos exposiciones volaron a Beijing para exponerse en el NMC, y una pequeña exposición de arte se dirigía al Shanghai Art Museum. Hay explicó cómo cada exposición cumplió "misiones diferentes"; las exposiciones de China, apoyadas por el CDIP, "fue mucho sobre Te Papa sirviendo a Nueva Zelanda en el papel de embajador cultural y abriendo puertas a museos muy importantes". Las sedes pagaron una tarifa por *Whales | Tohorā* y se buscó atraer altos números de visitas para recuperar sus costos. Si bien *E Tū Ake* fue una exposición de pago para las sedes en París y en la ciudad de Quebec y todas las sedes cubrieron el costo del flete (ver Capítulo 2), Hay explica que:

> Estas tarifas realmente no cubren de ninguna manera, ni directa, el costo de desarrollar una exposición como esta: [es] bastante considerable, como te puedes imaginar. Entonces, realmente se trata de hacer una diplomacia cultural y servir a Nueva Zelanda en ese contexto más amplio de dar a las personas una visión y apetito para comprender la cultura de Nueva Zelanda y, en particular, con *E Tū Ake*, la cultura māori y el viaje de los māori, realmente.

Traer *Aztecs* a Nueva Zelanda dependía del apoyo y la cooperación del gobierno. La Embajada de Nueva Zelanda en México estuvo involucrada desde el comienzo de las negociaciones. Te Papa tuvo una relación con MFAT que Fox describe como "vital desde el principio", particularmente a través del embajador de Nueva Zelanda en México que "hizo un trabajo increíble en términos de involucrar a altos funcionarios del sector cultural en México de entonces. No puedo soslayar lo importante que fue esta relación". En abril de 2010 Fox viajó a la Ciudad de México con colegas de alto rango de Te Papa, así como con Howarth del Australian Museum, para formalizar la solicitud de *Aztecs* y reunirse con altos funcionarios del INAH. La Embajada de Nueva Zelanda facilitó las comunicaciones, actuó como anfitrión de las reuniones y proporcionó una persona para que entregara la carta de intención original.

Durante el período del intercambio la embajada permaneció en contacto con el personal de INAH. Con motivo de la ceremonia de apertura de *E Tū Ake*, ofreció vinos neozelandeses y organizó un pequeño evento de bienvenida para el personal del INAH y, luego, los invitó a los estrenos de las películas de *The Hobbit* en México.

Del lado mexicano, el trabajo de exposiciones internacionales del INAH tiende a organizarse de manera reactiva y no proactiva (Pérez Castellanos 2013). El gobierno mexicano establece la agenda con objetivos generales para la promoción del patrimonio mexicano y, luego, el INAH responde a las solicitudes de exposiciones de museos de todo el mundo, mientras trabaja en asociación con el área cultural de la SRE y el área internacional dentro de Conaculta (ahora Secretaría de Cultura). En este sentido, el intercambio de exposiciones con Te Papa fue parte del programa de diplomacia cultural del gobierno mexicano y otros organismos gubernamentales responsables de las relaciones internacionales se involucraron en varios puntos. En un intento por evitar la falta de coordinación descrita por algunos autores (Villanueva Rivas 2009a; Ortega Guerrero 2008), la oficina de la CNME en el INAH a menudo estaba en contacto con personal de Conaculta y se celebraban reuniones periódicas con el área cultural de la SRE para compartir información y supervisar el progreso.

Si bien la Embajada de México en Aotearoa Nueva Zelanda había facilitado previamente que pequeñas exposiciones de México recorrieran museos regionales, con los que habían fomentado las relaciones,[4] no tiene un gran presupuesto para actividades culturales, por lo que hubiera sido imposible costear proyectos como *Aztecs*. Ha pasado algún tiempo desde que el Estado financiaba exposiciones como las de Gamboa, por lo que se considera afortunado cuando se presentan eventos culturales significativos como resultado de la colaboración entre las instituciones culturales de México y los museos extranjeros. Como admite francamente Alberto Fierro, miembro del Cuerpo Diplomático de México, el trabajo de un agregado cultural hoy en día es "encontrar oportunidades para posicionar a la cultura mexicana en el área donde están actuando; la tarea también es generar las condiciones para una buena recepción de eventos culturales, tratando de encontrar alianzas" (Fierro 2015, 196).

---

[4] The Eastern Southland Gallery, en la pequeña ciudad de Gore, en la Isla Sur, por ejemplo, acogió dos espectáculos fotográficos cortesía de la Embajada de México: *3 Moments in Mexican Photography* (Nacho López, Graciela Iturbide y Egmont Contreras) a fines de 2002, y *Guardianes del Tiempo – Guardians of Time* (Javier Hinojosa), en 2008 (David Luoni y Jim Geddes, correspondencia personal, 25 de agosto de 2017).

Una vez que el proyecto *Aztecs* estuvo en marcha, Leonora Rueda, embajadora mexicana en Nueva Zelanda en ese momento, se mostró muy dispuesta a ayudar para que la exposición tuviera éxito. La reconoció como una oportunidad para contrarrestar la mala imagen de México que prevalece en los medios, uno de los objetivos declarados de la diplomacia cultural mexicana (Villanueva Ulfgard 2012; Villanueva Rivas 2011). La Embajada de México en Wellington siguió el progreso del intercambio e intervino cuando fue necesario para ayudar a Te Papa a sortear la burocracia mexicana y obtener el aseguramiento de la obra, dio la bienvenida al personal del INAH cuando llegaron y participó en el *pōwhiri* en Te Papa. También trabajaron para suavizar las relaciones entre el INAH y Te Papa cuando no se firmó el Acuerdo Secretarial y se retrasó la llegada de los objetos (ver Capítulo 2). La embajadora desempeñó un papel clave en las ceremonias de apertura y clausura de *Aztecs*, incluida la organización para que un grupo de danza folclórica mexicano, casualmente en el país para celebrar los cuarenta años de relaciones diplomáticas entre Nueva Zelanda y México, actuara en el evento inaugural.

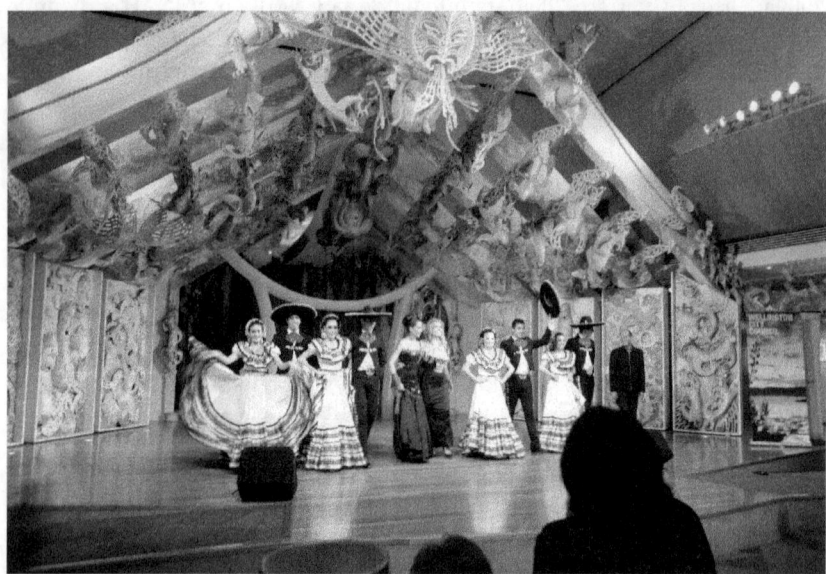

Figura 5.2 La embajadora mexicana Leonora Rueda con el grupo de danza folclórica mexicano actuando en el *marae* de Te Papa, durante la inauguración de *Aztecs*, el 28 de septiembre de 2013. Fotografía cortesía de Lee Davidson.

Definiendo el éxito: en busca de indicadores de valor institucional, de mercado y diplomático

Las exposiciones internacionales y la diplomacia cultural en general han sido criticadas por la falta de evidencia o, incluso, de métodos fiables para determinar su valor. Los debates sobre los beneficios potenciales de la diplomacia cultural han contribuido a la ausencia de criterios claros para definir y medir su éxito. Esto, argumenta Clarke (2016, 147), "no solo es problemático desde un punto de vista académico, sino también en términos de la forma en que se formula la política". Como Mark (2008, 242) señala, es precisamente esta ausencia la que ha socavado el apoyo a la diplomacia cultural.

El número de visitantes y los ingresos generados (o perdidos) a menudo se han utilizado como medidas *de facto* del éxito (o fracaso) de las exposiciones internacionales. Pero, como hemos argumentado a lo largo de este libro, estas exposiciones son proyectos complejos, de varios niveles y a largo plazo, y los impactos que buscan, frecuentemente, se dispersan en las esferas institucionales, de mercado y diplomáticos. El éxito en una de estas esferas no garantiza un impacto positivo en otro. *Aztecs* de la Royal Academy (2002-2003) es un ejemplo pertinente. Si bien su estatus de *blockbuster* es innegable, la exposición de Londres fue un desastre en términos de diplomacia cultural y comprensión intercultural.

Gorji (2004) trazó paralelos entre las respuestas a la exposición y el clima político en el Reino Unido en ese momento. Una caricatura de un periódico, publicada en febrero de 2003, mostraba unas esculturas aztecas que habían cobrado vida y estaban "llevándose a los visitantes blancos de la galería, pateando y gritando, como irónicos trofeos postcoloniales. Estos espectadores, literalmente, son arrastrados" (Gorji 2004, 46). De hecho, las reacciones públicas, argumenta Gorji (2004, 48), reflejan "una actitud siniestra e insidiosa de superioridad cultural y una peligrosa paranoia sobre la amenaza del bárbaro, tanto en el mundo en general como más cerca de casa". Si bien la atención generada fue una bendición para la venta de boletos, un año después de que la Royal Academy reportara pérdidas por primera vez en seis años, es difícil imaginar que este fuera el tipo de visibilidad que el gobierno mexicano esperaba, ni que hubiera hecho mucho por la comprensión intercultural.

Las cuestiones de valor y su medición, en general, se han vuelto más apremiantes para los museos desde las reformas económicas de la década de 1980 y la introducción del gerencialismo y de la rendición de cuentas en las organizaciones financiadas con fondos públicos (C. Scott 2002, 41). La situación se ha exacerbado por el aumento de la competencia en los mercados del ocio y por los recortes de fondos, especialmente en tiempos de recesión económica. Para considerar estos temas en relación con las exposiciones internacionales y la diplomacia cultural es importante distinguir entre tres palabras que a menudo se usan indistintamente: resultados, impacto y valores (C. Scott 2002, 2015).

El valor puede verse como "la importancia atribuida a algo: la percepción de 'beneficio real o potencial'" (Poll y Payne 2006, 2 en C. Scott, Dodd y Sandell 2014, 6). Bollo (2013, 14) argumenta que el valor y los impactos son "construcciones teóricas estrictamente entrelazadas en la medida en que pueden considerarse dos caras de la misma moneda". Las percepciones de valor afectan a los productos de los museos, como las exposiciones internacionales y los programas y eventos relacionados, mediante los cuales los museos hacen que "la generación de valor sea factible y posible", con la intención de que estos productos tengan ciertos impactos, ya sean sociales, económicos o ambientales (Bollo 2013, 15). Estos impactos pueden medirse mediante la evaluación de resultados. Los resultados a corto plazo pueden estar representados por medidas como las visitas, la satisfacción, el número de personas que asisten a programas específicos, el número de miembros, etcétera. Los resultados a largo plazo son mucho más difíciles de evaluar y la causalidad es difícil de probar. Una solución es confiar en los indicadores para mostrar una contribución al impacto, en lugar de reclamar la causalidad y la posibilidad de una medición precisa (Bollo 2013, 14).

C. Scott (2002) afirma que, para comprender el valor de los museos, uno debe considerar el punto de vista de todos los interesados, incluidos los visitantes y la sociedad en un sentido amplio. Entonces, si bien los resultados como el número de visitantes, los ingresos e, incluso, la satisfacción de los visitantes son, en cierto grado, medidas de éxito convenientes, no logran capturar el valor total de las actividades del museo. El sector de los museos, según C. Scott (2009, 198), está "obstaculizado por su incapacidad para articular claramente su valor de una manera coherente y significativa, así como por su negligencia de la necesidad imperiosa de establecer un sistema para recopilar evidencia en torno a un conjunto de indicadores acordados, que corroboran los reclamos de valor". Lo que se necesita es una ampliación de la forma en que los museos lo articulan y lo demuestran. Esto podría lograrse con un marco de valores que incluya medidas cuantitativas tradicionales junto a los indicadores cualitativos, que representen un nuevo lenguaje para narrar el propósito social de los museos, incluidas las exposiciones internacionales. Como dice Campbell (MM): "tal vez es muy miope decir 'esta exposición costó tanto y tuvimos tantos visitantes, que no logró el objetivo específico', ni en cifras de visitantes ni en términos de ingresos. Los críticos no parecen entender los fundamentos de cómo se planean estos proyectos".

En relación con las exposiciones internacionales abogamos por el desarrollo de un marco de valores que abarque objetivos diplomáticos, institucionales relacionados con la misión y otros orientados al mercado, y la identificación de indicadores apropiados para cada uno. Si bien estos objetivos a menudo se entrelazan con diferentes ponderaciones para distintas exposiciones, para fines analíticos, los consideramos por separado en la siguiente discusión y proporcionamos ejemplos del valor e indicadores potenciales dentro de cada esfera, según lo articulado por el personal, los visitantes y las partes interesadas del intercambio de la exposición.

La esfera relacionada con el mercado

La esfera relacionada con el mercado incluye los ingresos internos, así como el impacto económico más amplio generado por las exposiciones internacionales, incluido el empleo y el turismo local. Esta esfera es, quizás, la más fácil de cuantificar y, por lo tanto, de la cual se obtiene evidencia del impacto. La generación de ingresos internos incluye aquellos del patrocinio corporativo, la venta de boletos y la comercialización, así como el flujo de ingresos por estacionamiento, servicios de alimentos, membresías, eventos especiales, programas públicos y servicios educativos.

La visita y sus efectos de flujo para otras fuentes de ingresos es, por supuesto, muy importante para los museos, ya que garantiza su viabilidad financiera mientras operan dentro de las limitaciones de financiamiento. Los ingresos generados por las exposiciones internacionales se pueden utilizar para recuperar costos y, si es posible, generar ganancias para apoyar otras actividades del museo, aunque en su mayoría no son lucrativas (ver Capítulos 1 y 2). En Te Papa, la entrada general es gratuita, pero se cobra por exposiciones especiales. Las sedes australianas para *Aztecs* también dependían de que los visitantes pagaran un precio adicional de la entrada además de la admisión general para recuperar la inversión realizada. En otros casos, como el MNC, los ingresos no son un tema importante. En el momento en que *E Tū Ake* fue exhibida, la entrada al museo y a la exposición era gratuita. Aunque las visitas no tuvieron un valor económico directo en este caso, excepto en relación con la venta de *souvenirs* y catálogos de exhibición, aun así se consideró un éxito (ver Capítulo 4).

Si una exposición no está totalmente financiada por un patrocinador, ya sea una entidad pública o privada, los museos deben presentar un plan de negocios basado en los costos estimados y los ingresos proyectados. En última instancia, la viabilidad de la exposición depende de ello, así como la sustentabilidad continua del programa de exhibiciones temporales del museo y de cualquier actividad dependiente. Esta evaluación, generalmente, involucra una investigación de mercado para evaluar el nivel de interés entre los públicos existentes y potenciales, así como la prueba de conceptos de la exposición, títulos e imágenes de *marketing*, etc. El potencial para atraer nuevos miembros y patrocinio, para proyectos actuales y futuros, también debe ser tomado en consideración

Las visitas y la generación de ingresos relacionados están claramente vinculadas al atractivo de una exposición y su capacidad para competir con otras opciones de entretenimiento. Como señala Fox (TP), debido a que nunca antes había habido una exposición azteca en Australasia, su potencial de "éxito de taquilla" era desconocido. Sin embargo, la investigación realizada por el consorcio de Australasia produjo resultados prometedores. Ferguson (AM) señala que "*Aztecs* se posicionó como el tercero de los cuatro temas principales entre los veinte que probamos y yo había visto la exposición, una versión de la exposición, en Londres, en noviembre de 2002, que estaba en la Royal Academy y que atrajo a unos 450 000 visitantes, por lo que teníamos la sensación de que había potencial aquí para eso". Con base en estas evaluaciones se realizaron proyecciones de visitantes. Sin embargo, ninguno de los tres museos alcanzó sus objetivos (ver Tabla 5.1).

Tabla 5.1 Cifras de visitantes de *Aztecs* – reales y proyectadas

Museo	Proyección de visitantes	Visitantes reales
Te Papa	100 000	39 861
Melbourne Museum	140 000	88 000
Australian Museum	105 000	65 970

La mayoría del personal entrevistado en las últimas etapas de nuestra investigación, una vez que se conocieron estas cifras, expresó su preocupación por el bajo número de visitantes. Muchos estaban desconcertados porque la satisfacción de los visitantes tuviera una calificación tan alta (ver Capítulo 4), pero que no se hubiera traducido en entradas. Dorey (AM), por ejemplo, afirma:

> no ha tenido un rendimiento cercano a lo esperado. Todos han tenido cifras muy bajas… lo cual es decepcionante porque… en realidad, hemos tenido críticas… y de los públicos e, incluso, nuestro crítico más duro fue muy, muy mesurado al respecto. Así que hemos tenido muy buenos comentarios y críticas realmente positivas… pero no los visitantes.

El personal del museo habló sobre una variedad de factores que pueden haber llevado a números inferiores de los esperados, incluida la falta de conocimiento previo sobre el tema entre el público local, como se identifica en las evaluaciones formativas. Kent cree que "si lo hubiéramos comercializado de una forma un poco diferente y educado a nuestro público antes de la apertura de la exposición sobre la cultura azteca, podríamos haber atraído a un público más amplio". Te Papa pudo transmitir al Melbourne Museum su experiencia de las barreras a la participación antes de que la exposición cruzara el Mar de Tasmania. Campbell (MM) explica:

con base en esa información, pudimos cambiar nuestra estrategia, pero probablemente un poco tarde... y, nuevamente, los recursos fueron un problema porque el equipo estaba agotado... de lo que nos dimos cuenta fue que teníamos que educar un poco y desarrollar una pre-conciencia de lo que era *Aztecs* realmente y contar las historias de los aztecas, porque lo que estábamos escuchando de Te Papa era que faltaba un poco y, por lo tanto, los visitantes no se sentían atraídos automáticamente porque no tenían suficiente conocimiento.

Trabajaron en "extraer algunas de esas historias realmente interesantes que despertaran la imaginación de las personas y les enseñaran un poco sobre los aztecas, para que luego se sintieran más atraídos a venir cuando abriera la exposición". Observaron particularmente "los vínculos con el México moderno porque eso es obviamente genial", incluyendo "conversaciones con uno de los restaurantes mexicanos realmente increíbles de la ciudad" y "el vínculo del chocolate". Campbell piensa que "esa era la estrategia correcta, probablemente simplemente no nos dimos el tiempo suficiente para ejecutarla de una manera realmente efectiva". También confiaron en los canales tradicionales de medios impresos, mientras que, en retrospectiva, ella cree que los medios digitales habrían sido mejores "para capturar la imaginación de la audiencia a la que terminamos recibiendo":

encontramos difícil conseguir la colaboración de los medios y, por lo tanto, la campaña de concientización previa, que sonaba increíble y en la que hicimos un gran trabajo, no siempre llegó a buen término... probablemente, hubiéramos necesitado más tiempo para cultivar esa estrategia y esas relaciones, pero fuimos algo reactivos.

Otros cuestionaron la efectividad de las imágenes de promoción, cuyo desarrollo había sido un proceso difícil y polémico (ver Capítulo 3). Para algunos en Te Papa, la campaña debería haber sido más agresiva, mientras que en el Australian Museum Dorey señaló que el *marketing* se realizó internamente con "un presupuesto *muy* pequeño" en comparación con otras muestras internacionales donde se contrató a una empresa externa y "la publicidad fue mucho más intensa".

Algunos miembros del equipo cuestionaron la decisión de desarrollar la exposición para un público intergeneracional. Como señala Greene (MM), el Melbourne Museum tiene un público "predominantemente" familiar "y sé que hubo cierto nerviosismo entre al menos algunos padres, quienes, al saber suficiente sobre los aztecas y que el tema del sacrificio humano era inevitablemente parte de él, protegerían a sus hijos de esa experiencia, así que ese fue un factor". Ferguson (AM) está de acuerdo en que "nos equivocamos con el público meta".

En Te Papa el precio de entrada fue alto en comparación con muestras anteriores y en relación con otras opciones de esparcimiento en la ciudad. También hubo competencia en la sede con dos exposiciones temporales de pago que se presentaron al mismo tiempo. Campbell mencionó la reciente y alta rotación de espectáculos internacionales en el Melbourne Museum y cuestionó la frecuencia con la que se puede organizar exposiciones temporales sin "agotar a su público principal". Dorey también señaló que "los museos de Australia no están funcionando bien en este momento… [así que] no se puede culpar a la exposición". Para el Australian Museum y Te Papa, no tener una comunidad mexicana local considerable fue visto como una desventaja. También hubo algunos cuestionamientos sobre la medida en que las expectativas iniciales fueron demasiado ambiciosas, alentadas por el desempeño de las exposiciones aztecas en otros mercados. Esto llevó a Ferguson (AM) a reflexionar sobre la necesidad de "observar detenidamente lo que su investigación de públicos le está diciendo, mirar muy de cerca el presupuesto y dónde están los riesgos".

Muchos miembros del equipo comentaron que el hecho de que los visitantes respondieran tan positivamente a la exposición fue "lo más importante". Como dice Greene (MM), "a las personas que lo vieron les encantó, [solo] deseamos que más personas lo hubieran visto para que les encantase, y eso también habría ayudado a las finanzas, lo cual es una consideración importante para nosotros… en última instancia, 88 000 personas lo vieron, aun así es un gran número".

El valor económico de las exposiciones temporales para estimular el turismo en las ciudades se ha mencionado (ver Capítulo 1), pero ninguno de nuestros entrevistados lo señaló. En Australia, en particular, las exposiciones internacionales frecuentemente están subvencionadas por agencias de promoción turística y gobiernos locales o estatales, en función de su potencial para estimular el turismo cultural como parte de la combinación de eventos de una ciudad (Gorchakova 2017). Los impactos económicos más amplios de las exposiciones a una ciudad pueden calcularse utilizando modelos económicos. El DMNH, por ejemplo, declaró una aportación estimada de 60 millones de dólares en la economía local por parte de *Aztec: The World of Moctezuma*, mientras que la adquisición de la membresía del museo alcanzó un récord (Nein 1993). Sin embargo, las evaluaciones de impacto económico como estas pueden ser costosas, sus métodos son polémicos y la causalidad es difícil de probar (Carey, Davidson y Sahli 2013). No obstante, los museos pueden recopilar datos que ayuden a capturar este impacto, como el porcentaje de visitantes de fuera de la ciudad a una exposición, el grado en que la exposición influyó su decisión de visitarla, su duración de estadía y el gasto diario promedio en la ciudad.

La esfera relacionada con la misión institucional

Las misiones de un museo abarcan un amplio espectro de valores que encapsulan su *razón de ser* y se materializan a través de una amplia gama de funciones del museo. En relación con las exposiciones internacionales, esas misiones pueden estar más enfocadas internamente, como proporcionar oportunidades de aprendizaje amenas para sus públicos existentes, desarrollar nuevas audiencias, involucrar a nuevas comunidades y partes interesadas, y facilitar el desarrollo profesional para el personal; o pueden estar enfocadas externamente en la participación en el ámbito cultural internacional, así como en compartir colecciones a nivel mundial o construir una marca y reputación institucional.

Las evaluaciones sumativas capturan una serie de medidas potenciales del impacto desde el punto de vista interno, incluida la satisfacción del visitante, las visitas por primera vez *versus* las visitas recurrentes y los datos del perfil de los públicos. El personal al que entrevistamos, tanto sobre *Aztecs* como sobre *E Tū Ake*, valoraron la satisfacción de los visitantes como una medida de éxito, ofreciendo muchos comentarios positivos. La embajadora Rueda, por ejemplo, nos dijo: "Fui a la exposición muchas veces, solo para ver cuánta gente iba, o tratando de escuchar los comentarios, y todos, todos expresaron su admiración por la exposición, adentro y afuera, quiero decir, lo escuché de amigos y etcétera".

Curiosamente, un menor número de visitantes puede haber contribuido a una mayor satisfacción de los mismos, ya que los espacios de exhibición abarrotados pueden conducir a experiencias menos positivas (Ballantyne y Uzzell 2011). Campbell (MM) observó que *Aztecs* tenía "una cantidad cómoda de personas en las salas, las veces que he estado allí, no está muerto, tiene suficiente vida, hay gente allí. Además, es lo suficientemente silencioso como para permitir contemplar todas esas cosas increíbles fácilmente".

Sin embargo, la satisfacción a menudo se ve como una medida relativamente superficial y estrecha en la experiencia del visitante. Los intentos de medir el aprendizaje en los visitantes también pueden ser problemáticos, especialmente si esto implica la retención a corto plazo de mensajes didácticos (Hein 1998). Como se muestra en el Capítulo 4, gran parte de lo que los visitantes obtienen de las exposiciones internacionales es sutil, acumulativo y tiene lugar a través del tiempo. De hecho, L. Smith (2015) cuestiona si el aprendizaje es el mejor marco conceptual para comprender lo que hacen los visitantes en las exposiciones. Más bien, como hemos argumentado, el enfoque está cambiando hacia la construcción de significado, las experiencias transformadoras y el desarrollo de algo así como inteligencia emocional y empatía. Estos impactos se captan mejor mediante investigaciones cualitativas a largo plazo. Si bien esto requiere más tiempo y no producirá mediciones cuantitativas, sería posible derivar indicadores cualitativos para ayudar a demostrar el valor de las exposiciones internacionales para los visitantes, utilizando esta investigación como punto de partida. Como vimos en el Capítulo 4, los visitantes tienen sus propias formas de articular el valor y estas pueden ser útiles para desarrollar un conjunto apropiado de indicadores (C. Scott, Dodd y Sandell 2014).

El personal entrevistado articuló este valor en términos de los conceptos tradicionales de aprendizaje, así como la importancia de exponer a los visitantes a otras culturas y visiones del mundo, y permitirles hacer conexiones y ver paralelismos con su propia cultura e historia. Se observó que esto era parte del papel de un museo metropolitano o nacional. Como argumenta Powles:

> con estas exposiciones que se centran en objetos e historia, no necesariamente se obtendrá un gran número de visitantes, como con dinosaurios, películas y juegos. Con estas exposiciones más históricas y artísticas, el público tiene mucho que aprender, incluso si, en términos numéricos, no se obtiene una gran participación.

También se mencionaron las oportunidades para involucrar a las comunidades locales con las que los museos no se habían comprometido previamente. Como explica Hirst (MM):

> Nunca antes habíamos hecho una exposición acerca de esta parte del mundo… y, realmente, nos permitió hacer muchas conexiones con la comunidad mexicana en Melbourne y algunos mexicanos, el embajador, la Embajada, el cónsul… conexiones que continuarán durante la exhibición.

En otros ejemplos, la Art Gallery of New South Wales ha utilizado ampliamente las exposiciones itinerantes para desarrollar relaciones con las comunidades (O'Reilly y Lawrenson 2015), mientras que el DMNH descubrió que su exposición azteca contribuyó a las prácticas en el museo, al fortalecer el compromiso con la divulgación y la educación para la comunidad, e inició tres pasantías anuales de minorías para aumentar la diversidad del personal (Nein 1993; Day 1994).

En términos de desarrollo profesional, varios miembros del equipo mostraron orgullo por lo que habían logrado al llevar a cabo un proyecto tan ambicioso. Como coordinadora de proyectos, Smith-Kapa (TP) sintió que "solo conseguir la exhibición" fue un logro:

conseguir que el gobierno mexicano nos prestara sus tesoros nacionales... creo que pasará mucho tiempo antes de que algo de esta calidad regrese a Nueva Zelanda... y que lográramos una gira de tres sedes.

Otros hablaron de la satisfacción de superar desafíos, resolver problemas, mantenerse dentro del presupuesto, "devolver los objetos sin daños" y no experimentar problemas con el aseguramiento de la colección o en su traslado.

El personal de los tres países se refirió al hecho de que el intercambio fue una "primera vez" significativa para todos los involucrados; era una cultura de la que los museos de Australia tenían poco conocimiento y acceso limitado, ya que ninguno tiene colecciones mesoamericanas. La calidad de los objetos de México también fue un tema común, ya que el personal le dio mucho valor al privilegio de trabajar con ellos y dijo que era poco probable que hubiera otra exposición de esta calidad en mucho tiempo.

Trabajar en el ámbito internacional también ayudó al equipo a desarrollarse profesionalmente, pues fomentó una variedad de actitudes y habilidades que facilitaron este trabajo (ver Capítulo 2). Muchos miembros del personal valoraron esta oportunidad para desarrollar prácticas que podrían usarse en el trabajo intercultural, ya sea en su propio país o en el extranjero. Te Papa, en particular, a través del desarrollo de su estrategia internacional, se vio a sí mismo desempeñando un papel en el escenario mundial, que implicaba construir una reputación internacional, establecer relaciones, contribuir a las prácticas internacionales y, a veces, apoyar los programas gubernamentales de diplomacia cultural. Si bien este papel diplomático es esencialmente impulsado por la misión institucional, para tener éxito se requiere personal que pueda funcionar en este entorno, con actitudes cosmopolitas y habilidades interculturales apropiadas, tales como flexibilidad cognitiva, curiosidad, empatía, humildad, hospitalidad, alfabetización cultural, diálogo, comunicación, sensibilidad intercultural, apertura a la diversidad y capacidad de escuchar. Pero, como señalaron algunos entrevistados, actualmente estas habilidades interculturales no forman parte de la capacitación tradicional para profesionales de museos. En cambio, se adquieren de manera más intuitiva y a través de la experiencia.

Las habilidades interculturales de los profesionales alimentan la calidad de las relaciones establecidas a través de exposiciones internacionales, algo mencionado por el personal que trabajó tanto en *Aztecs* como en *E Tū Ake*. Un indicador de esta calidad fue la longevidad percibida de estas relaciones y su capacidad de incidir en el cambio. Smith sintió el impacto de las exposiciones māori que, ayudadas por el poder de los *taonga* para afectar a las personas "en un nivel humano en lugar de intelectual", han "creado algunas relaciones duraderas" y una vez establecida esta "conexión cultural no desaparecerá". Como prueba del impacto, cita ejemplos de "relaciones que se hacen cálidas" y de directores de museos que se convierten en aliados para apoyar el trabajo de Karanga Aotearoa de Te Papa, un programa ordenado por el gobierno que trabaja para repatriar restos humanos māori de instituciones extranjeras. También sintió que *Mauri Ora* había ayudado a "cambiar las cosas" en el National Museum of Tokyo. en términos de que su "aspecto y sensación" era diferente de sus exposiciones etnográficas habituales (H. Smith 2016).

Hay (TP) también ve que las exhibiciones tienen un impacto:

> al cierre de cada temporada de exhibición, las personas con las que hemos trabajado han regresado y nos han dicho: miren, no solo fue muy exitoso porque recibimos muchos visitantes, les gustó la exposición, fue fabulosa, pero nosotros mismos, algo en nosotros ha cambiado. Hemos aprendido algo nuevo. Hemos sido conmovidos; algo ha sucedido. Y creo que es un gran privilegio estar involucrado en algo y es realmente poderoso y muy positivo.

El impacto de *E Tū Ake* en el personal de México fue mencionado por Medina y otros (ver Capítulo 3), mientras que el personal de ambos lados mantuvo la esperanza de que el intercambio "abriera las puertas" a una mayor colaboración: es decir, un indicador de éxito serían futuras exposiciones itinerantes entre los países e intercambios de personal.

La esfera diplomática

Este capítulo ya ha esbozado muchas de las formas en que las exposiciones internacionales pueden, directa o indirectamente, contribuir a los objetivos de política exterior y de la diplomacia cultural estatal formal. Como se discutió antes, las agendas del gobierno pueden centrarse en objetivos idealistas y/o instrumentales. El primero incluye aspectos como la comprensión y el diálogo mutuos, mientras que el segundo abarca el deseo de crear impresiones favorables, contrarrestar las imágenes negativas y promover otros intereses nacionales, como el turismo y el comercio. Las mediciones más utilizadas en este ámbito han sido el nivel de asistencia a eventos, la cobertura de los medios, las críticas positivas o los comentarios favorables de personas influyentes. Los indicadores más específicos, como el impacto de las exposiciones en el comportamiento o el cambio de actitudes hacia otras culturas, son más difíciles de identificar. A través de nuestra investigación, encontramos declaraciones del valor de las exposiciones para la diplomacia cultural por parte del personal y otras partes interesadas. También preguntamos a los visitantes si la exposición cambió sus impresiones sobre el país de origen.

La embajadora Rueda sintió que *Aztecs* fue el "mayor logro" durante su mandato en Aotearoa Nueva Zelanda. Si bien no pudo señalar ningún impacto directo, explicó que le ayudó a tener conversaciones: "cuando veo a la gente, o la gente en la calle y yo hablamos de México y todo eso 'Oh sí, la exposición azteca que vi allí'. Esa es una puerta, no solo una ventana, es para mí una puerta [risas] para reunir a los *kiwis* y los mexicanos". Antes de la exposición, dice, "incluso si intento por muchos medios promover esa imagen positiva de México, es muy difícil ir en contra de la tendencia de los medios de comunicación". *Aztecs* le dio la oportunidad de hablar sobre la cultura y la historia de México y mostrarle a la gente que había más en el país de lo que se muestra en los medios. Fue "una herramienta, a partir de la cual continúo la profundización sobre el conocimiento del país", por ejemplo, en relación con los productos de exportación, como los chiles y los aguacates, que se cultivaron en la época prehispánica.

Como exdiplomática y asesora internacional de Te Papa, Powles señala que las exposiciones a veces se consideran "un poco anticuadas" como herramienta para la diplomacia cultural, pero ella las considera "una empresa muy valiosa". Ella cree que, a través de *Aztecs*, "tenemos una relación diplomática muy buena con México. Eso vale mucho. Hay partes del gobierno de Nueva Zelanda y gente de Nueva Zelanda a quienes les importa eso y, ciertamente, a la Embajada de México le importa, entonces, ¿cómo asignas un 'costo', entre comillas, a valores como ese?"

En Australia la exposición actuó de manera similar. En Melbourne, la Embajada de México y ProMéxico, la agencia de comercio internacional, apoyaron una conferencia del arqueólogo Carlos Javier González, director de MTM. "El embajador australiano en México y el embajador mexicano en Australia hablaron y yo hablé", explica Greene. "Fue parte de un programa que llevó a la decisión de ProMéxico de abrir su oficina australiana en Melbourne, por lo que, como parte de la diplomacia cultural, fue muy exitoso".

Para el equipo mexicano no hay duda de que la exposición fue percibida como una forma de promover el patrimonio nacional en el extranjero y estaban muy orgullosos de poder mostrar su cultura en un lugar tan lejano como Australasia. Gómez sintió que era "muy importante porque es la primera vez que presentamos una exposición en Nueva Zelanda". Martin Antonio Mondragón (director y comisario, Museo Arqueológico "Román Piña Chan") comentó:

Creo que es el hecho de que es la primera exposición de este tipo en estos dos países, Nueva Zelanda y Australia, es importante porque les permitió ver una parte de la época prehispánica en México, ¿verdad? Porque era una de las culturas más representativas. La gente dijo que le despertó mucho interés en aprender sobre otros aspectos de la cultura mexicana.

Para el INAH fue muy significativo que esta fuera la exposición más completa que se haya realizado en el extranjero hasta la fecha, en contraste con exposiciones anteriores y su enfoque de historia del arte. Del lado de Te Papa, la dimensión bicultural es importante, como explica Hay (2016):

Sé que el programa de giras internacionales de Te Papa tiene un enorme impacto en la diplomacia cultural... Sé que Te Papa es un museo muy excepcional y sé que nuestro modelo bicultural [y la] espiritualidad que damos a nuestros espectáculos tienen un impacto.

Evaluar la diplomacia cultural de las exposiciones internacionales incluye evaluar su impacto en términos de crear una imagen favorable o negativa de un país. Preguntamos a los visitantes cuáles eran sus impresiones de cada país antes de visitar la exposición y si habían cambiado o no como resultado de su visita.

Puede ser una decisión difícil para una exposición tener un impacto significativo en las percepciones públicas, particularmente cuando debe contrarrestar una fuerte impresión creada por los medios de comunicación. Los visitantes de *Aztecs* a menudo tenían una impresión negativa del México contemporáneo, que atribuían a los informes de los medios y los "dramas delictivos". Esto incluía cárteles de la droga, violencia, corrupción, sobrepoblación y pobreza. Las impresiones más benignas incluían imágenes estereotipadas de un país colorido y exótico, comida mexicana, chiles picantes, tequila, sombreros, cactus y *resorts* de playa. Otras fuentes de conocimiento, aparte de la experiencia de primera mano, eran amigos o familiares que habían viajado a México y amistades con mexicanos que vivían en el extranjero.

Aquellos visitantes que previamente habían viajado a México tuvieron impresiones positivas, describiéndolo como "fascinante", "interesante" y a la gente como "absolutamente hermosa", y, con frecuencia, mencionaron el deseo de regresar. El viaje anterior de Rowan a México le dio un buen contexto para entender la exposición:

creo que mi visita al Museo de Antropología de la Ciudad de México realmente me abrió los ojos sobre cuán cultural y étnicamente diverso es México, porque supongo que para mí, antes de mi visita, pensaba que en México había un solo grupo étnico dentro de México, que serían los mexicanos, pero entendí, al visitar allí, que había mucha diversidad... al entrar en *Aztecs* en el Australian Museum el fin de semana pasado, entendí que esto simplemente sería una instantánea... de las diversas culturas mexicanas y los diferentes grupos étnicos también, y creo que para muchas personas que probablemente no saben mucho sobre México, tal vez piensen "oh, bueno, ustedes saben los aztecas son el grupo principal o el único grupo étnico dentro de México" o los aztecas evolucionaron hacia lo que hoy es el México moderno, cuando en realidad no es, supongo, científica o históricamente correcto.

Para muchos visitantes, la exposición aumentó su curiosidad sobre la cultura mexicana y, a veces, también aumentó su deseo de viajar. Dana de Melbourne dijo: "Se podría decir que como resultado de esta exhibición podría terminar visitando México en el futuro, porque, ya sabes, no me di cuenta de que ese museo [el Museo Nacional de Antropología] estaba allí y esta exhibición ha hecho que me interese más ir y visitarlo". La idea de viajar se reforzó en los visitantes que ya han estado en lugares similares en América del Sur y quieren saber más. Basil sintió que, si alguna vez viajaba en las cercanías de México, ahora que tiene "algunos antecedentes", tendría un "interés mucho más fuerte... para ir a ver el lugar en sí". Isaac, de hecho, viajó a México, Guatemala y Belice entre su primera y segunda entrevista y acreditó que la exposición fue parte de su decisión de viajar, y dijo: "Realmente me inspiró".

Los visitantes que no declararon interés en viajar a México afirmaron que estaban muy influenciados por los informes de noticias sobre violencia y delincuencia. Cambiar tales percepciones ha sido una de las prioridades de la diplomacia cultural mexicana durante algunos años (Villanueva Ulfgard 2012). Y si bien esto ha llevado a mejoras en la imagen de México, como un destino turístico atractivo con un rico patrimonio cultural y natural, Villanueva Rivas (2016, 2011) cuestiona si se ha hecho lo suficiente.

Hubo una respuesta mixta de los visitantes sobre si la exposición había cambiado o no sus impresiones del México contemporáneo. Como se discutió en el Capítulo 4, muchos visitantes salieron de la exposición confundidos acerca de lo que sucedió con los mexicas después de la Conquista o asumiendo que habían sido eliminados. A pesar de una pequeña sección al final de la exposición sobre el legado de los aztecas, muchos, como Dana, encontraron "difícil asociar a México con estas personas desde hace mucho tiempo". A Jean no le pareció "terriblemente informativo", mientras que Jill pensó que "no había muchas pistas" sobre el México moderno. Kim, por otro lado, se quedó con la impresión de que "es mucho más viejo y hay mucho más de lo que realmente sabía". Otros mencionaron que ahora sabían que había "ruinas" en México y que "honraban su cultura en su bandera". Pero, aunque les dio a los visitantes un mayor sentido de la historia del país, tendió a no tener un profundo impacto en sus pensamientos sobre el México contemporáneo.

Sin embargo, Andrés, nuestro único entrevistado latinoamericano, observó la reacción de familiares y amigos a la exposición y la discutió con ellos. Formó la opinión de que:

> toca a las personas y les hace comprender que estas culturas son, digamos, más antiguas, más elaboradas… crea una especie de respeto más profundo, por así decirlo, porque los latinoamericanos somos percibidos —a primera vista— por los europeos como un poco al revés, como desordenados… [explica] un poco sobre los orígenes de los latinoamericanos, de dónde proviene este baile y cultura y todo, creo que abre un poco las mentes de las personas y les hace comprender y respetar las culturas latinoamericanas… lo discutí un poco con amigos… la exposición, y uno siente que es una profundidad cultural que ahora existe y que cambia la visión sobre lo que es América Latina, ¿sabes? Entonces es interesante, es interesante porque puedes notar en las conversaciones, el cambio de visión, después de esta exposición, ¿ves?

Hana, una neozelandesa casada con un latinoamericano, tiene una perspectiva similar:

> creo que, aunque sabes en el fondo de tu mente que es un país que tiene mucha historia y, ya sabes, una cultura diferente, es fácil olvidarlo cuando piensas en el México moderno, y así, cuando asistes a una exposición como esa, te recuerda que pienses en esos asuntos y cuando miras a la sociedad como es hoy o conoces gente de México solo hay que recordar cómo esa historia podría afectar quiénes son.

Esto refuerza nuestros puntos anteriores en el sentido de que los significados que las personas obtienen de las exposiciones evolucionan con el tiempo, a través de experiencias y conversaciones. Como dice Rowan, una exposición ofrece solamente una "instantánea". Sin embargo, estas respuestas vuelven a plantear la cuestión del valor de la cultura mexica como embajadora de México, en particular, cuando la historia permanece principalmente en el pasado. Si bien las exhibiciones aztecas han sido oro en taquilla para museos europeos y norteamericanos, muchas críticas han sido negativas, particularmente en relación con las representaciones de sacrificios humanos, utilizando lenguaje emotivo como "repugnante", "despreciable" y "horrible" (Silbermann 2012). El uso de la cultura mexica para representar a México fue cuestionado incluso por el personal del INAH que viajaba con la exposición. Carmona (MNA) señaló que "los aztecas y los mayas son los más vendidos. Se venden muy bien. Son culturas que la gente conoce muy bien, pero es lo mismo: los aztecas son conocidos por el centralismo que tenemos en México y los mayas porque todos van a Cancún". Otros ejemplos del patrimonio cultural diverso de México, como Teotihuacán o los olmecas, no tienen el mismo perfil y, por lo tanto, aparecen con menos frecuencia en exposiciones internacionales (Pérez Castellanos 2013).

Es cierto que los objetivos del INAH para la exposición se relacionaron de forma explícita con las percepciones cambiantes de México hoy, ya que sus preocupaciones se centraron principalmente en una representación equilibrada de la cultura azteca y, en este sentido, la exposición parece haber tenido un gran éxito (ver Capítulo 4). Al mismo tiempo, ningún visitante que entrevistamos mencionó salir de la exposición con una peor impresión de México.

E Tū Ake tampoco tenía el objetivo general de promover la cultura de Nueva Zelanda y, aunque tenemos datos de un número muy pequeño de visitantes a *E Tū Ake*, sus pensamientos son un punto de comparación interesante, debido a una relativa falta de conocimiento previo sobre Aotearoa Nueva Zelanda entre los mexicanos y porque la exposición habló tanto del pasado como del presente. Las impresiones de nuestros entrevistados sobre Aotearoa Nueva Zelanda como resultado de la exposición fueron positivas consistentemente: tenían curiosidad por saber más y tenían un fuerte deseo de viajar allá, aunque el costo se consideraba prohibitivo. Curiosamente, a pesar de que la exposición incluyó historias de protesta y lucha que mostraron aspectos oscuros de la sociedad de Nueva Zelanda, esto no condujo a evaluaciones negativas del país en su conjunto. En cambio, se agradeció que la exposición abordara la "realidad" y no solo mostrara el lado "romántico" de la cultura. Al menos en el contexto de la sociedad mexicana, esta reflexión abierta sobre historias "difíciles" generó admiración. Javier, por ejemplo, concluyó que Aotearoa Nueva Zelanda debe tener un buen sistema político en comparación con México, si los māori han podido sobrevivir y participar en la medida en que lo hayan hecho. Su impresión general de Aotearoa Nueva Zelanda es:

el enorme respeto que tienen por sus diferentes grupos étnicos. El apoyo que tienen como sociedad para preservar su patrimonio cultural, su estilo de vida y promover el crecimiento y el progreso de la sociedad y el país. El apoyo que también tienen para mostrarle al mundo quiénes son, ustedes saben, todo esto junto para mostrarle al mundo quiénes son, que es lo que él obtuvo de la exposición, que están tratando de mostrarle al mundo quiénes son realmente y de lo que se sienten orgullosos.

Jorge también estaba interesado en "cómo consideran a los grupos indígenas o étnicos en otros países":

> esa visión de los neozelandeses, la forma en que ven y tratan a sus grupos indígenas o étnicos fue muy interesante para él e inspirador y considera que podría ser, o es, un buen ejemplo o un buen modelo a seguir, a adoptar en otras culturas y que deberíamos adoptar.

Aquí hay una sugerencia que amerita más investigación: que las exposiciones que abordan cuestiones difíciles, como el conflicto y la protesta, como parte de una historia general "esperanzadora" pueden ser embajadoras altamente efectivas en la diplomacia cultural, engendrando respeto y admiración, quizás aún más que representaciones desinfectadas o románticas de culturas nacionales.

Nuestro caso práctico abre un debate sobre el valor de las exposiciones internacionales en términos de generación de ingresos contra otros beneficios. La evaluación de Greene (MM) del éxito de *Aztecs* sugiere que se tienen en cuenta una serie de factores:

> fue exitoso en todos los casos menos uno y fue que no obtuvimos la cantidad de visitantes que esperábamos... Todavía estamos desconcertados de por qué eso fue así, porque fue una exposición fantástica... Estábamos encantados con cómo se veía y con la puesta en escena. Estábamos fascinados con su calidad. Estábamos encantados con la colaboración con nuestros colegas en México. Entonces, hay muchos positivos, pero, como dije, el número de visitantes fue menor de lo que esperábamos.

Como señala Houlihan (2014), los *blockbusters* "también son notoriamente difíciles de predecir. Ningún museo puede esperar que cada exposición que realice tenga el mismo éxito financiero". Campbell (MM) considera que a *Aztecs* "le fue bien, considerando el tema", pero "simplemente no iba a ser un *blockbuster*". Es una cuestión, dice ella, de "¿cómo es 'lucir bien'?... Y no siempre se trata de números e ingresos". Desde una perspectiva de mercadeo, es posible hacer algo que sea "bueno para la marca", pero que no genere dinero. Se trata de "definir eso por adelantado":

> el museo necesita hacer una amplia gama de cosas y eso está bien, pero debemos asegurarnos de que gestionamos nuestras propias expectativas y no establecernos objetivos que simplemente no podremos cumplir.

Si los imperativos financieros significan que los museos prefieren los temas favoritos de siempre como dinosaurios y momias, se generan dudas sobre la sustentabilidad a futuro de exposiciones internacionales como *Aztecs*. De cara al futuro, Smith-Kapa dice:

> ¿Lo volveríamos a hacer? ¡Yo espero que sí! Espero que tiremos la casa por la ventana para exhibiciones de esa calidad y esa importancia, de verdad. Hay cosas que puedes elegir y es fácil, como las compañías comerciales... pero algunas son más difíciles de conseguir que otras, así que espero no eludir eso [risas] de nuevo. Por algo tan único y bello.

Powles también se mostró preocupado de que Te Papa ahora esté más inclinado a realizar exhibiciones "listas para ser usadas", "en lugar de un proyecto genuinamente relevante que tenga la cultura, la historia, el arte y la sociedad de Nueva Zelanda en su núcleo":

> no necesariamente curarían una exposición en un museo extranjero desde cero ahora, porque eso costaría demasiado y las ganancias no están garantizadas. Personalmente, creo que los museos deberían organizar exposiciones originales. Es un gran desafío, en particular para los curadores, pero esto es lo que hacen los buenos museos para construir una reputación internacional como grandes instituciones: quieres empujar los límites intelectuales, explorar el arte, especialmente tu propio arte, quieres investigar, quieres traer experiencia externa. No vas a construir un nombre si solamente vas a traer muestras comerciales. Puedes ganar mucho dinero y vendrá una gran cantidad de niños, pero en última instancia, ¿qué va a hacer eso por la reputación, la investigación y las funciones realmente centrales de un museo?... Algunos miembros del personal de Te Papa trabajan duro, realmente lo hacen, y las decisiones como "comercializarse" a expensas de expandir el aprendizaje y los intercambios culturales los afectan. En última instancia, ¿es el museo una sede o es un "museo vivo", uno que valora la erudición y los vínculos benéficos con otros museos en países clave?

Capítulo 6.

Los museos como embajadores cosmopolitas: hacia una práctica intercultural de exposiciones internacionales

El sistema de cambios sin fin es una de las propiedades más extraordinarias del caleidoscopio. Con varios objetos sueltos, es imposible reproducir cualquier figura que hayamos admirado. Cuando se pierde una vez, pueden pasar siglos antes de que vuelva la misma combinación.

David Brewster, 1819, *Un tratado sobre el caleidoscopio*, pp.111-113

Nos propusimos en este libro examinar crítica y sistemáticamente las exposiciones internacionales como sitios móviles de múltiples encuentros culturales. El creciente número y complejidad de esta práctica museológica significa que estas formas de encuentro son cada vez más diversas y significativas. Al emprender este viaje, nos atrajo la idea de abordar la brecha entre nuestra comprensión sobre lo que hacen las exposiciones internacionales y cómo, y en qué contribuyen, si es que lo hacen, a la comprensión intercultural. Si bien hoy se presta más atención a las exposiciones internacionales, nuestro enfoque interdisciplinario es novedoso, al igual que el anclaje de nuestro análisis en la práctica, a través de la investigación de un intercambio de exposiciones que involucra una asociación internacional de seis años y un proceso complejo de colaboración que conecta cuatro instituciones culturales en tres países. Nuestro enfoque etnográfico, de largo plazo y de múltiples ubicaciones —hecho posible por la tecnología y la movilidad contemporáneas y marcado por sus propios procesos de encuentro cultural—, permitió una base empírica para nuestra discusión teórica que no se había intentado previamente.

Las exposiciones internacionales son complejas y requieren mucho tiempo, involucran a mucha gente en roles altamente especializados y tienen lugar en contextos políticos, institucionales y culturales complicados. Para entenderlas, necesitamos comprender estos contextos. Los contextos políticos incluyen agendas nacionales, marcos legales, políticas y objetivos de diplomacia cultural. El contexto institucional consiste en estructuras organizacionales, perspectivas museológicas, políticas y procedimientos, prácticas y estilos de trabajo. En este contexto multifacético, buscamos comprender la estructura de asociación y los modelos de producción adoptados para el intercambio de estas exposiciones. Estos factores fueron vitales para dar forma tanto a la naturaleza de la asociación como a la manera como avanzó el proyecto.

Desde una perspectiva de la teoría de la práctica, exploramos lo que hacen los profesionales de los museos cuando desarrollan e itineran exposiciones internacionales. Las prácticas de museos se desarrollan con el tiempo, a través de procesos activos de creación de significado por parte de quienes participan en él (Wenger 2010). La producción de exposiciones internacionales requiere que los profesionales de museos pasen tiempo en los límites de las prácticas, donde encuentran diferencias tanto museológicas como culturales, políticas e institucionales. En este espacio, cargado de potencial para la innovación y el aprendizaje, buscamos signos de una práctica de museo intercultural.

Elegimos una óptica cosmopolita para enfocar los resultados transformadores, creativos y críticos de los encuentros culturales en la zona de contacto móvil y abordamos la interculturalidad como un proceso más que como un objetivo de las exposiciones internacionales; algo que —se podría argumentar— debería ser parte integral de toda la práctica del museo (Bodo 2012). Al investigar con este enfoque identificamos las formas en que los profesionales de los museos que realizan proyectos internacionales pueden sentirse parte de una comunidad de práctica cuando trabajan con colegas en el extranjero, al mismo tiempo que son conscientes de las diferencias e, incluso, la buscan como una oportunidad para aprender. También ubicamos ejemplos de personal que trabaja a través de estas diferencias para encontrar soluciones interculturales: reevaluando las prácticas existentes y los supuestos que las sustentan y considerando los beneficios de la adaptación y el compromiso. Algunos hablaron de la naturaleza "diplomática" de este trabajo, que abarca los estilos de comunicación, la mentalidad abierta y la voluntad de incorporar otras perspectivas, al tiempo que se es respetuoso y receptivo a los sentimientos y necesidades de los demás.

Las prácticas indígenas de museos en Te Papa resultaron particularmente propicias para fomentar las relaciones y crear condiciones para despertar sentimientos y comprensiones interculturales. Los dos factores más importantes para facilitar este tipo de contacto están representados por los conceptos māori de *kanohi ki te kanohi* y *manaakitanga*. *Kanohi ki te kanohi* es una interacción física que transmite integridad y credibilidad. *Manaakitanga* expresa respeto por el *mana* de los demás, generosidad y reciprocidad. Estos conceptos se pusieron en práctica mediante la realización de ceremonias de bienvenida para el personal visitante y la bendición de sus colecciones, reconociendo así su *mana*. Estas prácticas son un medio para conectar a las personas con un contexto cultural māori y "reconocer las conversaciones culturales-espirituales que tienen lugar entre los vivos y los antepasados" (H. Smith, 2016). Tuvieron un profundo impacto en los comisarios mexicanos y ayudaron a construir el respeto mutuo y la confianza, consolidando "amistades profesionales" que fueron recíprocas y duraderas. La práctica diaria de *manaaki* complementa estos protocolos más formales.

Nuestro viaje también nos llevó a reflexionar sobre el desarrollo de la exposición como un proceso de mediación y traducción. La presentación de una cultura en otro contexto cultural obliga a los profesionales a abordar cuestiones de representación cultural. Cada uno de los casos prácticos, a su manera, llevó nuestra atención hacia la tensión entre enfatizar la similitud (para establecer relevancia, compromiso, conexión) y enfatizar la diferencia (para crear drama, sensación, estimulación). Al tomar decisiones sobre posibles estrategias de exhibición e interpretación, los profesionales pueden sentir que están caminando en una "línea muy fina" entre ser dinámico y atractivo y ser respetuoso con otra cultura, entre transmitir complejidad y hacer que una cultura sea accesible para públicos internacionales. Las estrategias para atraer visitantes incluyeron mostrar un "rostro humano" y proyectar una voz en primera persona, así como entornos multisensoriales envolventes, representaciones de experiencias vividas y referencias contemporáneas.

La tarea de desarrollar exposiciones internacionales también plantea preguntas relacionadas con la forma de retratar temas difíciles, como la protesta y el conflicto (*E Tū Ake*) o el sacrificio humano (*Aztecs*), ofreciendo a los visitantes una visión de una "realidad" compleja, a menudo ambigua, en lugar de presentar una digerible —pero superficial y estereotípica— visión de una cultura. Optar por lo primero, sugieren los profesionales, requiere tener la confianza y la madurez para hablar sobre los aspectos positivos y negativos de una cultura, de una manera equilibrada, sin prejuicios, pero, en última instancia, "esperanzadora". Las diferencias en los enfoques institucionales y culturales condujeron, en algunos casos, a desacuerdos y malentendidos, pero también a momentos de reflexión y la transformación de las perspectivas. Esto reforzó la visión de que las soluciones interculturales toman tiempo y requieren la disposición para hablar, a través de diferentes perspectivas, para crear un "nuevo centro" en lo que pudo haber sido un límite.

Cambiando a la perspectiva del visitante, buscamos entender en qué medida las exposiciones internacionales conducen a significados interculturales y fomentan la imaginación cosmopolita. Adoptar un enfoque cualitativo, profundo y a largo plazo nos permitió ver cómo los visitantes se conectaban con el otro cultural a través de experiencias sensoriales que evocaban interpretaciones encarnadas, donde podían "conmover" y ser "conmovidos" por otra cultura, haciendo tangible lo conceptual. Esto se logró al encontrar el "rostro humano" del otro, a través del *mana taonga* complementado con objetos contemporáneos, videos y fotos en *E Tū Ake*. En *Aztecs*, fueron los modelos y los materiales los que evocaban un "aura del pasado", conectando personas a través del tiempo y el espacio, así como una atmósfera creada por agrupaciones de objetos, iluminación y paisajes sonoros. Los resultados también dependían de ciertas habilidades imaginativas e inclinaciones de los visitantes, incluido el *mimetismo intercultural,* la *identificación policentral* y la "toma de perspectiva", junto con la capacidad de manejar las emociones provocadas por estos compromisos.

Al negociar con éxito la diferencia, algunos visitantes expresaron actitudes cosmopolitas, tales como reconocer la contingencia cultural, la relatividad y la ambigüedad, evitando así la superioridad cultural y llegando a evaluaciones morales "caritativas"; otros lucharon por dar ese salto. Sin embargo, las experiencias más memorables crearon continuas resonancias y ondas en la vida de los visitantes, ya que reflexionaron sobre los pensamientos y sentimientos evocados por las exposiciones. Una exposición no necesariamente puede hacer un cambio profundo, ya que la visión cosmopolita toma tiempo para evolucionar y se da "gradualmente" (Delanty 2011, 648). Sin embargo, los encuentros imaginativos con las ideas y la experiencia de los demás, si se "llevan a cabo adecuadamente", de acuerdo a Appiah (2006, 85), son "valiosos en sí mismos". El cambio no se produce como un rayo, sino como una "nueva forma, adquirida gradualmente, de ver las cosas" (Appiah 2006, 73).

Finalmente, mapeamos las agendas nacionales más amplias con las que se cruzan las exposiciones internacionales y el papel que juegan los actores diplomáticos y otros actores estatales. Los profesionales 'en el terreno' describen lo que hacen y el valor de este trabajo en formas que pueden leerse como formas de diplomacia, como construir relaciones, formar comunidades de práctica, aumentar la comprensión y mejorar la reputación de sus instituciones, tanto como la de sus países. Nuestros hallazgos, por lo tanto, sugieren que los museos *están* realizando intencionalmente diplomacia a través de exposiciones internacionales, a veces en nombre de los gobiernos, a veces en su propio nombre y a veces en nombre de otro grupo, como los māori en el caso de *E Tū Ake.* Además, las exposiciones internacionales pueden servir a todos estos intereses simultáneamente, ilustrando el aspecto híbrido de la diplomacia de museos. No se trata de 'uno u otro', sino de 'ambos'. Y, aunque las intenciones institucionales declaradas se centran en propósitos instrumentales, el propio personal tenía, inequívocamente, aspiraciones cosmopolitas.

Mientras que el número de visitantes a *Aztecs* no cumplió con las expectativas, las últimas etapas del proyecto, al menos para los museos de Australasia, fueron coloreadas por un buen grado de búsqueda interior con respecto al valor de las exposiciones internacionales y cómo esto podría medirse. Si bien se reconoció la importancia de los resultados financieros, hubo un claro apoyo entre el personal del museo, los visitantes y otras partes interesadas para una comprensión más amplia del valor de las exposiciones internacionales, que abarca las esferas diplomáticas, las relacionadas con la misión y las orientadas al mercado. Lo que esto requiere es un conjunto de indicadores ampliamente aceptados de los impactos a los que contribuyen las exposiciones internacionales. Si bien nuestra investigación no tuvo como objetivo desarrollar estos indicadores, esperamos que estos hallazgos impulsen e inspiren más trabajos en esta área, de modo que pueda surgir un nuevo lenguaje para articular y demostrar el valor total y el potencial de las exposiciones internacionales.

Mirando a través del caleidoscopio policentral: una comprensión teórica de las exposiciones internacionales

Los campos de la museología, la diplomacia cultural, el cosmopolitismo y los estudios interculturales nos ofrecieron múltiples lentes a través de los cuáles miramos a las exposiciones internacionales. Al entretejer los hilos clave de esta literatura teórica, conceptualizamos las exposiciones internacionales como relacionales y fluidas: como ensamblajes (una unión temporal y espacial de diversos componentes), que se entrecruzan con otros ensamblajes, incluidas las redes globales de instituciones culturales y la diplomacia intergubernamental, y que actúan como zonas de contacto móviles, creando múltiples formas de encuentro que cambian en relación entre sí a medida que cada exposición se mueve a través del tiempo y el espacio.

Al final de nuestro viaje creemos que esta visión de las exposiciones internacionales aún se mantiene. Identificamos cinco grupos principales de actores que interactúan en la zona de contacto. Estos son: la cultura representada (pasada y/o presente), puesta en juego principalmente a través de su cultura material y las historias conectadas a ella; una amplia gama de profesionales de las instituciones prestatarias; profesionales de la institución o instituciones receptoras; visitantes a la exposición, eventos y programas, incluidos los usuarios de medios digitales y otros a quienes se afecta como resultado de sus encuentros; y partes interesadas, incluidas comunidades, patrocinadores, financiadores públicos, diplomáticos y otros representantes de servicios públicos. Los encuentros de estos diversos grupos fueron mediados por la exposición, ya sea como un proceso o un producto.

Al intentar dar más definición a esta comprensión teórica de nuestro tema nos encontramos con un problema fundamental. Cada vez que intentamos capturar y dar forma a la multiplicidad de encuentros, significados y prácticas que habíamos identificado, las imágenes que nos vinieron a la mente quedaron cortas al representar todo lo que vimos que sucedía en las exposiciones internacionales. Cualquier modelo que pudiéramos imaginar era inevitablemente demasiado estático y fijo; nada de lo que pudiéramos pensar daba una sensación adecuada de flujo, complejidad y movimiento.

Algo exasperadas, descubrimos la analogía de un caleidoscopio, una metáfora bastante común que sugiere "transformación perpetua", así como "un diálogo" entre varias partes para crear una "síntesis lúdica de objetos y efectos" (Groth 2007, 217–18). Al consultar el *Treatise on the Kaleidoscope* de Brewster (1819), descubrimos que un caleidoscopio *policentral*, que utiliza tres o cuatro reflectores y una pequeña cantidad de objetos, producirá hermosas imágenes de estos objetos, dispuestas alrededor de múltiples centros. Lograr este efecto requiere una construcción cuidadosa y precisa: una lente determinada, los reflectores en los ángulos correctos entre sí y una distancia adecuada entre todos los componentes. Pero una vez montado, con cada giro del caleidoscopio, el patrón cambia, con un número infinito de "figuras" potenciales.

La idea de centros múltiples y las variaciones infinitas fue esclarecedora. Si bien la idea de polivocalidad en los museos no es poco frecuente, la noción de policentralidad no era una de las que habíamos encontrado y, sin embargo, ofrece muchas ventajas. En particular, ayuda a ver más allá de una serie de binarios que han plagado a los museos: pasado/presente, uno mismo/otro, nacional/cosmopolita. En relación con nuestras zonas de contacto móviles, la noción de policentralidad apareció como una forma de ir más allá de la oposición entre lo que está adentro y lo que está afuera: en lugar de cruzar las fronteras, podrían disolverlas, ambas están aquí y allá, pueden sentirse como en casa donde quiera que vayan. La policentralidad también nos recordó la descripción de Alred, Byram y Fleming (2002, 4-5 énfasis agregado) de la experiencia intercultural donde:

> El lugar de interacción no está en el refuerzo centrípeto de la identidad de un grupo y sus miembros en contraste con otros, sino más bien en la acción centrífuga de cada uno que crea *un nuevo centro* de interacción en los límites y fronteras que las unen, en lugar de dividirlas.

Los nuevos centros creados por exposiciones internacionales son, inevitablemente, efímeros. Al igual que la imagen caleidoscópica, hay un flujo perpetuo, una sensación de estar siempre en proceso de convertirse. En lugar de haber un centro y una periferia, solamente hay múltiples centros. La habilidad es reconocer estos centros como contingentes, no fijos, creados por la curvatura de una lente, el posicionamiento de placas reflejantes y "objetos sueltos" y tener la flexibilidad y destreza para reposicionarse constantemente en relación con ellos.

Las exposiciones internacionales son conjuntos de personas, objetos, prácticas y significados que ofrecen una visión caleidoscópica, una serie de centros temporales que disuelven las fronteras culturales y los límites de la práctica, donde se lleva a cabo el diálogo y la negociación, y se buscan entendimientos interculturales. La visión es momentánea, existiendo solamente en ese tiempo y espacio en particular. Y, sin embargo, cada vez que nos involucramos en este proceso creativo hay algo que perdura: un "cambio", una conexión, un pensamiento o un sentimiento que permanece con nosotros solo para activarse nuevamente la próxima vez que nos encontremos en las fronteras. Compartir la perspectiva de otro puede no significar que lleguemos a considerarnos similares o que cambiemos nuestro punto de vista, pero habremos pasado, aunque fugazmente, un tiempo en "un reino donde la ley del punto de vista ya no se mantiene" (Buber 2002, 7).

En lugar de *descentrar* los museos, abogamos por una multiplicación de centros, enfatizando no solo el diálogo entre diferentes voces, sino la creación de nuevos centros de significado compartido como un proceso y producto de este diálogo. Es esto, después de todo, lo que nos mantendrá juntos a pesar de nuestras diferencias. Por lo tanto, prevemos una práctica intercultural de museos que trate de explorar este *espacio en el medio*; una zona fronteriza donde el punto de vista se suspende temporalmente y se resaltan la transformación y la mutabilidad para *descongelar* tanto las prácticas como las identidades.

Guiando la práctica: desde los encuentros interculturales hacia las soluciones interculturales

A lo largo de este libro, hemos insinuado una serie de formas prácticas en las que nuestros hallazgos podrían contribuir al desarrollo exitoso de exposiciones internacionales y una práctica de museo intercultural en evolución. Nuestra visión histórica de las exposiciones internacionales y los debates que las han rodeado sugirieron que un buen punto de partida era considerar cuidadosamente la combinación particular de motivaciones para cualquier exposición específica en las esferas diplomáticas, institucionales relacionadas con la misión y orientadas al mercado. Si se articulan claramente al comienzo de un proyecto y se evalúan utilizando un conjunto apropiado de indicadores, esto ayudará a comunicar el valor a los patrocinadores, las partes interesadas y el público en general.

Al investigar cómo se organizaron nuestros casos prácticos de exposiciones y algunos de los problemas que se enfrentaron se destacó la importancia de comprender claramente los modelos económicos y de producción disponibles para las exposiciones internacionales y las formas de asociación que estos podrían involucrar. Cada modelo tiene ventajas y desventajas y tener conciencia de ellas podría mejorar la toma de decisiones, reducir posibles conflictos y malentendidos, y ayudar a las instituciones a desarrollar mejores estrategias y planificar asociaciones que sean más apropiadas para sus necesidades, recursos, etcétera. Las consideraciones incluyen:

- Establecer expectativas claras y realistas de qué modelo se está adoptando y cuáles son sus beneficios y desafíos.

- Identificar áreas de fortaleza y debilidad que se llevan a una asociación, explorar áreas de comunidad y diferencia, aclarando perspectivas y articulando una visión compartida.

- Explorar cómo funcionará la asociación a diferentes niveles y a lo largo de las diferentes etapas del proyecto —no solo a nivel de la alta dirección y en relación con las negociaciones contractuales—, involucrando a tanto personal como sea posible en diferentes roles, al decidir cómo funcionará una colaboración.

- Ver las alianzas como una evolución a lo largo del tiempo y considerar las contingencias en cambios institucionales en plazos más largos.

Para las instituciones fuertemente involucradas en su producción e itinerancia un sistema de registro y categorización de exposiciones internacionales podría influir la práctica constante. Compartir esta información a través de redes internacionales proporcionaría una mejor visión general del sector en su conjunto y permitiría tomar decisiones estratégicas en torno —por ejemplo— al "desequilibrio de contenido", por el cual las artes visuales registran una cantidad significativamente mayor de exposiciones que aquellas sobre antropología / etnografía, historia social, el entorno construido y el cambio climático, así como exposiciones enfocadas en los niños (Touring Exhibitions Group 2007, 9; Tarasoff 1990).

La colaboración intercultural requiere una comprensión profunda de los diferentes estilos de trabajo, procesos y plazos. Es necesario tener en cuenta preferencias en los estilos y canales de comunicación y la frecuencia de comunicación deseada. El idioma es otra consideración importante. Es deseable evaluar las competencias del personal existente y contar en los equipos del proyecto con personal que hable con fluidez el idioma siempre que sea posible. Si no lo es, el uso de intérpretes puede garantizar que los significados importantes no se "pierdan en la traducción". Trabajar cara a cara con el personal de otras instituciones tiene muchas ventajas y, aunque es costoso a menudo vale la pena la inversión en términos del fortalecimiento de las relaciones, la generación de confianza y el esclarecimiento de entendimientos, lo que puede aumentar la productividad y ahorrar tiempo a largo plazo. Cuando los costos de viaje son prohibitivos, una plataforma digital adecuada puede funcionar como un sustituto para ayudar al personal a ver el "rostro humano" de aquellos con los que están trabajando, facilitando las amistades profesionales. Los protocolos formales, así como las prácticas informales, para acoger y hospedar al personal visitante son específicos de cada cultura, pero pueden ser profundamente beneficiosos para mejorar las relaciones laborales y las conexiones a largo plazo.

Cuando se trata de un desarrollo conjunto, e incluso para adaptaciones menos intensivas, la traducción de significados entre culturas puede requerir una amplia consulta y esto debe contemplarse en los plazos de producción. Alcanzar soluciones interculturales requiere un diálogo de dos vías, donde el tiempo invertido de forma adecuada, probablemente, ofrecerá un mejor resultado, así como un mayor nivel de desarrollo profesional. El considerar todos los aspectos de la exposición en una estrategia integral de participación intercultural —incluida la selección de objetos, diseño, texto, gráficos, promoción, vinculación comunitaria, eventos, programación, comercialización y otros componentes comerciales— significará un enfoque coherente e integrado del concepto de exposición y ayudará a garantizar un tiempo adecuado para consultar con socios institucionales a fin de superar posibles malentendidos y lograr resultados cosmopolitas.

En nuestro estudio, las imágenes de promoción, que deben encapsular con sensibilidad una cultura y atraer a un público "extranjero" con su propio conjunto de referencias culturales —todo en una sola imagen—, surgieron como un aspecto particularmente difícil de la traducción intercultural, que requiere tiempo suficiente para el diálogo y la adaptación. Los desarrolladores de exposiciones deben ser conscientes de la complejidad de este proceso y deben ofrecer suficiente tiempo y modos adecuados de comunicación para permitir que estos temas se discutan y encuentren soluciones. Cierto grado de flexibilidad y comprensión de las diferentes perspectivas culturales puede facilitar este proceso, así como una apreciación de la dinámica de la mediación y traducción intercultural que significa que se creará algo "nuevo" a partir de la fusión de perspectivas.

Comprender las formas en que los visitantes se involucran con otras culturas en las exposiciones también puede contribuir a un diseño que facilite estos procesos, permitiendo diferentes estilos y preferencias, así como diferentes niveles de competencia intercultural y grados de cosmopolitismo. Las teorías recientes sobre la construcción de significados en los visitantes, incluidas las interpretaciones incorporadas y la idea de mimetismo intercultural, podrían enriquecer todos los aspectos del diseño de exposiciones, promoción y eventos, complementando lo que los miembros del equipo ya intuyen. La inclusión en los equipos de desarrollo de un miembro del personal con una visión del público objetivo y/o una base en el compromiso intercultural podría mejorar los resultados para las exposiciones internacionales.

En el espacio intercultural de una exposición internacional el personal está expuesto a situaciones en las que debe decodificar el lenguaje y las prácticas de los demás para trabajar de manera efectiva. La comunicación intercultural exitosa minimiza los malentendidos. Exige una perspectiva cosmopolita, que esté abierta a diferentes puntos de vista y diferentes formas de hacer las cosas, y una voluntad de negociar nuevos significados, soluciones y prácticas a través del diálogo. La mayor parte del desarrollo profesional para exposiciones internacionales es actualmente informal y ocurre en el trabajo (Andrew 2016). Proponemos que los museos equipen a su personal con las habilidades interculturales y actitudes cosmopolitas necesarias para trabajar en los límites de la práctica a través de una capacitación más formal. Esto contribuirá al desarrollo de una práctica de museo intercultural y asegurará que el personal esté adecuadamente preparado para realizar este trabajo complejo e importante.

¿Desde aquí hacia dónde? Direcciones futuras para las exposiciones internacionales

> Los museos no necesitan ser sitios donde una cultura muestre dominio sobre otra; son espacios en los que potencialmente se pueden ensayar cuestiones de poder e identidad, y en los que se debe poner a prueba nuestra comprensión de la civilidad.
>
> (Gorji 2004, 49)

Al principio de este libro propusimos que las exposiciones internacionales son un medio por el que los museos podrían avanzar en una agenda cosmopolita en el escenario mundial. En esta aspiración agregamos nuestras voces a un coro creciente que defiende que los museos y las naciones entablen conversaciones sobre el cosmopolitismo, tanto en el interior como en el extranjero (Villanueva Rivas 2010; Schorch, Waterton y Watson 2016; Mason 2013). Las exposiciones internacionales pueden —y, de hecho, lo hacen— desempeñar un papel en la creación de nuevos centros, en los que el poder, la identidad y las nociones de civilidad se realizan y exploran de manera abierta, reflexiva y constructiva. Nuestra esperanza es que este libro contribuya de alguna manera a que los museos hagan más de este tipo de diplomacia de manera más efectiva.

Los museos persiguen objetivos diplomáticos en el cumplimiento de sus misiones institucionales que pueden, o no, cruzarse con una marca país y los objetivos de política exterior. Su relativa independencia los posiciona para actuar como embajadores cosmopolitas en formas que difieren de las agendas nacionales, pero no necesariamente están en conflicto con ellas. En lugar de reemplazar una agenda nacional con una cosmopolita los museos tienen el potencial de asumir un papel diplomático global que explore las relaciones dinámicas entre las dos.

Para hacer esto con más éxito se deben articular objetivos apropiados y desarrollar indicadores para evaluar su éxito. Vemos nuestro modelo de las motivaciones de exposiciones internacionales como un punto de partida útil, pero se necesita más investigación para obtener más claridad sobre el propósito, la práctica y el impacto potencial de las exposiciones internacionales. También se requiere trabajo adicional en los diferentes modelos de asociación y su función en la práctica, para alimentar las estrategias y la planificación. Finalmente, se necesita investigación sobre el valor, para establecer un marco integral y un conjunto de indicadores de trabajo en todas las esferas.

Las exposiciones internacionales son un campo en evolución. Las tendencias emergentes incluyen nuevos tipos de sedes, como archivos, bibliotecas y escuelas, y nuevos modelos, como "itinerancias de concepto", donde un concepto curatorial encapsulado en un grupo central de objetos forma el núcleo de una exposición itinerante, creando una "instalación cambiante" en sedes sucesivas y giras en "sedes separadas", en donde las muestras se alojan simultáneamente en varios sitios (Touring Exhibitions Group 2007, 11). Los lugares sede buscan cada vez más exposiciones para públicos particulares, lo que requiere contenido, interpretación y promoción más específicos (Touring Exhibitions Group 2007). Es probable que las futuras exposiciones internacionales hagan un mejor uso de Internet y del mundo virtual (Jacobsen y West 2009, 9), ya que los nuevos medios permiten formas innovadoras de intercambio cultural, reemplazando modelos 'arriba/abajo' y 'de uno a muchos' con encuentros culturales que son facilitados, en lugar de dirigidos, por instituciones culturales (Hoogwaerts 2016; Bound et al. 2007; Grincheva 2013).

Las preocupaciones que surgieron de nuestro caso práctico incluyen los desafíos de equilibrar los objetivos diplomáticos y los orientados al mercado. Las motivaciones del mercado parecen alentar el modelo de "exportación" para exposiciones internacionales, con museos que optan por temas comercialmente "seguros" y las principales instituciones metropolitanas que compiten por el dinero del turista. Sin embargo, nuestra investigación demuestra el valor de un modelo de intercambio basado en "ir a la fuente" (*mana taonga*) y en la reciprocidad (*manaakitanga/tequitl*), ya que promueve relaciones más significativas y un compromiso más profundo para el personal, los públicos y las otras partes interesadas.

Si bien gran parte de la discusión sobre cómo comercializar *Aztecs* giraba en torno a las preocupaciones sobre el sensacionalismo del sacrificio humano o la representación de los mexicas como una cultura viva, nuestra investigación sugiere que había otros temas "universales" y preocupaciones contemporáneas que podrían haber atrapado a los públicos y atraerlos a la visita, como el colonialismo, el imperialismo, las perspectivas sobre la vida y la muerte, la sustentabilidad ambiental, la política y la desigualdad social, por nombrar algunos. Lejos de simplemente querer ver objetos raros y preciosos de civilizaciones perdidas, la mayoría de los visitantes con los que hablamos expresaron su deseo de comprometerse con la "realidad" cotidiana de una cultura, en lugar de una visión romántica o suavizada. Fueron llevados a relacionarse con otras culturas para explorar temas relevantes para su vida diaria, para comprenderse mejor a sí mismos y al mundo que los rodea, y para contemplar aspectos de la condición humana y problemas humanos duraderos, tales como convivir juntos y respetarnos unos a otros.

Como embajadoras cosmopolitas, las exposiciones internacionales pueden ayudarnos a imaginar un mundo no de límites sino de múltiples centros, en un estado perpetuo de transformación y devenir, un lugar para reunirse e imaginar los otros seres que podríamos haber sido. Sasha explica que las exposiciones pueden ayudar a los visitantes a apreciar otra cultura de una manera que no es posible a través de otros medios, porque "realmente vas al museo y puedes tocar... fue simplemente fascinante verlo y sentirlo, imaginar cómo la gente realmente vivía allí". El potencial que tienen las exposiciones para involucrar a las personas en los niveles sensoriales y cognitivos, creando comprensiones encarnadas que son más profundas y duraderas que solo el compromiso intelectual, las hace particularmente efectivas en el desarrollo de imaginarios cosmopolitas. El papel de la materialidad en la comprensión de la diferencia cultural —una experiencia corpórea que incluye pensamientos, reflexiones y emociones adquiridas de todo el 'paisaje' de la exposición y el paisaje interno del visitante— proporciona un fuerte argumento para convertir los objetos del museo en embajadores y enviarlos a viajar alrededor del mundo.

Al final de su entrevista, cuando se le preguntó si había algo más que quisiera compartir sobre *E Tū Ake*, Ricardo nos dijo:

> Es sorprendente que una exposición en un museo cambie tu vida de esa manera, porque soy antropólogo. Antes de la exposición, pensaba que podía conocer a la gente [hablando] con la gente. Pero puedes hablar con objetos, puedes hablar con las personas [con] solo verlas. No es una conversación real, es otro tipo de conversación. Creo que la piedra māori que tocamos al inicio de la exposición... No sé cómo se establece la conexión, pero te sientes realmente conectado. Pude ver los rostros de las personas al tocar la piedra, como si estuvieran dejando su *pounamu* mexicano y tomaran el *pounamu* māori de la piedra y así es como entran en la exposición y se sienten familiares y se sienten conectados y lo único que quiero decir es que realmente cambió mi forma de ver a la gente, de ver a los museos, de ver a los tatuajes, muchas cosas... Puedes aprender sobre los māoríes, sobre Egipto, sobre Grecia, sobre cualquier cosa, leer o [visitar] Internet o [ver] videos o lo que sea. Pero la interacción que tienes con el objeto no se obtiene por Internet o los libros. Puedes tener una experiencia real con el objeto y eso es lo que cambia algo aquí [toca su pecho].

Lista de acrónimos

AM – Australian Museum, Australia

CAMD – Council of Australasian Museum Directors (Consejo de Directores de Museos de Australasia)

CDIP – Cultural Diplomacy International Programme, Aotearoa Nueva Zelanda (Programa Internacional de Diplomacia Cultural)

CNME – Coordinación Nacional de Museos y Exposiciones, INAH, México

CONACULTA – Consejo Nacional para la Cultura y las Artes (1988-2016)

DE – Dirección de Exposiciones, CNME, INAH, México

DMNH – Denver Museum of Natural History, Estados Unidos

ENCRyM – Escuela Nacional de Conservación, Restauración y Museografía, INAH, México

ICOM – International Council of Museums (Consejo Internacional de Museos)

INAH – Instituto Nacional de Antropología e Historia, México

INBA – Instituto Nacional de Bellas Artes, México

MFAT – Ministry for Foreign Affairs and Trade, Aotearoa Nueva Zelanda (Ministerio de Asuntos Exteriores y Comercio)

MM – Melbourne Museum, Australia

MNA – Museo Nacional de Antropología, INAH, México

MNC – Museo Nacional de las Culturas, INAH, México

MoMA – Museum of Modern Art, Nueva York, Estados Unidos

MTM – Museo del Templo Mayor, INAH, México

NAME - Network of Australasian Museum Exhibitors (Red de Expositores de Museos en Australasia)

NMC - National Museum of China, Beijing, China

SECULT – Secretaría de Cultura (2016-), México

SFMoMA – Museum of Modern Art, San Francisco, Estados Unidos

SRE – Secretaría de Relaciones Exteriores, México

TEG – Touring Exhibitions Group, Reino Unido (Grupo de Exposiciones Itinerantes)

TP – Museum of New Zealand Te Papa Tongarewa Museum, Wellington, Nueva Zelanda (Museo de Nueva Zelanda Te Papa Tongarewa)

Glosario

Palabras y frases en māori

Atua – deidad, ser supernatural

Haka – danza de guerra

Hei tiki – pendientes tallados, usualmente de jade

Hongi – saludo tradicional māori, en el que se juntan frentes y narices

Iwi – grupo tribal

Kai – alimento

Kaihautū – líder māori de Te Papa, comparte liderazgo estratégico con el jefe ejecutivo

Kanohi ki te kanohi – cara a cara, en persona

Karakia – oración

Kaumātua – anciano māori

Kaupapa – fundamento, tópico, política o norma

Kōrero – plática, conversación, narración

Mana – poder o prestigio personal

Mana taonga – concepto museológico māori que reconoce el poder de los *taonga* y sus conexiones culturales y espirituales con sus ancestros y descendientes

Manaaki – apoyo, hospitalidad, empatía

Manaakitanga – (el proceso de mostrar) hospitalidad, respeto, empatía por el otro

Marae – centro comunitario de reunión

Mauri – fuerza de vida, esencia de vida

Mokomokai – cabezas tatuadas conservadas

Pākehā – neozelandés de ascendencia europea

Pātaka – bodega

Poi – arte escénico tradicional

Pounamu – jade (nefrita de Nueva Zelanda)

Pōwhiri – ceremonia de bienvenida

Tā moko – tatuaje tradicional

Taonga – tesoro cultural

Tikanga – práctica, protocolos

Tikanga taonga – forma māori de cuidar los *taonga*; práctica museal māori (McCarthy 2011, 128)

Waiata – canción o canciones māori

Waka – canoa

Whakapapa – genealogía, conexión

Wharenui – casa grande

Palabras e ideas mexicanas

Azteca – nombre común de los mexicas

Chinampas – técnica agrícola especial para ganar tierra a lagos

Concheros – danzantes inspirados en lo prehispánico

Día de Muertos – celebración tradicional a los muertos, realizada cada 1 y 2 de noviembre

Huipil – túnica tradicional usada por mujeres indígenas en Mesoamérica

Jarabe tapatío – baile tradicional mexicano

Matachines – danzantes disfrazados, cuyas ejecuciones son recreaciones que reflejan tanto las tradiciones españolas-cristianas como las indígenas

Maya – grupo originario establecido en el sureste de México

Mexica – grupo náhuatl establecido en la meseta central de México de 1413 a 1521, también conocidos como aztecas

Mesoamérica – área cultural que abarca la parte central de México y algunas partes de América Central

Náhuatl – lengua originaria de Mesoamérica, hablada en la actualidad por alrededor de 1 376 000 personas en México

Penacho – ornamento para la cabeza fabricado a base de plumas

Tequitl – reciprocidad, amor, respeto

Tenochtitlan – nombre de la ciudad establecida por los mexicas en el lago de Texcoco; la Ciudad de México está construida sobre sus restos arqueológicos

Tlachtli – juego de pelota prehispánico

Bibliografía

Acosta-García, Raúl y Esperanza Martínez-Ortiz. 2015. "Mexico through a Superdiversity Lens: Already-Existing Diversity Meets New Immigration". *Ethnic and Racial Studies* 38 (4): 636-49.

Aguilera Ríos, Sara, Francisco Javier Maldonado Méndez y Mariana Pascual Cáceres. 2017. "Museo del Templo Mayor: preguntas para descubrir el significado del sacrificio humano para los visitantes mexicanos de hoy". En *Apuntes para pasar de la teoría a la práctica*, coordinado por Leticia Pérez Castellanos, II: 172-97. Estudios sobre Públicos y Museos. México: ENCRyM/INAH. https://revistas.inah.gob.mx/index.php/digitales/issue/view/816.

Albro, Robert. 2015. "The Disjunction of Image and Word in US and Chinese Soft Power Projection". *International Journal of Cultural Policy* 21 (4): 382-99.

Alonso, Ana María. 2004. "Conforming Disconformity: 'Mestizaje', Hybridity, and Aesthetics of Mexican Nationalism". *Cultural Anthropology* 19 (4): 459-90.

Alred, Geof, Michael Byram y Mike Fleming. 2002. "Introduction". En *Intercultural Experience and Education*, editado por Geof Alred, Michael Byram y Mike Fleming, 1–13. Clevedon, Inglaterra; Buffalo [NY]: Multilingual Matters.

Ames, Michael M. 1992. *Cannibal Tours and Glass Boxes: The Anthropology of Museums*. Vancouver: UBC Press.

Amsellem, Rebecca. 2013. "International Touring Exhibitions: Toward a Profitable Business Model for Exhibitions?" *The Journal of Arts Management, Law, and Society* 43 (1): 36-57. https://doi.org/10.1080/10632921.2013.767761.

Anderson, David. 2003. "Visitors' Long-term Memories of World Expositions". *Curator: The Museum Journal* 46 (4): 401-20. https://doi.org/10.1111/j.2151-6952.2003.tb00106.x.

Andrew, Dana. 2016. "Research into Fees and Economic Models for International Touring Exhibitions Produced by UK Museums and Galleries". British Council. https://docs.google.com/viewerng/viewer?url=http://uk.icom.museum/wp-content/uploads/2016/05/FINAL_Report_BC_Fees_Research.pdf&hl.

Ang, Ien, Yudhishthir Raj Isar y Phillip Mar. 2015. "Cultural Diplomacy: Beyond the National Interest?" *International Journal of Cultural Policy* 21 (4): 365-81. https://doi.org/10.1080/10286632.2015.1042474.

Appiah, Anthony. 2006. *Cosmopolitanism: Ethics in a World of Strangers*. Nueva York: WWNorton & Co.

Aranda, Lourdes. 2010. "Mexico and New Zealand: Growing Ties". *New Zealand International Review* 35 (5): 15-19.

Arasaratnam, Lily A. 2011. *Perception and Communication in Intercultural Spaces*. Lanham, MD: University Press of America.

——— . 2012. "Intercultural Spaces and Communication within: An Explication". *Australian Journal of Communication* 39 (3): 135-41.

Armstrong, Karen. 2011. "The Eighth Step: How Should We Speak to One Another?" *European View* 10: 33-38.

Arnold-de Simine, Silke. 2013. *Mediating Memory in the Museum: Trauma, Empathy, Nostalgia*. Houndmills, Basingstoke, Hampshire: Palgrave Macmillan.

Bagnall, Gaynor. 2003. "Performance and Performativity at Heritage Sites". *Museum and Society* 1 (2): 87-103.

Ballantyne, Roy y David Uzzell. 2011. "Looking Back and Looking Forward: The Rise of the Visitor-Centered Museum". *Curator: The Museum Journal* 54 (1): 85-92. https://doi.org/10.1111/j.2151-6952.2010.00071.x.

Barker, Emma. 1999. *Contemporary Cultures of Display*. New Haven: Yale University Press.

Basu, Paul y Sharon Macdonald. 2007. "Introduction: Experiments in Exhibition, Ethnography, Art, and Science". En *Exhibition Experiments*, editado por Sharon Macdonald y Paul Basu, 1-24. Malden, MA: Blackwell Pub.

Bauman, Zygmunt. 1998. *Freedom*. Milton Keynes, England; Philadelphia: Open University Press.

Bauman, Zygmunt. 2001. *The Individualized Society*. Cambridge: Polity.

Bayly-McCredie, Lillian. 2017. "Museum Diplomacy: Developing Cultural Partnerships between New Zealand and China". Tesis de maestría, Victoria University of Wellington.

Beck, Ulrich. 2006. *The Cosmopolitan Vision*. Traducido por Ciaran Cronin. Cambridge: Polity.

Bennett, Tony. 1995. *The Birth of the Museum: History, Theory, Politics*. London: Routledge.

Bennett, Tony. 1998. *Culture: A Reformer's Science*. St Leonards, NSW: Allen & Unwin.

———. 2006. "Exhibition, Difference, and the Logic of Culture". En *Museum Frictions: Public Cultures/Global Transformations*, editado por Ivan Karp, 46-69. Durham: Duke University Press.

———. 2015. "Thinking (with) Museums: From Exhibitionary Complex to Governmental Assemblage". En *The International Handbooks of Museum Studies: Museum Theory*, editado por Andrea Witcomb y Kylie Message, 3-20. Chichester, West Sussex: John Wiley & Sons, Ltd.

Berdan, Frances F. 1993. "Aztec: The World of Moctezuma". *Museum Anthropology* 17 (1): 68-74.

Berger, Maurits. 2008. "Introduction". En *Bridge the Gap, or Mind the Gap? Culture in Western-Arab Relations*, editado por Maurits Berger, Els van der Plas, Charlotte Huygens, Neila Akrimi, y Cynthia Schneider. Clingendael Diplomacy Papers 15. La Haya: Netherlands Institute of International Relations 'Clingendael'. https://www.clingendael.org/sites/default/files/2016-02/20080100_cdsp_paper_berger.pdf.

Berryman, Jim. 2013. "Art and National Interest: The Diplomatic Origins of the 'Blockbuster Exhibition' in Australia". *Journal of Australian Studies* 37 (2): 159-73. https://doi.org/10.1080/14443058.2013.781052.

Bilby, Kenneth M. 1993. "Seeds of Change". *Museum Anthropology* 17 (1): 56-68.

Bjerregaard, Peter. 2015. "Dissolving Objects: Museums, Atmosphere and the Creation of Presence". *Emotion, Space and Society* 15 (Mayo): 74-81. https://doi.org/10.1016/j.emospa.2014.05.002.

Boast, Robin. 2011. "Neocolonial Collaboration: Museum as Contact Zone Revisited". *Museum Anthropology* 34 (1): 56-70.

Bodo, Simona. 2009. "New Paradigms for Intercultural Work in Museums - or Intercultural Work as a New Paradigm for Museum Practice?" En *Museums as Places for Intercultural Dialogue: Selected Practices from Europe*, editado por Simona Bodo, Kirstin Gibbs, y Margherita Sani. Map for ID Group. http://www.nemo.org/fileadmin/Dateien/public/service/Handbook_MAPforID_EN.pdf.

————. 2012. "Museums as Intercultural Spaces". En *Museums, Equality and Social Justice*, editado por Richard Sandell y Eithne Nightingale, 181-191. Londres, UK: Routledge.

Bohm, David. 1996. *On Dialogue*, editado por Lee Nichol. Londres y Nueva York: Routledge.

Boland, Michaela. 2010. "Blockbuster Art Shows Are No Cash Cows". *The Australian*, August, 3.

Bollo, Alessandro. 2013. *Measuring Museum Impacts*. The Learning Museum Network Project. https://issuu.com/fondazione_fitzcarraldo/docs/measuring_museum_impacts.

Bonfil Batalla, Guillermo. 1994. *México profundo: una civilización negada*. 2 ed. México: Grijalbo.

Boswell, David y Jessica Evans, eds. 1999. *Representing the Nation: A Reader. Histories, Heritage and Museums*. Londres y Nueva York: Routledge and The Open University.

Bound, Kirsten, Rachel Briggs, John Holden y Samuel Jones. 2007. *Cultural Diplomacy*. Londres: Demos. http://www.demos.co.uk/publications/culturaldiplomacy.

Bradburne, James M. 2001. "A New Strategic Approach to the Museum and Its Relationship to Society". *Museum Management and Curatorship* 19 (1): 75-84.

Braun, Barbara. 1993. *Pre-Columbian Art and the Post-Columbian World: Ancient American Sources of Modern Art*. Nueva York: Abrams.

Bredella, Lothar. 2002. "What Does It Mean to Be Intercultural?" En *Intercultural Experience and Education*, editado por Geof Alred, Michael Byram y Mike Fleming, 225-39. Clevedon, Inglaterra; Buffalo [NY]: Multilingual Matters.

Brewster, David. 1819. *A Treatise on the Kaleidoscope*. Londres: Archibald Constable, Longman, Hurst, Rees, Orne and Brown.

Brumfiel, Elizabeth y John K Millhauser. 2014. "Representing Tenochtitlan: Understanding Urban Life by Collecting Material Culture". *Museum Anthropology* 37 (1): 6-16.

Buber, Martin. 2002. *Between Man and Man*. Traducido por Ronald Gregor-Smith. Londres y Nueva York: Routledge.

Cai, Yunci. 2013. "The Art of Museum Diplomacy: The Singapore-France Cultural Collaboration in Perspective". *International Journal of Politics, Culture, and Society*, Junio 2013.

Caillois, Roger. 1961. *Man, Play and Games*. Traducido por Mayer Barash. Nueva York: The Free Press.

Cameron, Catherine M., y John B. Gatewood. 2012. "The Numen Experience in Heritage Tourism". En *The Cultural Moment of Tourism*, editado por Laurajane Smith, Emma Waterton, y Steve Watson, 235-51. Londres: Routledge.

Carey, Simon, Lee Davidson y Mondher Sahli. 2013. "Capital City Museums and Tourism Flows: An Empirical Study of the Museum of New Zealand Te Papa Tongarewa". *International Journal of Tourism Research* 15: 554-569. https://doi.org/10.1002/jtr.1874.

Carter, David. 2015. "Living with Instrumentalism: The Academic Commitment to Cultural Diplomacy". *International Journal of Cultural Policy* 21 (4): 478-93. https://doi.org/10.1080/10286632.2015.1042470.

Casaleiro, Pedro J. E. 1996. "Evaluating the Moving Dinosaurs: Surveys of the Blockbuster Exhibition in Four European Capital Cities". *Visitor Studies* 9 (1): 157-70.

"CASTEX: Guidelines for Touring Exhibitions in Europe". 2004. http://museumplanner.org/wp-content/uploads/2011/10/Guidelines-CASTEX.pdf.

Chesebrough, David E. 1998. "Museum Partnerships: Insights from the Literature and Research". *Museum News* Noviembre/Diciembre: 50-53.

Clarke, David. 2016. "Theorising the Role of Cultural Products in Cultural Diplomacy from a Cultural Studies Perspective". *International Journal of Cultural Policy* 22 (2): 147-63. https://doi.org/10.1080/10286632.2014.958481.

Clifford, James. 1997. *Routes: Travel and Translation in the Late Twentieth Century*. Cambridge, Mass.: Harvard University Press.

Conaculta. 2007. *Programa Nacional de Cultura 2007-2012*. Ciudad de México: Consejo Nacional para la Cultura y las Artes.

Cull, Nicholas J. 2009. "Diplomacia Pública: Consideraciones Teóricas". *Revista Mexicana de Política Exterior: Diplomacia Pública y Cultural*. 85: 55-92.

Cummings, Milton C. 2013. "Cultural Diplomacy and the United States Government: A Survey". Cultural Diplomacy Research Series. Washington, DC: Center for Arts and Culture. http://www.americansforthearts.org/sites/default/files/MCCpaper.pdf.

Davidson, Lee. 2015. "Visitor Studies: Toward a Culture of Reflective Practice and Critical Museology for the Visitor-Centered Museum". En *The International Handbooks of Museum Studies: Museum Practice*, editado por Conal McCarthy, 503-27. Chichester, West Sussex: John Wiley & Sons, Ltd. http://dx.doi.org/10.1002/9781118829059.wbihms222.

Davidson, Lee y Gaëlle Crenn. 2014. "Intercultural Dialogue and the Touring Exhibition: A Case Study of a Māori Exhibition in the Northern Hemisphere". En *Understanding Each Other's Heritage - Challenges for Heritage Communication in a Globalized World*, editado por Henry Crescini y Ona Vileikis, 102-22. Cottbus, Alemania: Brandenburg University of Technology.

Davidson, Lee y Pamela Sibley. 2011. "Audiences at the 'New' Museum: Visitor Commitment, Diversity and Leisure at the Museum of New Zealand Te Papa Tongarewa". *Visitor Studies* 14 (2): 176-94.

Day, Jane Stevenson. 1994. "Aztec: The World of Moctezuma, an Exhibition with Multiple Voices". *Museum Anthropology* 18 (3): 26-31.

Delanty, Gerard. 2006. "The Cosmopolitan Imagination: Critical Cosmopolitanism and Social Theory". *The British Journal of Sociology* 57 (1): 25-47. https://doi.org/10.1111/j.1468-4446.2006.00092.x.

―――. 2011. "Cultural Diversity, Democracy and the Prospects of Cosmopolitanism: A Theory of Cultural Encounters". *The British Journal of Sociology* 62 (4): 633-56. https://doi.org/10.1111/j.1468-4446.2011.01384.x.

Dew, Charlotte. 2016a. "Economics of Touring Exhibitions: Recommendations for Practice". Touring Exhibitions Group. http://teg.org.uk/docs/TEG%20Economics%20of%20Touring%20Exhibitions%20-%20Recommendations%20for%20%20Practice_April%202016.pdf.

―――, ed. 2016b. "Toolkit. Developing an Economic and Production Strategy for Touring Exhibitions". Touring Exhibitions Group. http://www.teg.org.uk/docs/TEG%20Toolkit%20-%20Developing%20an%20Economic%20and%20Production%20%20Strategy%20for%20Touring%20Exhibitions_April%202016.pdf.

―――. 2016c. "Economics of Touring Exhibitions Survey Report. An Analysis of Touring Exhibitions Practice in the UK". Touring Exhibitions Group. http://www.teg.org.uk/docs/TEG%20Economics%20of%20Touring%20Exhibitions%20Survey%20Report%20-%20An%20%20Analysis%20of%20Touring%20Exhibitions%20Practice%20in%20the%20UK_April%202016.pdf.

Dudley, Lachlan. 2017. "'I Think I Know a Little Bit about That Anyway, so It's Okay': Museum Visitor Strategies for Disengaging with Confronting Mental Health Material". *Museum and Society* 15 (2): 193-216.

Elliott, Jane. 2005. *Using Narrative in Social Research*. Londres; Thousand Oaks; New Delhi: Sage.

ERICarts. 2008. "Sharing Diversity: National Approaches to Intercultural Dialogue in Europe". Bonn, Alemania: European Institute for Comparative Cultural Research. http://www.interculturaldialogue.eu/web/icd-project-report.php.

EUNIC. 2016. "Cultural Diplomacy as Discipline and Practice: Concepts, Training and Skills". European Union National Institutes for Culture. http://www.circap.org/uploads/1/8/1/6/18163511/eunic_cultural_diplomacy_report__.pdf.

Falk, John H. y Lynn D. Dierking. 2012. *The Museum Experience Revisited*. Walnut Creek, California: Left Coast Press.

Fierro, Alberto. 2015. "El azar y la negociación. Elementos en la gestión de una estrategia de diplomacia cultural. Algunas experiencias mexicanas recientes". En *Una nueva diplomacia cultural para México. Theoria, praxis y techné*, editado por César Villanueva Rivas, 193-207. México: Universidad Iberoamericana.

Flamini, Roland. 2014. "The Art of Diplomacy: Exhibitions and National Promotion". *World Affairs Journal*, Enero/Febrero, 2014. http://www.worldaffairsjournal.org/article/art-diplomacy-exhibitions-and-national-promotion.

Fleming, David. 2013. "The Essence of the Museum: Mission, Values, Vision". En *The International Handbooks of Museum Studies; Museum Practice*, editado por Conal McCarthy, 3-25. Chichester, West Sussex: John Wiley & Sons, Ltd.

Frey, Bruno S. y Stephan Meier. 2006. "Cultural Economics". En *A Companion to Museum Studies*, editado por Sharon Macdonald, 398-414. Londres: Blackwell Publishing.

Gagné, Natacha y Mélanie Roustan. 2014. "Accompagner Les Taonga à Travers Le Monde: Une Exposition Māori à Paris et à Québec". *Anthropologie et Sociétés* 38 (3): 79-93.

Gaitán, Carmen, ed. 1991. *Fernando Gamboa, embajador del arte mexicano.* San Ángel, México: Consejo Nacional para la Cultura y las Artes.

Galindo Monteagudo, Scarlet Rocío. 2012. "México en dos exposiciones internacionales: París 1952 y Osaka 1970". Tesis de maestría sin publicar, Mexico: Escuela Nacional de Conservación, Restauración y Museografía "Manuel del Castillo Negrete": Maestría en Museología.

Gamboa, Fernando. 1991. "Exposición de arte mexicano en París (1952)". En *Fernando Gamboa, embajador del arte mexicano*, editado por Carmen Gaitán, 59-67. San Ángel, México: Consejo Nacional para la Cultura y las Artes.

Gergen, Kenneth J. y Mary M Gergen. 1993. "Narratives of the Gendered Body in Popular Autobiography". En *The Narrative Study of Lives*, editado por Ruthellen Josselson y Amia Lieblich, 1:191-218. Newbury Park: Sage Publications.

———. 2000. "Qualitative Inquiry: Tensions and Transformation". En *The Handbook of Qualitative Research*, editado por Norman K. Denzin e Yvonna S. Lincoln, 2 ed.1025-46. Thousand Oaks, California: Sage Publications.

Goff, Patricia M. 2015a. "Cultural Diplomacy". En *The Oxford Handbook of Modern Diplomacy*, editado por Andrew F. Cooper, Jorge Heine y Ramesh Thakur. Oxford, UK: Oxford University Press.

———. 2015b. "Public Diplomacy at the Global Level: The Alliance of Civilizations as a Community of Practice". *Cooperation and Conflict* 50 (3): 402-17. https://doi.org/10.1177/0010836715574915.

———. 2017. "The Museum as a Transnational Actor". *Arts & International Affairs* 2 (1). https://doi.org/DOI: 10.18278/aia.2.1.7.

Gokcigdem, Elif M. 2016. *Fostering Empathy through Museums*. Lanham, MD: Rowman & Littlefield.

Good Eshelman, Catharine. 2005. "Ejes conceptuales entre los nahuas de Guerrero expresión de un modelo fenomenológico mesoamericano". *Estudios de Cultura Náhuatl* 36: 87-113.

Gorchakova, Valentina. 2017. "Touring Blockbuster Exhibitions: Their Contribution to the Marketing of a City to Tourists". Tesis de doctorado, Auckland University of Technology.

Gorji, Mina. 2004. "The Savage in Our City: Interrogating Civility at the Royal Academy". *Third Text* 18 (1): 41-50.

Greenhalgh, Paul. 1988. *Ephemeral Vistas: The Expositions Universelles, Great Exhibitions and World Fairs, 1851-1939*. Manchester, UK: Manchester University Press.

Grincheva, Natalia. 2013. "Cultural Diplomacy 2.0: Challenges and Opportunities in Museum International Practices". *Museum and Society* 11 (1): 39-49.

Groth, Helen. 2007. "Kaleidoscopic Vision and Literary Invention in an 'Age of Things': David Brewster, Don Juan and 'A Lady's Kaleidoscope'" *ELH* 74 (1): 217-237.

Gupta, Amita Sen. 2002. "Changing the Focus: A Discussion of the Dynamics of the Intercultural Experience". En *Intercultural Experience and Education*, editado por Geof Alred, Michael Byram y Mike Fleming, 155-73. Clevedon, England; Buffalo [NY]: Multilingual Matters.

Hakamies, Inkeri. 2017. "Practice Makes 'Museum People'". *Museum and Society* 15 (2): 142-52.

Hanham, Stacey. 2000. "The Te Maori Exhibition: An Examination of Its Organisation and Impacts as Seen by Those Who Developed the Exhibition". Tesis de maestría, Victoria University of Wellington.

Hay, Liz. 2016. "Evaluating Success and the Future of International Museum Exhibitions". Presentado en *International Museum Exhibitions and Intercultural Dialogue Symposium*, Victoria University of Wellington, Nueva Zelanda, febrero 2.

Hein, George. 1998. *Learning in the Museum*. Londres y New York: Routledge.

Hesketh, Louise. s.f. "Sharing the Skills, Knowledge and Experience of Working with Exhibitions". Touring Exhibitions Group. Consultado el 6 de octubre, 2017. http://www.teg.org.uk/index.php?id=2.

Hollway, Wendy y Tony Jefferson. 1997. "Eliciting Narrative through the In-Depth Interview". *Qualitative Inquiry* 3 (1): 53–70.

Hoogwaerts, Leanne. 2016. "Museums, Exchanges, and Their Contribution to Joseph Nye's Concept of 'Soft Power'". *Museum and Society* 14 (2): 313-22.

Houlihan, Michael. 2014. "Museums - What's the Point?" *The Dominion Post*, Diciembre 24.

Ireland, Peter. 2011. "Anatomy of an Exhibition. Te Papa's E Tū Ake: Standing Strong". *Art New Zealand*, 139: 64-69.

Isar, Yudhishthir Raj. 2010. "Cultural Diplomacy: An Overplayed Hand?" *Public Diplomacy Magazine*. http://www.publicdiplomacymagazine.com/cultural-diplomacy-an-overplayed-hand/.

———. 2015. "'Culture in EU External Relations': An Idea Whose Time Has Come?" *International Journal of Cultural Policy* 21 (4): 494-508.

Jacobsen, John W. y Robert M. West. 2009. "Front-End Survey of Museum Professionals in Traveling Exhibitions". The White Oak Institute and Informal Learning Experiences. http://www.whiteoakassoc.com/pdf/Front-end-Survey-and-Report.pdf.

Janes, Robert R. 2016. *Museums without Borders: Selected Writings of Robert R. Janes*. Londres y Nueva York: Routledge.

Jean, Simon. 2013. "E Tū Ake: Māori Standing Strong/Māori: Leurs Trésors Ont Une Âme, Te Papa, Wellington, and Musée Du Quai Branly, Paris". *Museum Worlds: Advances in Research* 1: 217-22.

Jury, Louise. 2015. "Blockbuster Art Shows 'Threaten Duty to Display Free Collections'". *London Evening Standard*, Enero 9, 2015.

Keen, Benjamin. 1971. *The Aztec Image in Western Thought*. New Brunswick, NJ: Rutgers University Press.

Kennedy, Liam. 2003. "Remembering September 11: Photography as Cultural Diplomacy". *International Affairs* 79 (2): 315-26.

Kent, Mark. 2016. "Evaluating Success and the Future of International Museum Exhibitions". Presentado en *International Museum Exhibitions and Intercultural Dialogue Symposium*, Victoria University of Wellington, Nueva Zelanda, Febrero 2.

Key, John. 2013. "New Zealand and Mexico: Strengthening a 40-Year Relationship". *New Zealand International Review* 38 (3): 25–26.

Knell, Simon. 2010. "National Museums and the National Imagination". En *National Museums: New Studies from around the World*, editado por Simon Knell, Peter Aronsson y Arne Bugge Amundsen, 3-28. Londres y Nueva York: Routledge.

Laishun, An. 2015. "Cranking up the Soft Power Engine of Chinese Museums". En *Cities, Museums and Soft Power*, editado por Gail Dexter Lord and Ngaire Blankenberg, 145-50. Washington, DC: The AAM Press.

Latham, Kiersten F. 2007. "The Poetry of the Museum: A Holistic Model of Numinous Museum Experiences". *Museum Management and Curatorship* 22 (3): 247-63.

———. 2013. "Numinous Experiences with Museum Objects". *Visitor Studies* 16 (1): 3-20.

Lau, George F. 2003. "Aztecs. Royal Academy of Arts, London. November 16, 2002-April 11, 2003". *American Anthropologist* 105 (3): 623-27.

Lidchi, Henrietta. 1997. "The Poetics and the Politics of Exhibiting Other Cultures". En *Representation: Cultural Representations and Signifying Practices*, editado por Stuart Hall, 151–222. Milton Keynes: Open University.

Liffman, Paul M. 2007. "Museums and Mexican Indigenous Territoriality". *Museum Anthropology* 30 (2): 141-60.

Lira, Sergio. 2002. "Museums and Temporary Exhibitions as Means of Propaganda: The Portuguese Case during the Estado Novo". Tesis de doctorado, University of Leicester.

Littau, Karin. 2016. "Translation and the Materialities of Communication". *Translation Studies* 9 (1): 82-96.

Lord, Gail Dexter y Ngaire Blankenberg, eds. 2015. *Cities, Museums and Soft Power*. Washington, DC: AAM Press.

Luke, Timothy W. 2002. *Museum Politics: Power Plays at the Exhibition*. Minneapolis: University of Minneapolis Press.

Macdonald, Sharon. 2003. "Museums, National, Postnational and Transcultural Identities". *Museum and Society* 1 (1): 1-16.

Macías Rodríguez, Valeria. 2015. "La participación de la iniciativa privada en las exposiciones internacionales de arte: el caso Televisa". Tesis de maestría sin publicar, México: Universidad Iberoamericana. Maestría en Estudios de Arte.

Malvido, Adriana. 1991. "Fernando Gamboa: 50 años de museógrafo". En *Fernando Gamboa, embajador del arte mexicano*, editado por Carmen Gaitán, 83-92. San Ángel, México: Consejo Nacional para la Cultura y las Artes.

Marcus, George E. 1995. "Ethnography in/of the World System: The Emergence of Multi-Sited Ethnography". *Annual Review of Anthropology* 24: 95-117.

Mark, Simon L. 2008. "A Comparative Study of the Cultural Diplomacy of Canada, New Zealand and India". Tesis de doctorado, University of Auckland.

————. 2010. "Rethinking Cultural Diplomacy: The Cultural Diplomacy of New Zealand, the Canadian Federation and Quebec". *Political Science* 62 (1): 62-83.

Marshall, Catherine y Gretchen M. Rossman. 2011. *Designing Qualitative Research*. Thousand Oaks, CA: Sage Publications.

Mason, Rhiannon. 2006. "Cultural Theory and Museum Studies". En *A Companion to Museum Studies*, editado por Sharon Macdonald, 17-31. Oxford: Blackwell.

————. 2013. "National Museums, Globalisation, and Postnationalism: Imagining a Cosmopolitan Museology". *Museum Worlds: Advances in Research* 1: 40-64.

McCarthy, Conal. 2007. *Exhibiting Māori: A History of Colonial Cultures of Display*. Oxford, Nueva York: Berg.

————. 2011. *Museums and Māori: Heritage Professionals, Indigenous Collections, Current Practice*. Wellington, NZ: Te Papa Press.

————. 2015. "Grounding Museum Studies: Introducing Practice". En *The International Handbooks of Museum Studies: Museum Practice*, editado por Conal McCarthy, xxxv-lii. Chichester, West Sussex: John Wiley & Sons, Ltd. http://dx.doi.org/10.1002/9781118829059.wbihms200.

————. 2016. "Theorising Museum Practice through Practice Theory: Museum Studies as Intercultural Practice". En *The Routledge International Handbook of Intercultural Arts Research*, editado por Pamela Burnard, Elizabeth Mackinlay y Kimberley Powell, 24-34. Londres y Nueva York: Routledge.

McDonald, Gay. 2014. "Aboriginal Art and Cultural Diplomacy: Australia, the United States, and the Culture Warriors Exhibition". *Journal of Australian Studies* 38 (1): 18-31. https://doi.org/10.1080/14443058.2013.859168.

McLean, Kathleen. 2004. "Museum Exhibitions and the Dynamics of Dialogue". En *Reinventing the Museum: Historical and Contemporary Perspectives on the Paradigm Shift*, editado por Gail Anderson, 193-211. Walnut Creek, California: Altamira.

Meads, Alice. 2015. "Aztecs at Our Place: Meaning-Making in an International Touring Exhibition" Tesis de maestría, Victoria University of Wellington.

Medina González, Emma Isabel. 2011. "Structuring the Notion of 'Ancient Civilisation' through Displays: Semantic Research on Early to Mid-

Nineteenth Century British and American Exhibitions of Mesoamerican Cultures". Tesis de doctorado, University College London. http://www.academia.edu/20661119/Structuring_The_Notion_of_Ancient_ Civilisation_through_Displays_Semantic_Research_on_Early_to_Mid- Nineteenth_Century_British_and_American_Exhibitions_of_Mesoamerican _Cultures.

Message, Kylie. 2006. "The New Museum". *Theory, Culture & Society* 23 (2-3): 603-6.

_____. 2009. "Review Article (Museum Studies: Borderwork, Genealogy, Revolution)". *Museum and Society* 7 (2): 125-32.

Message, Kylie y Andrea Witcomb. 2015. "Museum Theory: An Expanded Field". En *The International Handbooks of Museum Studies: Museum Theory*, editado por Andrea Witcomb y Kylie Message, xxxv–lxiii. Chichester, West Sussex: John Wiley & Sons, Ltd.

Metge, Joan y Patricia Kinloch. 1978. *Talking Past Each Other: Problems of Cross-Cultural Communication*. Wellington, NZ: Victoria University Press.

Mewburn, Charity. 1998. "Oil, Art, and Politics: The Feminization of Mexico". *Anales del Instituto de Investigaciones Estéticas* XX (72): 73-133. http://dx.doi.org/10.22201/iie.18703062e.1998.72.1804.

Molina, Carlos. 2013. "Fernando Gamboa y su particular versión de México". En *Las Ideas de Gamboa (y Chávez) (y Vasconcelos) (y Reyes) (y Paz)*, editado por Mauricio Marcín, 273-89. México: Fundación Jumex. Arte Contemporáneo.

Morales Moreno, Luis Gerardo. 1994. *Orígenes de la museología mexicana: fuentes para el estudio histórico del Museo Nacional, 1780-1940*. México: Universidad Iberoamericana, Departamento de Historia.

_____. 2011. "La mirada de Moctezuma y la museología poscolonial en México". *Museo y Territorio*, 4: 60-68.

Morley, Grace L. McCann. 1950. "Museums and Circulating Exhibitions". *Museum* III (4): 261-74.

_____. 1953. "UNESCO's Exchange of Exhibitions Program: The First Circulating Exhibition". *Museum* 6 (4): 283-84.

National Museum of Australia. 2014. *National Museum of Australia 2013-14 Annual Report*. Canberra: National Museum of Australia.

Nein, Karen M. 1993. "AZTEC: The World of Moctezuma at the Denver Museum of Natural History". *Curator* 36 (4): 286-301.

Nilsen, Adam P. y Miriam Bader. 2016. "The Psychology of Empathy: Compelling Possibilities for Museums". En *Fostering Empathy through Museums*, editado por Elif M. Gokcigdem, 115-29. Lanham: Rowman & Littlefield.

Nisbett, Melissa. 2013. "New Perspectives on Instrumentalism: An Empirical Study of Cultural Diplomacy". *International Journal of Cultural Policy* 19 (5): 557-75. https://doi.org/10.1080/10286632.2012.704628.

Nye, Joseph S. 2002. *The Paradox of American Power: Why the World's Only Superpower Can't Go It Alone*. Oxford: Oxford University Press.

O'Carroll, Acushla Deanne. 2013. "Kanohi Ki Te Kanohi - a Thing of the Past? An Examination of Māori Use of Social Networking Sites and the

Implications for Māori Culture and Society". Tesis de doctorado, Massey University.

Office of Policy and Analysis. 2002. "The Making of Exhibitions: Purpose, Structure, Roles and Process". Washington, DC: Smithsonian Institution. https://repository.si.edu/handle/10088/26504.

O'Reilly, Chiara y Anna Lawrenson. 2015. "Revenue, Relevance and Reflecting Community: Blockbusters at the Art Gallery of NSW". *Museum and Society* 12 (3): 157-70.

O'Reilly, Susan McLeod. 2005. "Producing the Mysterious Bog People Exhibition through International Partnership". *Museum Management and Curatorship* 20: 251-70.

Ortega Guerrero, Carlos. 2008. "La cultura como ámbito e instrumento de las relaciones internacionales de México". *Revista Mexicana de Política Exterior: Diplomacia Pública y Cultural*, noviembre 2008.

Ortega Orozco, Adriana. 2016. "México-Francia: Una Larga Historia de Exposiciones Como Herramientas Diplomáticas." *IdeAs [Online]*, 8, Otoño/Invierno, 2017. Puesto en línea el 20 diciembre 2016. https://doi.org/10.4000/ideas.1729.

Owen, Stephen, y Joy Svendsen. 2012. "Aztecs Front End / Formative Evaluation. Stage One Qualitative [Focus Group] Findings." Wellington, NZ: Te Papa Visitor & Market Research Unit.

Padley, Gemma. 2013. "The Family of Man". *The British Journal of Photography* 160 (7814): 78-79.

Patton, Michael Q. 2002. *Qualitative Evaluation and Research Methods.* Newbury Park, California: Sage Publications.

Pearce, Susan. 2008. "William Bullock: Collections and Exhibitions at the Egyptian Hall, London, 1816-25." *Journal of the History of Collections* 20 (1): 17-35.

Peers, Laura y Alison Brown. 2003. "Introduction". En *Museums and Source Communities*, editado por Laura Peers y Alison Brown, 1-16. Londres: Routledge.

Pegoraro, Manuela, and Luca Zan. 2017. "Life and Death in Audience Development. The Exhibition on Pompeii at the British Museum, 2013." *Museum Management and Curatorship* 32 (3): 210-231.

Pérez Castellanos, Leticia. 2013. "Políticas para la difusión del patrimonio y prácticas de gestión en exposiciones internacionales: INAH, 1994-2006". Tesis de maestría sin publicar, México: Escuela Nacional de Conservación, Restauración y Museografía "Manuel del Castillo Negrete".

Perry, Laura B. and Leonie Southwell. 2011. "Developing Intercultural Understanding and Skills: Models and Approaches". *Intercultural Education* 22 (6): 453-66.

Prior, Nick. 2002. "Museums: Leisure between State and Distinction". En *Histories of Leisure*, editado por Rudy Koshar, 27-44. Oxford: Berg.

Revista Tiempo. 1991. "México viaja por Europa (1962)". En *Fernando Gamboa, embajador del arte mexicano*, editado por Carmen Gaitán, 69-77. San Ángel, México: Consejo Nacional para la Cultura y las Artes.

Ricœur, Paul. 1992. *Oneself as Another*. Traducido por Kathleen Blamey. Chicago: University of Chicago Press.

Rings, Michael. 2012. "Coming Close and Keeping One's Distance: The Aesthetic Cosmopolitan and Transcultural Conversation". En *Cosmopolitanism and Philosophy in a Cosmopolitan Sense*, editado por Áron Telegdi-Csetri y Viorela Ducu, 180–93. Bucarest: New Europe College. http://www.nec.ro/data/pdfs/publications/research-and-symposia/cosmopolitanism-and-philosophy/Cosmopolitanism_and_Philosophy.pdf.

Rodríguez Camacho, Rosa Elba. 2019. "'Alguien usó esto alguna vez'. Experiencias con la materialidad en los visitantes a Aztecs: Conquest and Glory (2013-2015)". Tesis de maestría sin publicar, Ciudad de México: Escuela Nacional de Conservación, Restauración y Museografía "Manuel del Castillo Negrete".

Roppola, Tiina. 2012. *Designing for the Museum Visitor Experience*. Nueva York y Londres: Routledge.

Rösler, Bettina. 2015. "The Case of Asialink's Arts Residency Program: Towards a Critical Cosmopolitan Approach to Cultural Diplomacy". *International Journal of Cultural Policy* 21 (4): 463-77.

Rothstein, Edward. 2011. "French Museums Atone for a Colonial History". *The New York Times*, Noviembre 25. http://www.nytimes.com/2011/11/26/arts/design/quai-branly-museum-in-paris-glorifies-the-other.html?pagewanted=all&module=Search&mabReward=relbias%3As%2C%7B%222%22%3A%22RI%3A15%22%7D.

Rubenstein, Rosalyn, Andrea Paradis y Leslie Munro. 1993. "A Comparative Study of a Traveling Exhibition at Four Public Settings in Canada". *Environment and Behavior* 25: 801-20.

Ryan, Phyllis M. 2002. "Searching for the Intercultural Person". En *Intercultural Experience and Education*, editado por Geof Alred, Michael Byram y Mike Fleming, 131-54. Clevedon, Inglaterra; Buffalo [NY]: Multilingual Matters.

Rydell, Robert W. 2006. "World Fairs and Museums". En *A Companion to Museum Studies*, editado por Sharon Macdonald, 135-51. Londres: Blackwell Publishing.

Saldaña, Johnny. 2009. *Coding Manual for Qualitative Researchers*. Londres; Thousand Oaks, California: Sage Publications.

Sandahl, Jette. 2012. "Disagreement Makes Us Strong?" *Curator* 55 (4): 467-78.

Sandell, Richard, and Eithne Nightingale, eds. 2012. *Museums, Equality and Social Justice*. Londres y Nueva York: Routledge.

Sayers, Andrew. 2010. "Museums and Their Place in the World". Lowy Institute for International Policy, Sydney, Diciembre 1. https://www.lowyinstitute.org/sites/default/files/pubfiles/Museums_and_their_place_in_the_world_1.pdf.

Schorch, Philipp. 2012. "Cultural Feelings and the Making of Meaning". *International Journal of Heritage Studies* 20 (1): 1-14.

————. 2013a. "Contact Zones, Third Spaces, and the Act of Interpretation". *Museum and Society* 11 (1): 68-81.

————. 2013b. "The Experience of a Museum Space". *Museum Management and Curatorship* 28 (2): 193-208. https://doi.org/10.1080/09647775.2013.776797.

————. 2015. "Museum Encounters and Narrative Engagements". En *The International Handbooks of Museum Studies: Museum Theory*, editado por Andrea Witcomb y Kylie Message, 437-57. Chichester, West Sussex: John Wiley & Sons, Ltd.

Schorch, Philipp, Emma Waterton y Steve Watson. 2016. "Museum Canopies and Affective Cosmopolitanism: Cultivating Cross-Cultural Landscapes for Ethical Embodied Responses". En *Heritage, Affect and Emotion*, editado por Divya P. Tolia-Kelly, Emma Waterton y Steve Watson, 93-113. Londres: Routledge.

Scott, Carol. 2002. "Measuring Social Value". En *Museums, Society, Inequality*, editado por Richard Sandell, 41-55. Londres y Nueva York: Routledge.

————. 2009. "Exploring the Evidence Base for Museum Value". *Museum Management and Curatorship* 24 (3): 195-212.

————. 2015. "Museum Measurement. Questions of Value". En *The International Handbooks of Museum Studies: Museum Practice*, editado por Conal McCarthy, 98-121. Chichester, West Sussex: John Wiley & Sons Ltd.

Scott, Carol, Jocelyn Dodd, y Richard Sandell. 2014. *Cultural Value: User Value of Museums and Galleries: A Critical View of the Literature*. Research Centre for Museums and Galleries, University of Leicester. http://hdl.handle.net/2381/37043.

Scott, Mary Katherine. 2012. "Reflections on Collaboration: Exhibiting Contemporary Maya Art". *Museum Anthropology* 35 (1): 71-84.

Silbermann, N. V. 2012. "Aztec Human Sacrifices and the Museum Exhibitions". Bachelor, Leiden University. http://hdl.handle.net/1887/19735.

Silderberg, Ted y Gail Lord. 2013. "Balancing Mission and Money: Issues in Museum Economics". En *The International Handbooks of Museum Studies: Museum Practice*, editado por Conal McCarthy, 155-78. Chichester, West Sussex: John Wiley & Sons, Ltd.

Siqueiros, Alejandro. 2015. "Cultural Diplomacy Strategies for Mexico in the XXI Century". Tesis de maestría, University of Texas.

Skinner, Sarah J. 2006. "Estimating the Real Growth Effects of Blockbuster Art Exhibits: A Time Series Approach" *Journal of Cultural Economics* 30 (2): 109-25. https://doi.org/10.1007/s10824-006-9010-y.

Smith, Huhana. 2011. *E Tū Ake: Māori Standing Strong*. Wellington, NZ: Te Papa Press.

————. 2016. "Evaluating Success and the Future of International Museum Exhibitions"- Presentado en *International Museum Exhibitions and Intercultural Dialogue Symposium*, Victoria University of Wellington, New Zealand, Febrero 2.

Smith, Laurajane. 2015. "Theorizing Museum and Heritage Visiting". En *The International Handbooks of Museum Studies: Museum Theory*, editado por

Andrea Witcomb y Kylie Message, 459-84. Chichester, West Sussex: John Wiley & Sons, Ltd.

———. 2016. "Changing Views? Emotional Intelligence, Registers of Engagement and the Museum Visit." En *Museums and the Past: Constructing Historical Consciousness*, editado por Phaedra Livingstone y Viviane Gosselin, 101-21. Vancouver, BC: UBC Press.

Smith, Laurajane y Gary Campbell. 2016. "The Elephant in the Room: Heritage, Affect, and Emotion". En *A Companion to Heritage Studies*, editado por William Logan, Mairead Nic Craith y Ullrich Kockel, 443-460. Oxford y Malden, MA: Wiley-Blackwell.

Smith, Suzanne. 2006. "Manaakitanga: Two Further Explanations". *Geoteachers* (blog). Octubre 25, 2006. http://geoteachers.blogspot.co.nz/2006/10/manaakitanga-two-further-explanations.html.

Soraiz Guizar, María Guadalupe. 2015. "Estudio estadístico de las exposiciones internacionales del INAH presentadas en el extranjero, del 1 de diciembre 1988 al 1 de diciembre 2012". Tesis de licenciatura sin publicar, México: Centro Universitario de Integración Humanística.

Sylvester, Christine. 2009. *Art/Museums: International Relations Where We Least Expect It.* Boulder; Londres: Paradigm Publishers.

Tarasoff, Tamara. 1990. "Assessing International Museum Activity: The Example of International Travelling Exhibitions from Canadian Museums, 1978-1988". Tesis de maestría, University of Toronto.

Te Papa. 2008. *Te Pūrongo ā Tau Annual Report 2007/08.* Wellington, Nueva Zelanda: Museum of New Zealand Te Papa Tongarewa.

———. 2009. "E Tū Ake Standing Strong: Exhibition Overview". Reporte sin publicar.

———. 2012a. *Te Pūrongo ā Tau Annual Report 2011/12.* Wellington, Nueva Zelanda: Museum of New Zealand Te Papa Tongarewa.

———. 2012b. "Aztecs: 60% Concept Design - Presentation to Australian Museum and Melbourne Museum". Reporte sin publicar.

———. 2013a. *Te Pūrongo ā Tau Annual Report 2012/13.* Wellington, Nueva Zelanda: Museum of New Zealand Te Papa Tongarewa.

———. 2013b. *Statement of Intent 2013/14, 2014/15, 2015/16.* Wellington, Nueva Zelanda: Museum of New Zealand Te Papa Tongarewa.

Te Papa Visitor & Market Research Unit. 2013. "Aztecs Formative Evaluation - Stage Two Market Research Topline Findings". Reporte sin publicar.

Tenorio-Trillo, Mauricio. 2010. *Historia y celebración. México y Sus Centenarios.* México: Tusquets Editores.

———. 1996. *Mexico at the World's Fairs: Crafting a Modern Nation.* Berkeley: University of California Press.

The Art Newspaper. 2016. "Special Report. Visitor Figures 2015." *The Art Newspaper,* no. 278: I-XV.

Todorov, Tzvetan. 2007. *Nosotros y los otros: reflexión sobre la diversidad humana.* México, DF: Siglo Veintiuno.

Touring Exhibitions Group. 2007. "Mapping the Touring Landscape: A Research Report into the State of the Touring Exhibition Sector". Touring Exhibitions Group. http://www.teg.org.uk/docs/TEGfinalreport.pdf.

Troughton, Geoffrey. 2006. "Light at the End of the World: Holman Hunt's the Light of the World in New Zealand, 1906". *Australian Historical Studies* 128: 55-71.

Turner, Caroline. 2011. "International Exhibitions". En *Understanding Museums: Australian Museums and Museology*, editado por Des Griffin y Leon Paroissien. Canberra: National Museum of Australia. http://www.nma.gov.au/research/understanding-museums/CTurner_2011.html.

UNESCO. 1963. *Temporary and Travelling Exhibitions*. Museums and Monuments, X. Paris, France: UNESCO.

————. 2009. *Investing in Cultural Diversity and Intercultural Dialogue: UNESCO World Report*. París, Francia: UNESCO.

Vackimes, Sophia C. 2001. "Indians in Formaldehyde - Nation of Progress: The Museo Nacional of Mexico and the Construction of National Identity". *Museum Anthropology* 25 (1): 20-30.

Villanueva Rivas, César. 2009a. "Cooperación y diplomacia cultural: experiencias y travesías. Entrevista a Jorge Alberto Lozoya". *Revista Mexicana de Política Exterior* 85: 253-67.

————. 2009b. "Las diplomacias pública y cultural: estrategias de inclusión y convergencia en el nuevo milenio". *Revista Mexicana de Política Exterior* 85: 7-21.

————. 2010. "Cosmopolitan Constructivism: Mapping a Road to the Future of Cultural and Public Diplomacy". *Public Diplomacy Magazine*. http://www.publicdiplomacymagazine.com/cosmopolitan-constructivism-mapping-a-road-to-the-future-of-cultural-and-public-diplomacy/.

————. 2011. "The Rise and Fall of Mexico's International Image: Stereotypical Identities, Media Strategies and Diplomacy Dilemmas". *Place Branding and Public Diplomacy* 7 (1).

————. 2015. "La nueva diplomacia cultural para México: theoría, techné y práxis". En *Una nueva diplomacia cultural para México: theoría, praxis y techné*, editado por César Villanueva Rivas, 9-20. México: Universidad Iberoamericana.

————. 2016. *La imagen de México en el mundo. 2006-2015*. México: Fernández Editores.

Villanueva Ulfgard, Rebecka. 2012. "México y la proyección de una imagen en el exterior por medio de la cultura. Entrevista a Rafael Tovar y de Teresa". *Revista Mexicana de Política Exterior* 96: 187-205.

Wallis, Brian. 1994. "Selling Nations: International Exhibitions and Cultural Diplomacy". En *Museum Culture: Histories, Discourses, Spectacles*, editado por Daniel J. Sherman y Irit Rogoff, 265-81. Minneapolis: University of Minneapolis Press.

Wenger, Etienne. 2000. "Communities of Practice and Social Learning Systems". *Organization* 7 (2): 225-46.

————. 2010. "Communities of Practice and Social Learning Systems: The Career of a Concept". En *Social Learning Systems and Communities of Practice*, editado por Chris Blackmore, 179-98. Londres: Springer.

Wengraf, Tom. 2001. *Qualitative Research Interviewing: Biographical Narrative and Semi-Structured Methods*. Londres: Sage.

West, Kim. 2017. "The Exhibitionary Complex: Exhibition, Apparatus, and Media from Kulturhuset to the Centre Pompidou, 1963–1977". Tesis de doctorado, Södertörn University. http://sh.diva-portal.org/smash/record.jsf?pid=diva2%3A1075994&dswid=-725.

West, Shearer. 1995. "The Devaluation of 'Cultural Capital': Post Modern Democracy and the Art Blockbuster". En *Art in Museums*, editado por Susan Pearce, 74-93. Londres: The Athlone Press.

Wilson, Thomas H. 1991. "Mexico: Splendors of Thirty Centuries". *Museum Anthropology* 15 (1): 22-25.

Winter, Tim. 2015. "Heritage Diplomacy". *International Journal of Heritage Studies* 21 (10): 997-1015. https://doi.org/10.1080/13527258.2015.1041412.

Witcomb, Andrea. 2003. *Re-Imagining the Museum: Beyond the Mausoleum*. Londres: Routledge.

————. 2015. "Toward a Pedagogy of Feeling: Understanding How Museums Create a Space for Cross-cultural Encounters". En *The International Handbooks of Museum Studies: Museum Theory*, editado por Andrea Witcomb y Kylie Message, 321-44. Chichester, West Sussex: John Wiley & Sons, Ltd.

Yúdice, George, y Gabriela Ventureira. 2002. *El recurso de la cultura: usos de la cultura en la era global*. Barcelona: Gedisa.

Índice analítico